Alexander Solschenizyn:
Lenin in Zürich
Die entscheidenden Jahre zur
Vorbereitung der Oktoberrevolution

Aus dem Russischen von
L. P. Welinski

Deutscher
Taschenbuch
Verlag

dtv

Von Alexander Solschenizyn
sind im Deutschen Taschenbuch Verlag erschienen:
Zwischenfall auf dem Bahnhof Kretschetowka (857)
Ein Tag im Leben des Iwan Denissowitsch (1524)

September 1984
Deutscher Taschenbuch Verlag GmbH & Co. KG, München

Titel der bei YMCA-Press, Paris, erschienenen Originalausgabe:
Lenin w Zuriche

Umschlaggestaltung: Celestino Piatti
Umschlagfoto: Norddeutscher Rundfunk, Hamburg
Gesamtherstellung: Kösel, Kempten
Printed in Germany · ISBN 3-423-10321-3

Inhalt

Nr. 50 • 15. Dezember 1917 • 30 Cts. • 35 Pfg. •

Schweizer Illustrierte Zeitung

VI. Jahrgang • Erscheint Samstags • Verlagsanstalt Ringier & Cie., Zofingen

Lenin (Uljanoff),

der meistgenannte Mann Rußlands, der einen Waffenstillstand mit Deutschland und Österreich anstrebt, nachdem er den früheren Präsidenten der russischen Republik, Kerenski, gestürzt hat.

Vorbemerkung des Verfassers

Das erste Kapitel dieses Buches war ursprünglich als Kapitel 22 meines 1971 veröffentlichten Werks *August 14* vorgesehen. Ich hielt es jedoch zurück und schrieb, noch in der Sowjetunion, einige weitere Kapitel über Lenins Schweizer Aufenthalt, die für die Fortsetzungen *Oktober 16* und *März 17* bestimmt waren. Dann verschlug es mich unversehens nach Zürich, wo sich mir eine Fülle neuer Quellen und wichtiger Dokumente auftat. Auf diese Weise gewannen die Kapitel immer mehr an Länge und Dichte, und ich beschloß, sie zu einem Buch für sich zu vereinen.

A. S.

Zur Vorgeschichte der Ereignisse

Als Wortführer der kleinen revolutionären Bolschewiki-Partei von der zaristischen Geheimpolizei verfolgt, muß Wladimir Iljitsch Uljanow, der sich schon seit längerer Zeit Lenin nennt, im Dezember 1907 zum zweitenmal in die Emigration gehen.

Zunächst von Genf, dann von Paris aus versucht er, durch programmatische Schriften und praktische Agitation den Einfluß seiner Partei und seiner Person in Rußland wie auch im Westen zu stärken. Die Auseinandersetzung mit den Menschewiki, den «Minderheitlern» innerhalb der Partei, endet im Januar 1912 mit der Spaltung der Organisation und der Konstituierung der Bolschewiki als selbständige Partei unter Lenins Führung.

*Im Juni desselben Jahres übersiedelt Lenin mit seiner Frau Nadeschda (*Nadja*) und ihrer Mutter nach Krakau. Hier in der politisch zu Österreich-Ungarn gehörenden Hauptstadt Südpolens erinnert sie vieles an die russische Heimat, und von hier aus läßt sich auch der Kontakt mit den Parteigenossen in Rußland leichter aufrechterhalten. Im Frühjahr 1913 mietet Lenin seiner an Basedow leidenden Frau zuliebe ein Landhaus in Poronin, einem stillen galizischen Gebirgsdorf, wo sie wenige Tage nach einer Sitzung des Zentralkomitees zur Vorbereitung des nächsten Parteitages, am 1. August 1914 vom Ausbruch des Krieges überrascht werden.*

An diesem Punkt nimmt Alexander Solschenizyn die Schilderung der Ereignisse auf.

Ja, ja, das ist ein Laster! Dieser Hang zum Vabanquespiel, diese leidenschaftliche Hingabe an die *eine* Idee. Sie läßt dich alles vergessen, sie macht dich blind und taub gegen jegliche, auch die augenfälligste Gefahr.

So wie damals im Juni 1900, als er und Martow* (der hatte sich gerade durch eine dreijährige Verbannung gequält und war entschlossen zu emigrieren) mit einem Korb voll illegaler Literatur und einem mit Geheimtinte geschriebenen Brief über den Plan der *Iskra*[1]** auf dem Weg nach Petersburg waren – sie hatten einfach zu viel theoretisiert, hatten sich zu konspirativ gebärdet: Es gehörte selbstverständlich dazu, daß man die Züge unterwegs ein paarmal wechselte, aber niemand hatte daran gedacht, daß einer davon durch Zarskoje Selo fahren würde – und prompt wurden sie kontrolliert und festgenommen. Die typische russische Umständlichkeit der Polizei war ihre Rettung. Sie fanden noch Zeit, sich des Korbes zu entledigen. Den Brief las die Polizei nur oberflächlich, also nur das, was draufstand, und nahm sich nicht die Mühe, ihn über eine Flamme zu halten ... Die *Iskra* war gerettet!

Oder später dann: Über dem gespannten, ein Jahr dauernden innerparteilichen Kampf der Mehrheit von 21 Mitgliedern gegen eine Minderheit von 22 schienen sie den Krieg mit Japan gar nicht zu bemerken. Ebensowenig das Herannahen des nächsten. Man dachte nicht an Krieg, schrieb nicht über ihn, und Jaurès bekam auf seinen appellierenden Brief keine Antwort. Warum nicht? Weil sich die Vereinigungspolitik in den letzten Jahren wie eine Epidemie ausgebreitet und die ganze russische Sozialdemokratie infiziert hatte. Eine allgemeine, weltweite Vereinigung – genau das war das Gefährlichste und Schädlichste für das Proletariat! Dieser Hang zur Anpassung und Vereinigung – das ist Idiotie, das ist der Untergang der Partei! Die Initiative hatten die salbadernden Führer der Internationale ergriffen: *Sie* wollten Frieden zwischen uns stiften! *Sie* wollten uns vereinigen! *Sie* riefen zu dieser lächerlichen Vereinigungskonfe-

* Erläuterungen zu den historischen Persönlichkeiten finden sich im «Biographischen Namenverzeichnis», Seite 230.

** Die hochgestellten Ziffern beziehen sich auf die entsprechenden Nummern der «Anmerkungen des Übersetzers», Seite 223.

renz in Brüssel auf. Wie sollte man sich davor drücken? Wie konnte man dem ausweichen?

Diese Frage nahm Lenins ganze Energie, all seine Aufmerksamkeit in Anspruch – beinahe hätte er den Schuß auf den Thronfolger nicht gehört! Österreich erklärte Serbien den Krieg – fast hätte er es nicht bemerkt. Und Deutschland erklärte ihn Rußland – für ihn aber bedeutete das alles nichts ... Man verbreitete das Gerücht, die deutschen Sozialdemokraten hätten für Kriegskredite gestimmt – eine Lüge, mit der man unter den Sozialisten Verwirrung stiften wollte. Ja, ja, das kommt davon, wenn man sich vom Parteienkampf mitreißen läßt; man kann nicht mehr anhalten und sich in Ruhe orientieren.

Ganze zehn Tage blieben Lenin, um sich in seinem Domizil nahe der russischen Grenze über die undurchsichtige Lage Klarheit zu verschaffen und sich so rasch wie möglich aus dem Staub zu machen, dieses verfluchte Poronin zu verlassen, dessen günstige Lage jetzt nichts mehr wert war, und aus diesem plötzlich wie eine Falle zugeschnappten Österreich-Ungarn zu entkommen. In einem kriegführenden Land kann man sowieso nicht richtig arbeiten. Er hätte sich sofort in die gelobte Schweiz absetzen sollen – ein neutrales, zuverlässiges Land, das einem keine Hindernisse in den Weg legt, eine kluge Polizei hat und eine vernünftige Ordnung. Aber nein! Er rührte sich nicht, saß immer noch da und ließ sich weiterhin die alten Vorkriegssorgen durch den Kopf gehen, obwohl zwischen Rußland und Österreich-Ungarn schon Kriegszustand herrschte, und am nächsten Abend, mitten in einem Platzregen, klopfte der Gendarmerie-Wachtmeister an die Tür.

Natürlich hatte der Krieg kommen müssen! Der war vorausgesetzt, vorausgesehen worden. Doch nicht so konkret, nicht für dieses Jahr. Er war nicht darauf vorbereitet ... und nun saß er in der Tinte.

Das glattrasierte, angenehme, sogar weiche Gesicht von Jakow Hanecki, das jetzt ganz ruhig wirkte, wie hatte es den Richter in der Kreisstadt Nowy Targ angebrüllt! Und wie Hanecki den klapprigen Wagen fuhr! Hanecki, der hatte ihn in der Not nicht im Stich gelassen.

Sie gingen auf dem Bahnsteig hin und her, zur Lokomotive und wieder zurück. Bis zur Abfahrt war noch höllisch viel Zeit, etwa eine halbe Stunde, es konnte noch alles mögliche passieren ... Allerdings würde es wohl kaum jemand wagen, ihn vor den Augen des wachsam auf und ab schreitenden Gendarmen zu attackieren.

Dialektisch betrachtet: ein Gendarm – das kann was Schlechtes sein, es kann aber auch was Gutes sein.

Die Lokomotive hatte ein großes rotes Rad, fast mannshoch war es.

Wie vorsichtig man auch immer sein mochte, wie mißtrauisch und vorausschauend, dieses verdammt eintönige Leben, dieser im Grunde kleinbürgerliche Alltag hatte einen doch sieben Jahre lang eingeschläfert. Du meinst, etwas mächtig Großes hinter dir zu gewahren, und lehnst dich daran, ohne genau hinzuschauen, wie an eine sichere Wand, an eine massive, eiserne Stütze, aber sie bewegt sich plötzlich, gibt nach – es ist das große rote Rad der Lokomotive. Schon bricht es dir das Rückgrat, und du gerätst unters Rad! Zappelnd, den baumelnden Kopf auf dem Geleis, begreifst du zu spät, daß du eine blödsinnig eindeutige Gefahr nicht erkannt hast ...

Aber warum wollte man, kaum daß der Krieg ausgebrochen war, gerade von ihm etwas? Zuerst lachte er sogar: Was für einen Verdacht konnte man schon gegen ihn hegen? Bei der österreichischen Polizei galt er sozusagen als lupenrein. (Lenin war nach Krakau gezogen, nachdem er von Hanecki erfahren hatte, daß die österreichischen Behörden alle diejenigen, die gegen den Zaren sind, unterstützen würden.)

Sie hatten einen Haussuchungsbefehl. Es gab bei ihm russische Adressen, konspirative Schriften (die findet man ja immer!), aber eben die bemerkte der einfältige Wachtmeister nicht, statt dessen stürzte er sich auf das Manuskript über die Agrarfrage[2]: verdächtig viele Zahlen! Das muß ein Geheimcode sein! Er beschlagnahmte das Manuskript. Schade, aber der Teufel soll's holen! Die Polizei bürstet einen halt stets gegen den Strich und findet eine Laus in jedem Pelz.

Lenin machte sich Sorgen wegen der russischen Adressen, denn der Wachtmeister stöberte emsig weiter – und fand schließlich einen geladenen Browning! Lenin starrte Nadja verwundert an. Er konnte sich an diese niederträchtige Pistole gar nicht mehr erinnern. Nie hätte er nach ihr gegriffen, er konnte ja überhaupt nicht schießen, außerdem würde es ihm nie einfallen, eine so simple Waffe zu gebrauchen. Also, woher war das Ding? Es stellte sich heraus, daß irgendein übereifriger Idiot von Genosse ihr den Browning zugeschoben hatte, und Nadja, diese dumme Pute, hatte ihn eingesteckt.

Du lebst dein Leben – doch du kannst dich selbst nicht von außen sehen, kannst dich selbst nicht verstehen. Mit den Augen des Gendarmen betrachtet, siehst du so aus: Das Individuum wohnt an der russischen Grenze, hat öfter Leute aus Rußland zu Besuch, bekommt Geld von dort geschickt (und nicht wenig!), läuft viel in den Bergen herum, wahrscheinlich zeichnet das Mensch Pläne auf ... In Nowy Targ hatte man die Bevölkerung gewarnt: Haltet Verdächtige fest! Sie fotografieren die Verbindungsstraßen, sie vergiften die Brunnen. Alles Spione! Und der hier, der hat sogar eine Pistole! Also erst recht ein Spion! Morgen früh werd ich ihn mit dem ersten Zug nach Nowy Targ bringen.

Eine Kette von Dummheiten! Eine Wand von Dummheiten! Die dümmste, gedankenloseste Fehleinschätzung – so wie damals auf dem Bahnhof von Zarskoje Selo. Und wie im Dezember 1895: Die Zeitung des «Kampfbundes» war fertig zum Druck, da erwischte man sie![3] Ja, ja, ich weiß! Ein Revolutionär muß immer bereit sein, ins Gefängnis zu gehen (klüger ist es freilich, zu entwischen!), aber nicht auf so dumme, so beschämende Weise hineintappen! Sich zu so falscher Zeit die Hände fesseln zu lassen! Diese zum Himmel stinkende Arrestzelle in Nowy Targ! Dieses vermoderte Österreich-Ungarn! Und hier womöglich vor ein *Kriegsgericht* gestellt werden!

Kein momentaner Mißerfolg, keine Niederlage, keine noch so große Gemeinheit des Feindes – nichts kann das Herz so vergiften wie die eigene falsche Einschätzung einer Situation, und sei sie auch nur minimal falsch gewesen. Das brennt Tag und Nacht. Besonders, wenn man in der Zelle sitzt. Seinen eigenen Fehler kann man sich nicht objektiv erklären und deswegen auch nicht wiedergutmachen oder vergessen; man kann immer nur denken: Es hätte nicht sein müssen!

Aber es war geschehen! Und alles nur wegen *eines* Fehlers! *Du* selbst bist daran schuld! *Du* hast dich geirrt. Da nützt das Hinundherlaufen elf Tage lang auf dem Steinboden der Zelle nichts, das Herumliegen auf der quietschenden Matratze, es verbrennt dich von innen her. Du bist selber schuld! Es mußte nicht sein! Hast es dir selber eingebrockt!

Noch immer sind es dreiundzwanzig Minuten bis zur Abfahrt des Zuges. Wenn er sich doch nur schon in Bewegung setzen würde! Hanecki – in der Partei wird er «Kuba» genannt – gibt sich selbstsicher, hat Manieren wie ein Kaufmann, trägt einen selbstkreierten fadendünnen Schnurrbart, und seine Augen, die so fest, so ruhig und offen blicken, müssen jeden beeindrucken. Im brenzligsten Augenblick hat er sich nicht aus dem Staub gemacht, ist nicht weich geworden, hat nicht aufgegeben, sondern hat sich wie eine Bulldogge in die Hosen des Gendarmen verbissen.

Gleich nach der Haussuchung fuhr Lenin auf seinem Fahrrad zu ihm, nicht etwa zu Grischka Sinowjew – und das war richtig so. Um seine Würde zu wahren, versuchte er die Sache als eine Lappalie darzustellen, einen lächerlichen, ärgerlichen Zufall. (Dabei war er innerlich wie betäubt: Schließlich haben wir Krieg! Da wird nicht lange gefackelt. Sie hätten dich erschießen, ungehindert umbringen können! Die ganze Partei wäre zum Teufel. Und mit ihr die ganze sozialistische Weltrevolution!) Aber Kuba, der erkannte die Gefahr sofort. Der machte das Spiel der vorgetäuschten Lässigkeit und Ruhe nicht mit, sondern sprudelte Namen hervor wie aus einer Fontäne – Namen von österreichischen Sozialdemokraten, von Parlamentsabgeordneten, von Persönlichkeiten des öffentlichen Lebens. Wem man sofort schreiben müsse, wen aufscheuchen, wem was erklären ...

Am selben Abend noch schickte Hanecki von Poronin aus die ersten Telegramme ab, während Lenin von der Polizei in Krakau telegrafisch eine Bestätigung seiner Loyalität gegenüber der österreichisch-ungarischen Monarchie verlangte. Am nächsten Morgen war Lenin noch nicht aus Nowy Targ zurück, und Hanecki fuhr mit dem Leiterwagen nach Krakau – denn untertags verkehrten keine Züge –, sprach bei der Polizei vor, beim Untersuchungsrichter (wobei er viel riskierte, immerhin wurde wenig später Sinowjew verhaftet; das hätte auch ihm passieren können ...), schickte ungefähr zwanzig Briefe in alle Himmelsrichtungen, traf sich mit irgendwelchen Leuten (er konnte einem beliebigen Beamten weiß Gott was aufschwatzen!) und depeschierte außerdem nach Wien. Jeder Sklave hätte an seiner Stelle längst schlappgemacht, aber Hanecki war um Lenin wie um den eigenen Bruder besorgt und hielt mit eisernem Willen durch. Und als er Krakau wieder verließ, hatte er tatsächlich die Genehmigung bei sich, Lenin im Gefängnis von Nowy Targ zu besuchen. Lenin gab ihm denn auch sofort einen neuen Auftrag: unverzüglich eine Einreiseerlaubnis in die Schweiz zu erwirken!

Auf Haneckis telegrafisches Drängen wandten sich die sozialdemokratischen Abgeordneten Victor Adler und Herman Diamand an den Kanzler und das Innenministerium und gaben für den russischen Sozialdemokraten Uljanow, einen entschiedenen Feind der russischen Regierung, schriftliche Bürgschaften ab.

Und die Krakauer Polizei bekam einen Hinweis: «Uljanow könnte unter den gegebenen Umständen große Dienste leisten.» Trotzdem hielt man ihn elf Tage, bis zum 19. August, fest. Wen läßt die Polizei schon gern wieder laufen!

Aber auch nach der Entlassung gingen die Aufregungen weiter. Was man einem österreichischen Minister[4] und den schwachsinnigen Aristokraten in Wien hatte suggerieren können, das wollte den galizischen Bauern, so stur wie alle Bauern der Welt, ob in Europa, Asien oder Alakajewka[5], nicht in den Kopf. Für die Ureinwohner von Poronin blieb dieser Ausländer, obwohl wieder auf freiem Fuß, ein Spion. Merkwürdig, unglaublich! Die Weiber, die gerade aus der Kirche kamen, schrien Zeter und Mordio, sooft sie Nadja sahen: «Die hohen Herren haben ihn laufenlassen, aber *wir* werden ihm die Augen ausstechen! Wir werden ihm die Zunge rausreißen!»

Nadja kam totenbleich und am ganzen Leibe zitternd nach Hause. Ihre Angst übertrug sich auf Iljitsch, packte ihn am Hals. Ja, das würden sie fertigbringen – warum auch nicht? Ausstechen ... rausreißen ... nichts ist unmöglich! Sie werden mit ihren Mistgabeln und Schlachtmessern kommen. Einer so ungeheuren Gefahr war Lenin noch nie im Leben ausgesetzt gewesen. Noch nie hatte ihm irgend jemand so etwas angedroht. Die Geschichte kennt ja genug Beispiele von tollwütigen Ausbrüchen des primitiven Volkszorns: Sogar in zivilisierten Ländern ist man vor dergleichen nicht sicher. Manchmal ist es besser, im sicheren Gefängnis zu sitzen, als der dumpfen Masse ausgeliefert zu sein ...

Angesichts solcher Drohungen unruhig zu werden – das ist nicht Panik, das bedeutet Mobilisierung aller Kräfte.

So waren die letzten Tage und Stunden in Poronin düster und unsicher. Zwei Jahre lang war ihnen dieses Dörfchen so friedlich und harmlos erschienen. Jetzt lag es wie im Hinterhalt, wie sprungbereit da.

Man verließ das Haus nicht mehr, man mochte weder essen noch schlafen, es wurde nervös gepackt. Lenin wollte eigentlich nur das Notwendigste an Papieren und Büchern mitnehmen, doch er hatte die Kontrolle über sich verloren, vermochte sich nicht mehr zu konzentrieren, außerdem hatten sich an die sechzig Pud Papier angesammelt.

Wie konnte er überhaupt zögern und hier, so nahe an der russischen Grenze, noch länger bleiben? Jeden Augenblick konnten die Kosaken angestürmt kommen – und dann war man verloren.

Erst jetzt, auf dem Bahnsteig, den grünschimmernden, behäbigen Eisenbahnzug vor Augen und angesichts der Gendarmen und Bahnbeamten, in deren Gegenwart keine unkontrollierten Aktionen, keine Ausschreitungen denkbar waren, fiel diese lähmende Schwere von ihm. Alle machten frohe Mienen. Auch der Morgen war heiter, sonnig, wolkenlos. Es gab keine Munitionszüge, keine Soldaten, man konnte glauben, es sei ein gewöhnlicher Sommertag und man fahre in die Ferien. Aber Fahrkarten erhielt man nur bis Nowy Targ – für Krakau mußte man schon eine polizeiliche Erlaubnis haben.

Deshalb war der Zug halb leer. Nadja und die Schwiegermutter saßen schon im Abteil und schauten zum Fenster hinaus. Einige Genossen waren zum Abschied gekommen und standen jetzt vor dem Fenster. Doch Wladimir Iljitsch hatte noch einmal Haneckis Arm genommen und ging mit ihm immer wieder den Bahnsteig auf und ab, beide gleich groß, breit und untersetzt, aber Iljitsch vom Knochenbau her, während Kuba Fett angesetzt hatte.

Wenn ein Mensch so viel Talent und Umsicht bewiesen hat wie Jakow Hanecki, dann sollte man genau hinhören, was er zu sagen hat, auch wenn es noch so wirklichkeitsfremd klingt. Er kannte Kuba schon lange, schon seit dem II. Parteitag der Internationale in Kopenhagen 1910, doch eigentlich nur in Zusammenhang mit den polnischen Belangen. Erst in diesem Sommer hatte er ihn von einer anderen Seite kennengelernt – und nun war er für ihn unentbehrlich ... Er war wirklich Gold wert: unerhört tüchtig, absolut verschwiegen, wenn es sich um geheime Angelegenheiten handelte. Da hätte kein Außenstehender ein Sterbenswörtchen aus ihm herausbekommen.

Im Juni und Juli hatten sie häufig Ausflüge in die bergige Umgebung von Poronin unternommen und ausführlich über seine großartigen Finanzprojekte – ein wahres Feuerwerk von phantastischen Ideen – gesprochen. Wahrscheinlich lag es an seiner gutbürgerlichen Herkunft, daß er einen besonderen Riecher, eine unglaubliche Geschicklichkeit in Geldsachen hatte: eine seltene, nicht zu unterschätzende Eigenschaft bei einem Revolutionär! Seine Devise war grundrichtig: Geld – das sind die Hände und Füße einer Partei. Ohne Geld ist sie hilflos und ein leeres Gehäuse. Sogar eine parlamentarische Partei braucht große Geldsummen für ihre Wahlkampagnen – geschweige denn eine revolutionäre, illegale Partei. Verstecke und Geheimtreffen müssen organisiert werden, Transporte, Literatur und Waffen, und vor allem muß man die Kämpfer ausbilden, die Kader schulen, um dann im richtigen Augenblick den Umsturz herbeizuführen.

Aber wozu die vielen Worte? Allen Bolschewiki war es seit dem II. Kongreß, seit den ersten selbständigen Schritten, ganz klar: Ohne Geld kommen wir keinen Schritt weiter! Das Geld entscheidet alles!

Als erstes hatten sie den dickbäuchigen russischen Kapitalisten Spenden abgeluchst: dem Mamontow, dem «Lebkuchen»-Konowalow; Sawa Morosow blätterte freiwillig jeden Monat einen Tausender hin, gerade genug zum Unterhalt des Petersburger Komitees, aber die anderen spuckten nur unregelmäßig was aus, die einen je nach Laune und Gutdünken, die anderen aus Sympathie für die Intellektuellen (Garin-Michailowski hatte einmal sogar zehntausend Rubel gegeben) – aber dann hieß es wieder betteln gehen. Der sicherste Weg war: selber nehmen. Eine Erbschaft angeln, wie die vom Fabrikanten Nikolai Pawlowitsch Schmidt, eine reiche Erbin heiraten oder gar – wie es die Lbow-Bande im Ural gemacht hatte – glatter Betrug: Man kassierte für Waffen im voraus, aber die versprochene Ware lieferte man nicht. Man konnte auch systematischer vorgehen, militärisch-strategische Pläne entwickeln: In Finnland war alles vorbereitet, um Falschgeld zu drucken; das Papier mit dem richtigen Wasserzeichen hatte Krassin besorgt, auch die Bomben für die «Expros»[6], alles lief ausgezeichnet – da kamen Plechanow und Martow mit ihrer moralischen Überempfindlichkeit, und der V. Parteitag verurteilte die Expros. Aber die Sache ganz aufgeben, das ging denn doch nicht. Kamo und Koba alias Stalin überfielen in Tiflis einen Geldtransport und erbeuteten 340 000 Rubel. Der Triumph stieg ihnen zu Kopf. Übermütig wechselten sie in Berlin, Paris und Stockholm Fünfhundertrubelscheine – doch die zaristische Regierung hatte die Seriennummern der Banknoten bekanntgegeben. Litwinow wurde geschnappt, Sara Rawitsch in München festgenommen; zu allem Überfluß versuchte sie einen unvorsichtig abgefaßten Kassiber aus dem Gefängnis zu schmuggeln, der abgefangen wurde. Auch in Genf begann man nach Bolschewiki zu fahnden und verhaftete dreizehn. Die Genossen Karpinski und Semaschko wären ebenfalls ins Gefängnis gewandert, wenn die Liberalen im Parlament sich nicht für sie eingesetzt hätten.

Am schlimmsten aber, am abscheulichsten war das Gegacker von Kautsky mit seiner heuchlerischen, schurkischen «Prinzipientreue». Was für ein niederträchtiger Einfall: die russischen Bolschewiki vor ein «sozialistisches Gericht» zu laden und dann noch den schwachsinnigen Befehl zu geben, die so nützlichen, alles vermögenden Fünfhunderternoten zu *verbrennen*! (Man braucht nur sein Porträt anzuschauen, das eines bigotten, mickrigen Greises mit glotzenden Augengläsern, und gleich wird einem so übel, als hätte man einen Frosch im Mund.) Ihr habt gut reden! Die deutschen Arbeiter sind reich, die Mitgliedsbeiträge hoch, die Partei ist legal – wir dagegen ...!? (Natürlich haben wir nicht alles verbrannt, schließlich sind wir keine Idioten!) Ein Zeichen völliger Verblödung war es, als man den boshaften Greis zum Schiedsrichter zwischen Bolschewiki und Menschewiki machte. (Nun gut, die «Vereinigung» war nicht zu vermeiden, warum denn aber auch die Kasse zusammenlegen? Die Menschewiki waren doch die reinen Habenichtse! Das Schmidt-Erbe konnte man natürlich nicht geheimhalten, einen Teil mußte man Kautsky aushändigen. Später dann, bei der neuerlichen Spaltung, wollte er es den Bolschewiki nicht mehr zurückgeben.)

In diesem Sommer hatte Hanecki einen Plan, der Lenin einfach begeisterte: ein eigenes Handelsunternehmen zu gründen oder in ein schon existierendes einzusteigen – die gesamten Einnahmen würden unter Garantie jeden Monat an die Partei abgeführt werden. Das war keineswegs ein Manilow-Plan[7]. Jeder Schritt war genau durchdacht. Die Idee kam nicht eigentlich von Hanecki selbst, sondern stammte aus dem genialen Nilpferdhirn von Parvus, der von Konstantinopel aus mit Hanecki korrespondierte. Früher bettelarm wie alle Sozialdemokraten, schrieb er plötzlich aus der Türkei – wohin er gefahren war, um Streiks zu organisieren – ganz offenherzig, er sei zu Reichtum gelangt, und es wäre an der Zeit, auch die Partei reich zu machen. Er schrieb: «Um den Kapitalismus zu vernichten, muß man selbst Kapitalist werden! Die Sozialisten müssen zuallererst Kapitalisten sein!» Die Sozialisten lachten. Rosa Luxemburg, Clara Zetkin und Liebknecht drückten Parvus ihre Verachtung aus. Aber vielleicht handelten sie überstürzt – angesichts der realen Finanzmacht von Parvus welkte jeder Spott dahin.

Mit solchen Plänen beschäftigt, hatte man fast den Anfang des Krieges übersehen.

Auch jetzt, in der letzten Minute vor der Abreise, diskutierte man nichts anderes als diese Pläne und wie man die Verbindung aufrechterhalten sollte. Aber man würde sich ja bald wiedersehen: Zuerst wird Sinowjew nachkommen, dann Hanecki, sobald er sich von der österreichischen Wehrpflicht freigemacht haben wird.

Da ertönte das zweite Glockenzeichen zur Abfahrt. Iljitsch sprang rasch auf das Trittbrett – ohne Hut, in schäbigem Anzug, den Kopf fast kahl, mit einem spitz gewordenen Gesicht, einem ungepflegten Bart und mit diesem unüberwindlichen Tick, sich alle paar Augenblicke nervös umzuschauen. Ja, ja, man könnte Sie wirklich für einen Spion halten, wollte Hanecki sagen, hielt sich aber zurück, weil er wußte, daß Lenin keinen Spaß verstand.

Und er selbst – mit den traurigen, aufmerksamen Augen, dem Gesicht eines Großkaufmanns, doch in abgetragenem Rock, sah er nicht ebenfalls wie ein Spion aus?

Der Bahnhofsvorsteher mit der hohen, rot-schwarzen Mütze setzte eine strenge Miene auf. Das dritte Zeichen ertönte. Der Schaffner blies in sein Horn und begann neben dem Zug herzulaufen.

Die Leute auf dem Bahnsteig winkten und die an den offenen Fenstern winkten zurück.

Alles in allem hatte man hier in Poronin nicht schlecht gelebt. Ruhig, gelassen, nicht so wie in diesem hektischen Paris. Lenin war viel in Europa herumgereist – aber ein Europäer war er nicht geworden. Der Lebenskreis muß eng umgrenzt sein, erst dann kann man wirklich aktiv werden.

Wieviel Aufregungen es hier gegeben hatte, wieviel Freude. Und Enttäuschungen. Der Fall Malinowski zum Beispiel ...[8]

Wie den Bahnsteig verlor man auch die darauf Zurückgebliebenen aus den Augen. Sogar Hanecki, ein so zuverlässiger, wunderbarer Genosse – auch er sollte in Lenins neuem Lebensabschnitt fehlen. Es war durchaus möglich, daß er im übernächsten wieder der wichtigste, notwendigste Mensch für ihn sein würde, und wieder würde Iljitsch ihm spät in der Nacht, übermüdet, dringende Briefe schreiben, mit zweifach und dreifach unterstrichenen Zeilen ... Aber fürs erste hatte er seine Sache gut gemacht – und existierte vorläufig nicht mehr.

Lenin hatte schon oft ein untrügliches, noch nie formuliertes Gesetz des revolutionären Kampfes – oder vielleicht jeder menschlichen Beziehung – beobachtet: Zu jedem Zeitpunkt nähern sich einem zwei oder drei Menschen, die die gleiche Denkweise haben, die sich als die bemerkenswertesten, wesentlichsten, nützlichsten Gefährten erweisen, mit denen man die geheimsten, offensten Gespräche gerade zu diesem Zeitpunkt führen und gemeinsam in Aktion umsetzen kann. Aber kaum einer kann sich lange in dieser Position halten. Die Situation ändert sich jeden Tag, und wir müssen uns mit ihr ändern. Wer diese Änderung sofort, im selben Augenblick, mitvollziehen kann oder gar noch bevor sie eintritt – der ist ein wahres politisches Genie!

Es war ganz natürlich, daß jeder, der in den Leninschen Wirbelwind geriet, auch in die Turbulenz seiner Aktivität mithineingezogen wurde und dann alles im richtigen Moment, mit der befohlenen Schnelligkeit, mit allen ihm gegebenen Mitteln und unter größten persönlichen Opfern ausführte – denn er tat es ja nicht für Wladimir Iljitsch, sondern für die überwältigende Kraft, die aus ihm sprach. Lenin war nur der präzis funktionierende Indikator, der immer genau weiß, was für heute morgen richtig ist, wenngleich schon am Abend alles ganz anders aussehen kann. Sobald diese vorübergehenden Mitarbeiter widerspenstig werden, wenn sie die Notwendigkeit und Dringlichkeit ihrer Aufgabe nicht mehr verstehen, gar gemischte Gefühle äußern oder ihre privaten Angelegenheiten hervorkehren – ja, dann ist es ebenso selbstverständlich, sie von der zentralen Arbeit zu entfernen, sie zu vergessen oder zu maßregeln und zu verstoßen. Aber auch wenn er maßregelte und verstieß, war Lenin nur das Instrument der Macht, die ihn beherrschte.

Ziemlich lange hatten sich in dieser Position der geistigen Nähe die mit ihm verbannten Genossen am Jenissej gehalten, aber nur, weil es rein geographisch niemand Näheren gab. Von weitem schien auch Plechanow in diese Rolle zu passen, aber mit welch einer kalten, grausamen Lektion zerstörte er ihre Beziehung, nachdem Lenin und er sich ein paarmal getroffen hatten. Und dann Martow: Jahrelang hatte er ihm nahegestanden, gefährlich, lästig nahe. Bis auch er den Platz räumen mußte. (Durch Martow kam Lenin die Einsicht, die von da an für ihn gültig blieb: «Freundschaft» jenseits von politischen, materiellen oder sozialen Interessen kann es zwischen Menschen nicht geben.) Krassin stand ihm nahe, solange er Bomben anfertigte, und Bogdanow, solange er Geld für die Partei besorgte, aber das hörte auf, und was tat er? Ohne die Wende zu verstehen, erhob er Anspruch auf Führerschaft – und fiel durch. Inzwischen wurden neue Menschen in den Wirbelsturm hineingezogen: Kamenew, Sinowjew, Malinowski ...

Nur diejenigen blieben an seiner Seite, die begriffen, um *was* es bei der Arbeit in der Partei ging – und nur *solange* sie begriffen. Wenn aber eine dringende Aufgabe erledigt war und mit ihr gewöhnlich auch die Situation sich geändert hatte, dann standen die Mitarbeiter da wie nicht mehr gültige Wegweiser, hoffnungslos eingegraben in der schweren, zähen Erde. Sie blieben zurück, wurden umgerissen oder vergessen ... Manchmal tauchten sie an einer Biegung des Weges plötzlich wieder vor ihm auf, diesmal aber als Feinde. Und waren doch Geistesgenossen, die ihm nahegestanden hatten: eine Woche lang, einen Tag, eine Stunde vielleicht, für ein Gespräch, eine Mitteilung, einen Auftrag – und Lenin hatte sie mit seinem Feuer, seiner Leidenschaft erfüllt, hatte ihnen die unerläßliche Notwendigkeit der *Sache* eingehämmert – jedem einzelnen, als sei er der auserwählte, der wichtigste Mensch auf der Welt –, und eine Stunde später war er schon vergessen, als hätte es ihn nie gegeben ... Walentinow schien ein «Naher» zu sein, als er gerade aus Rußland angekommen war, aber er brachte Lenin mit seiner Sturheit in Rage, zum Beispiel, wenn er darauf herumritt, daß ihm, dem Handwerker, irgendeine Schlosserarbeit, die er einmal gemacht hatte, wichtiger erschien als der politische Kampf. Die Konsequenzen folgten denn auch sehr bald: Er konnte sich neben Martow nicht halten, und das bedeutete, er war für Lenin so etwas wie ein Menschewik geworden.

Der Zug kurvte um Berge herum, an denen Pfade und Straßen hinauf- und hinabliefen, vorbei an Hütten, Heuschobern, Kornfeldern, und solange man noch einen Weg sah, konnte man ihn in Gedanken bergan steigen. Die Gegend um Poronin kannte Lenin genau, diese Landschaft hier war neu für ihn.

Er setzte sich. Nachdenken, lesen – nur keine Sentimentalität aufkommen lassen.

Die beiden Frauen sahen ihm seine innere Bewegung an und behelligten ihn nicht mit alltäglichem Kram, sondern saßen still da, um ihn nicht zu stören.

Diese Kräfte verzehrenden Jahre seit 1908, seit der Niederlage der Ersten Revolution[9], waren eine Periode der Emigrationen und Ausweisungen gewesen. Es gingen die Wperjodisten, die Otzowisten, die Ultimatisten, die Machisten, die Gottbildner ...[10], Lunatscharski, Basarow, Alexinski, Brillant, Rojkow, Krassin, Ljadow, Menschinski, Losowski, Manuilski, Gorki ... Die ganze alte Garde, die sich nach der Spaltung von den Menschewiki neu zusammengefügt hatte. Und so schien es manchmal, daß niemand mehr da war, daß die ganze Partei der Bolschewiki aus ihm und zwei Frauen bestand und noch einem Dutzend Drittrangiger, die auf den bolschewistischen Versammlungen in Paris erschienen – kam man aber zu einer *allgemeinen* Versammlung, traf man keine Bolschewiki mehr und wurde von der Tribüne heruntergestoßen. Sie waren gegangen, einer nach dem andern, und was für einen starken Glauben mußte man haben, um ihnen nicht nachzulaufen, nicht Frieden mit ihnen zu schließen, sondern prophetisch die Zukunft vorauszusehen, fest stehen zu bleiben und zu warten: Denn sie kehren zurück, sie werden zur Besinnung kommen, und wer nicht zurückkommt, der soll sich zum Teufel scheren!

1906 und 1907, da war die Niederlage noch nicht besiegelt, noch brodelte und wand sich die Gesellschaft und wurde in den Mahlstrom hineingezogen. Lenin saß in Kuokkala und wartete, wartete auf die nächste Welle. Aber von 1908 an, als das ganze Land von reaktionärem Gesindel beherrscht wurde und der Untergrund ausgedörrt schien, kamen die Arbeiter wie Ameisen aus ihren Löchern heraus und strömten hinein in die Gewerkschaften und Versicherungskassen. Mit den Illegalen schien auch die Emigration auszusterben.

Deswegen war es *wunderbar*, daß es Krieg gab! Es war eine reine Freude! Das wird den Liquidatoren[11] das Maul stopfen, die Bedeutung legaler Aktivitäten wird kraß zurückgehen und die Bedeutung und Kraft der Emigration wieder um so größer werden! Das Schwergewicht des russischen Gesellschaftslebens wird wieder in der Emigration stattfinden!

Das alles hatte sich Lenin noch im Gefängnis von Nowy Targ ausgerechnet. («Nadja, sind wir schon an Nowy Targ vorbei? Hab's gar nicht bemerkt.»)

In der Gefängniszelle hatte er eine ängstliche Sorge besiegt und versucht, sich den allgemeinen, großen Erfolg durch sein persönliches Mißgeschick nicht verdunkeln zu lassen. Er analysierte den europäischen Krieg und bedachte seine Konsequenzen. Ziel und Ergebnis einer solchen konzentrierten Arbeitsleistung des Leninschen Hirns waren stets gebrauchsfertige Parolen. Und noch etwas: Er mußte seine Argumente, seine Beweisführungen in eine allgemeingültige, marxistische Sprache übersetzen, sonst würden ihn seine Anhänger nicht verstehen können.

Was folgte daraus? (Hanecki war der erste, mit dem er nach seiner Entlassung aus dem Gefängnis von Nowy Targ darüber sprach.) Da der Krieg nun einmal ausgebrochen war, mußte man sich klarmachen, daß man ihn weder aufhalten noch beenden konnte – nein, das einzige, was man tun mußte, war, ihn ausnutzen! Man mußte sich lösen von der scheinheiligen, selbst in proletarischen Köpfen spukenden Vorstellung, der Krieg sei ein Unglück oder eine Sünde. «Frieden um jeden Preis!» – was für eine Popen-Parole! Welchen Kurs sollten die revolutionären Demokraten der ganzen Welt angesichts dieser neuen Situation steuern? Zuerst einmal müßte die Legende zunichte gemacht werden, daß die Regierungen Deutschlands und Österreichs am Ausbruch des Krieges schuld seien. Die Entente will sich natürlich reinwaschen: «Wir sind unschuldige Opfer einer Aggression!» Warum sagen sie nicht gleich, daß sie «im Namen der Demokratie» die Republik der Rentenempfänger verteidigen wollen?! Diese Rechtfertigungsversuche müssen widerlegt, ad absurdum geführt, erstickt werden! Es geht nicht darum, wer wen zuerst überfallen hat. Man muß propagieren, *daß alle Regierungen in gleichem Maße schuldig sind.* Die Frage ist, wie wir den Krieg am besten für uns nutzen können. «Alle sind schuld!» Ohne diese Parole wird die Beseitigung des zaristischen Regimes nicht gelingen.

Ja, dieser Krieg ist ein Glücksfall! Er wird für den internationalen Sozialismus von ungeheurem Nutzen sein! Mit einem Schlag wird er die Arbeiterbewegung vom dicken Mief der Friedenszeit befreien! Statt der früheren Einteilung der Sozialisten in Opportunisten und Revolutionäre – eine fragwürdige Einteilung, weil sie Luftlöcher für

Feinde des Sozialismus läßt – zeigt der Krieg jetzt die internationale Spaltung im klarsten Licht: hier Patrioten – dort Antipatrioten. Wir sind Antipatrioten!

Nun würde auch das Feilschen der Internationale um die «Vereinigung» der Bolschewiki mit den Menschewiki ein Ende haben! Man hatte vereinbart, sich im August, auf dem Kongreß in Wien, zu versöhnen, doch im Juli flammten die Auseinandersetzungen wieder an fünf Fronten gleichzeitig auf. Jetzt war es kein Riß mehr, sondern ein Abgrund, der sich inzwischen ihnen auftat. Noch im Juli hatten sie einander liebevoll bei der Gurgel gepackt: «Wir sehen keine Meinungsverschiedenheiten, die zu einer Spaltung führen müßten! Schickt eine Delegation – zur Versöhnung!» Eine Versöhnung mit diesem Menschewikenpack! Ausgerechnet jetzt – nachdem sie für die Kriegskredite gestimmt haben! Damit ist eure Internationale eines schnöden Todes gestorben! Diese Leiche wird keine Auferstehung feiern! Mögt ihr auch noch lange so tun, als seid ihr quicklebendig – wir werden es laut herausschreien: Ihr seid tot! Inessa Armands Fahrt zu euch nach Brüssel war unsere letzte Begegnung – jetzt reicht's uns!

Plötzlich bemerkte die Schwiegermutter, daß ein Koffer fehlte. Man fing an zu zählen, zu suchen, unter den Bänken, im Gepäcknetz – nichts! Was für eine Schande! Als wäre man vor einem Feuer weggerannt. Wladimir Iljitsch ärgerte sich. Ohne Ordnung in der Familie und im Haus kann man nicht arbeiten. Es klingt lächerlich, aber auch die Ordnung im Haus dient *der Sache*. Er wagte es nicht, Elisaweta Wassiljewna einen Vorwurf zu machen, sie hatte immer eine passende Antwort parat. Sie respektierten einander, er machte ihr gelegentlich kleine Geschenke, um sie bei Laune zu halten – aber Nadja, der sagte er seine Meinung frei heraus. Sie konnte nicht einmal einen Knopf richtig annähen oder einen Fleck wegmachen – er selbst verstand das besser. Wenn man es ihr nicht sagte, bekam man von ihr nicht mal ein sauberes Taschentuch.

Fehler konnte er einfach nicht verzeihen. Niemals. Niemandem. Solange er lebte, vergaß er den Fehler eines andern nicht.

Er wandte sich ab. Schaute aus dem Fenster.

Der Zug schlängelte sich gemächlich von den Bergen herunter. Ab und zu zog grauer Lokomotivendampf durch das Blickfeld. Er hatte die Berge satt, hatte während der langen Emigration genug von ihnen gesehen.

Aber Nadja ließ alles mit der größten Leichtigkeit an sich ableiten. Na ja, wir haben einen Koffer vergessen, deswegen kehrt man doch nicht um! Wir werden aus Krakau schreiben, dann schicken sie ihn uns eben nach ...

Nadja wußte genau: Wenn sie die Schuld auf sich nahm und ihm keine Vorwürfe machte, beruhigte sich ihr Wolodja schnell. Am meisten regte er sich auf, wenn es sich herausstellte, daß doch er der Schuldige war.

Alt aussehend, mürrisch, die Stirn über den spitzen, rötlichen Augenbrauen verdüstert, schaute er wie abwesend hinaus. Nadja kannte jeden Ausdruck seines Gesichts. Jetzt durfte man ihm auf keinen Fall widersprechen, nicht einmal ansprechen durfte man ihn in solchen Momenten oder ihn auf andere Weise stören, und sei es auch nur durch ein Wort zur Mutter. Man mußte ihn so sitzen lassen, damit er sich in sich selbst vertiefen und durch dieses Schweigen von allem, was ihn bedrückte, lösen konnte – von den zermürbenden Tagen im Gefängnis von Nowy Targ, von den Bedrohungen in Poronin und auch von dem vergessenen Koffer. In solchen Situationen, wenn er allein spazierenging oder schweigend dasaß und nachdachte, glätteten sich nach einer halben Stunde des In-sich-Versenkens die bösen, kleinen Fältchen um die Augen und auf seiner hohen Stirn, und es blieben nur die großen, tiefen Falten.

Die weltweite Spaltung des sozialistischen Lagers war schon lange fällig, aber erst der Krieg führte sie herbei – kraß und unwiderruflich. Und eben das war *ausgezeichnet*! Nicht etwa, daß durch den Massenverrat der Sozialisten[12] die proletarische Front scheinbar schwächer geworden wäre, ganz im Gegenteil. Es war *gut*, daß sie verraten hatten! Um so leichter war es ja jetzt, den eigenen Kurs durchzusetzen.

Was hatte er noch vor einem Monat sagen können, als es darum ging, sich aus der ganzen Sache herauszuwinden? Plötzlich der Einfall: an seiner Stelle Inessa zum «Vereinigungskongreß» nach Brüssel zu schicken! An der Spitze einer Delegation – Inessa! Mit ihrem ausgezeichneten Französisch! Mit ihrer unnachahmlichen Haltung – kalt, ruhig, ein wenig von oben herab. (Das französische Präsidium wird dir sofort zu Füßen liegen, Inessa. Die Deutschen werden dich kaum verstehen – um so besser! Und wenn einer von ihnen spricht, mußt du verlangen, daß man es übersetzt!) Ja, das ist ein guter Schachzug! Die ultrasozialistischen Esel werden den Kopf verlieren. Aber das muß schnell in die Wege geleitet werden – sofort! Ich muß an Inessa schreiben, um zu erfahren, ob sie fahren kann. Sie ist mit den Kindern an der Adria. Na und? Für die Kleinen finden wir ein

Kindermädchen, die Kosten trägt die Parteikasse. Du schreibst gerade an einem Artikel über die freie Liebe? Ohne unhöflich sein zu wollen (Frauen werden doch nie hundertprozentige Parteimitglieder werden – wenn man sie braucht, haben sie immer gerade irgend etwas anderes vor): Das Manuskript kann warten. Ich bin gewiß, daß du zu den Leuten gehörst, die sicherer, stärker und kühner werden, wenn sie allein auf verantwortlichem Posten stehen ... Unsinn, alles Unsinn! Ich weigere mich beharrlich, den Pessimisten zu glauben! Großartig wirst du zurechtkommen! Mit Festigkeit wirst du mit ihnen allen fertig werden ... Du mußt wissen, daß alle sehr erbost sein werden (ich bin sehr froh darüber!), wenn sie sehen, daß ich nicht da bin, und werden sich vermutlich an dir rächen wollen. Aber ich bin überzeugt, daß du ihnen deine «Krallen» recht gut zeigen wirst ... Und nennen werden wir dich – sagen wir: Petrowa. Wozu den Liquidatoren deinen richtigen Namen verraten? (Petrow, so habe ich mich auch einmal genannt. Die anderen haben es sicher vergessen – du nicht ... So werden wir, offen und doch versteckt, durch unsere Pseudonyme vereint, zusammen vor den Leuten stehen. Du wirst gewissermaßen ich sein!) Meine liebe Freundin, bitte sag ja! Wirst du fahren? Ja, ja, du fährst! Natürlich müssen wir vorab alles bis aufs kleinste Detail besprechen. Und alles muß schnell, *sehr* schnell gehen! Die Liquidatoren muß man einfach belügen: Versprich ihnen, daß wir später *vielleicht* einer gemeinsamen Resolution zustimmen werden. (Aber wir werden *natürlich* niemals etwas gemeinsam mit denen tun! *Keinen einzigen* ihrer Vorschläge annehmen!) Und denk dir eine Lüge aus, die Kinder seien krank geworden, deswegen könntest du nicht länger bleiben. Man muß die europäischen Sozialisten, dieses spießbürgerliche Pack, überzeugen, daß die bolschewistische Partei die realste russische Partei ist. Schwatz ihnen was von Gewerkschaften und Sozialversicherungen vor – das hat immer eine ungeheure Wirkung! Diejenigen, die Fragen stellen, mußt du sofort unterbrechen, in die Enge treiben, den Ball zurückschlagen! Die ganze Zeit in der Offensive sein! Je mehr du Rosa Luxemburg zum Reden bringst, desto besser, dann werden sie sehen, daß hinter ihr keine wirkliche Partei steht. Real ist nur Haneckis Opposition. Du hast alles verstanden?! Du fährst! Nimm meinen herzhaften Händedruck entgegen! *Yours very truly ...*[13]

Hanecki aber versuchte krumme Touren und verdarb einiges: Er stellte ein «Ultimatum» (zugegeben, ein durchaus berechtigtes): «Zweihundertfünfzig Kronen für die Fahrt nach Brüssel, oder ich fahre nicht.» Doch die Parteikasse mußte mehr denn je geschont werden. (Hanecki ist nicht der einzige! Es gibt viele Leute, die nützlich sein könnten, wenn wir nur etwas mehr Geld hätten ...) Hanekki fuhr nicht, und ohne ihn verriet uns die lausige polnische Opposition und ging auf das faule, idiotische Versöhnlertum von Rosa und Plechanow ein.

Na, egal – du hast die Sache besser gemacht, als ich sie hätte machen können. Abgesehen von den Sprachschwierigkeiten wäre ich wahrscheinlich explodiert. Dieses Komödienspiel hätte ich nicht ausgehalten und sie allesamt Schufte genannt. Aber du bliebst ruhig und fest und hast alle Angriffe pariert. Du hast der Partei einen großen Dienst erwiesen! Ich schicke dir hundertfünfzig Francs. (Ist es zu wenig? Laß mich wissen, ob du mehr ausgegeben hast. Ich schick dir dann sofort den Rest.) Schreib mir: Bist du wirklich sehr müde? Sehr böse? Warum ist es dir «äußerst unangenehm», über diese Konferenz zu schreiben? Bist du krank? Was ist das für eine Krankheit? Schreib bitte Genaueres, sonst finde ich keine Ruhe.

Inessa ist der einzige Mensch, dessen Stimmung sich auf ihn überträgt, sogar über große Entfernung hinweg. Ja, über die Entfernung sogar noch mehr ...

Übrigens – mit dem «du» wird man jetzt wegen der Kriegszensur aufhören müssen. Es könnte zu Erpressungen Anlaß geben. Ein Sozialist muß immer auf der Hut sein.

Ihre Korrespondenz wurde durch den Kriegsbeginn unterbrochen, sicher würde Inessa ihm weiterhin nach Poronin schreiben. Nachdem sie ihre Kinder nach Rußland geschickt hatte, war sie vermutlich in die Schweiz zurückgekehrt. Vielleicht war sie schon dort.

Die Frauen besprachen leise miteinander, was nach der Ankunft in Krakau zu tun wäre. Nadja schlug vor, daß die Mutter und Wolodja bei den Koffern bleiben sollten, während sie zu der Wirtin ging, bei der Inessa gewohnt hatte.

Als sie das sagte, schaute sie vorsichtig an Wolodjas Wange vorbei zum Fenster. Sein Gesicht veränderte sich nicht, er drehte sich nicht um, sagte nichts, aber eine leise Bewegung der Stirnadern und der Augenlider zeigte ihr, daß er zugehört hatte und einverstanden war.

Es war einerseits natürlich viel angenehmer, wenn man nicht erst lange suchen mußte, andererseits aber auch nicht unbedingt nötig, ausgerechnet in Inessas Zimmer zu wohnen. Wiederum liebte es Wolodja nicht, sich an Neues gewöhnen zu müssen, besonders, wenn es nur um eine kurze Zeit ging – und damit konnte sie ihren Vorschlag vor der Mutter rechtfertigen.

Ihrer Mutter gegenüber hatte sie von jeher ein schlechtes Gewissen gehabt. Früher stärker, jetzt etwas weniger. Aber doch auch jetzt noch.

Nadja hatte sich dazu erzogen, konsequent zu sein: Wolodja nicht von seinem Weg abbringen – nicht um Haaresbreite. Sein Leben immer erleichtern – und nie stören. Immer für ihn da sein – aber wenn er sie nicht brauchte, sofort verschwinden. Hat man sich zu etwas entschlossen, muß man sich dran halten. Bist du ins Geschirr gespannt, mußt du ziehen. Über die Rivalin nie ein böses Wort. Auch wenn es Gründe genug gäbe. Ihr so begegnen, als sei sie eine Freundin – um Wolodja die Laune nicht zu verderben und seinem Ansehen bei den Genossen nicht zu schaden. Inessa auf Ausflüge und Spaziergänge mitnehmen, um sich dann irgendwo hinzusetzen und zu lesen – zu dritt ...

Damals, als das alles begann, eigentlich sogar schon früher, als die Studentin an der Sorbonne das erste Mal in ihre Pariser Wohnung kam, mit einer roten Feder am Hut (was eine russische Revolutionärin nie gewagt hätte!), zwei Ehen hinter sich und fünf Kinder am Hals ... Als Wolodja noch kaum hinter dem Tisch aufgestanden war, da wußte Nadja sogleich, als hätte ein Windstoß es ihr gesagt, was kommen würde und wie es sein würde. Und sie wußte auch, daß sie keine Möglichkeit hatte, es zu verhindern. Und daß es ihre Pflicht war, nicht zu stören ...

Nadja hatte ihm angeboten, ihn zu verlassen. Sie konnte den Gedanken nicht ertragen, für einen Menschen wie ihn ein Hindernis zu sein, er hatte ohnehin genug Hindernisse zu überwinden. Aber er sagte: «Bleib!» Damit war es beschlossen. Ein für allemal.

Das hieß also, er brauchte sie. Und es stimmte ja auch: Besser hätte niemand mit ihm leben können. Das Bewußtsein, daß *eine Frau allein* auf so einen Menschen keinen Anspruch erheben konnte, machte es ihr leichter. Es war ihre Berufung, ihm, zusammen mit anderen, nützlich sein zu können. Neben einer zweiten Frau. Doch in vieler Hinsicht ihm näher als die andere.

Da sie geblieben war, hieß es, den Schmerz zu verbergen. Mehr noch – sie mußte lernen, ihn gar nicht zu spüren. Aber damit dieser Schmerz innerlich ausbrannte und abstarb, durfte man sich nicht schonen, mußte es zuerst in sich stechen, sengen, brennen lassen. Und da es bequem war, in Inessas Zimmer zu wohnen, mußte man es tun, ohne sich damit zu quälen, wann und wie oft Wolodja hier schon gewesen war.

Aber in den Augen der Mutter ...

Bald würde man in Krakau ankommen. Wolodjas Gesicht hellte sich auf. Das bedeutete, daß er beim Nachdenken gut vorangekommen war.

Nein, du warst in Brüssel wunderbar, Inessa. Du mußt dir keine Vorwürfe machen. Eines ist nur schade: daß du nicht dazu gekommen bist, einen Briefwechsel mit Kautsky anzubahnen, wie ich es dir empfohlen habe. (Du würdest unter deinem Namen mit ihm korrespondieren, und ich würde dir die Briefe aufsetzen.) Was ist er doch für eine niederträchtige Person! Ich hasse und verachte ihn mehr als alle anderen! Was für eine widerliche, elende Heuchelei! Schade, schade, daß wir das Spiel nicht angefangen haben, wir hätten ihn in Stücke zerrissen!

Wolodjas Gesicht wurde noch heiterer, er pfiff sogar leise vor sich hin. An den Koffer dachte er nicht mehr und sagte jetzt: «Wollen wir was essen?»

Er holte das Taschenmesser hervor, das er immer bei sich trug. Man breitete eine Serviette aus, nahm das Huhn heraus, die harten Eier, die Flasche mit Milch, galizisches Brot, Butter in Pergamentpapier eingewickelt und ein Salzfäßchen.

Wolodja machte sogar Witze und behauptete, seine Schwiegermutter sei eine Kapitalistin und ein Schandfleck auf seiner revolutionären Biographie.

Man mußte jetzt vor allen Dingen und sehr schnell die Finanzen regeln. Auf einer Krakauer Bank lag viel Geld – wer hätte gedacht, daß ein Krieg ausbrechen würde? –, eine Erbschaft von Nadjas Tante, einer Schwester ihrer Mutter aus Nowotscherkassk. Über viertausend Rubel. Die konnten jetzt beschlagnahmt werden, als Eigentum feindlicher Ausländer. So etwas Dummes! Das Geld muß sofort herbeigeschafft werden, und zwar durch einen geschickten Menschen, der weiß, wie man das bewerkstelligt ... Dann einen Teil in Gold und den Rest in Schweizer Franken umtauschen und mitnehmen.

Anschließend sofort nach Wien, sich nirgends aufhalten. Schleunigst Visa und Bürgschaften für die Schweiz besorgen. Man muß so schnell wie möglich hinüber. Österreich-Ungarn befindet sich im Kriegszustand, wer weiß, was da noch passieren kann. Die Schwiegermutter hat einen gültigen russischen Auslandspaß, Nadja nur einen abgelaufenen. Lenin aber überhaupt keinen.

Worin sich diese opportunistische Internationale immerhin bewährt hatte, war die persönliche Hilfe, die man stets von ihr erhielt. In fast jedem Land hatte sie ihre eigenen «Minister». Hanecki hatte darauf bestanden, daß sie Adler und Diamand ihre Aufwartung machten (obwohl er ihnen doch seine Dankbarkeit schon vorher in Telegrammen ausgedrückt hatte), nein, man mußte ihnen persönlich danken und durfte dabei auf keinen Fall Unverschämtheiten äußern. Wolodja setzte ein schiefes Lächeln auf (Krümel von Eiweiß und Eigelb um den Mund) – wahrhaftig eine absurde Angelegenheit: morsche Revisionisten, bürgerlicher Abschaum, und man mußte zu ihnen laufen und vor ihnen katzbuckeln. Wieso eigentlich? Wenn auch Prinzipientreue nicht ihr Fall war, sollten sie einem wenigstens im Leben weiterhelfen. Das war eine konkrete, reale Plattform für ein provisorisches taktisches Übereinkommen mit ihnen. Auch später in der Schweiz wird man ohne dieses Gesindel nicht auskommen können: Ohne eine Bürgschaft läßt man uns nicht rein, und wer könnte sich denn sonst noch für uns verbürgen? Robert Grimm – ein unreifer Kerl. (Ich lernte ihn voriges Jahr in Bern kennen, als du im Krankenhaus lagst, Inessa.)

Spötteleien berührten Lenin nicht, Demütigungen beugten ihn nicht, er schämte sich nie. Und doch war es schwer, mit vierundvierzig Jahren sich vor den Jungen verbeugen zu müssen, von allen abhängig zu sein, keine Macht zu besitzen.

Wenn wir 1908 nicht aus Genf nach Paris gegangen wären, müßte man sich jetzt nicht in die Schweiz durchkämpfen, man würde fest und sicher dort sitzen: mit seiner eigenen Druckerei, mit Verbindungen und mit allem Drum und Dran. Was zum Teufel wollten wir eigentlich damals in Paris?

(Wenn sie nicht nach Paris gefahren wären, hätte er Inessa nicht kennengelernt!)

Voriges Jahr, als Professor Kocher deinen Basedow kurierte, Inessa, und wir sehen konnten, was wahre Medizin ist (zur Kontrolle las Wolodja damals alle möglichen Bücher über die Krankheit), da hätten wir einfach in Bern bleiben sollen. Warum nicht? Wenn man den Zarismus überleben will, und man ist nicht mehr fünfundzwanzig, wird die Gesundheit eines Revolutionärs zu einer seiner wichtigsten Waffen. Außerdem ist sie Eigentum der Partei! Wenn es um die Gesundheit geht, darf man mit Parteigeldern nicht knausrig sein! Deshalb sollte man in der Nähe von guten oder gar berühmten Ärzten leben – und wo gibt es bessere als in der Schweiz? Es wäre doch lächerlich, sich von Semaschko heilen zu lassen! Unsere revolutionären Genossen sind als Ärzte komplette Esel. Soll man sich von denen etwa im Leib herumbohren lassen?

Und du bist auch jetzt noch nicht ganz wiederhergestellt, Inessa!

Du solltest dich in Kochers Nähe aufhalten.

Ach, Wolodja, die Schweiz ist so fürchterlich spießig – weißt du noch, wie muffig sie uns vorkam? Und weißt du noch, wie die Leute sich nach der «Expro» in Tiflis schreckerfüllt von uns abwandten? Bei ihnen ist das Gesetz nämlich unfehlbar. Verletzungen des Eigentums können sie nicht verkraften. Und die wollen Sozialdemokraten sein?!

Stimmt, aber so schnell wie in Nowy Targ verhaften sie in der Schweiz nicht. Und es war doch ein Kinderspiel, Semaschko und Karpinski zu befreien. Und was für Bibliotheken die dort haben! Wie gut man dort studieren kann! Schon lange vor dem Krieg, aber jetzt noch viel besser! Wirklich, kein anderes Land bietet so viel Kultur und Bequemlichkeit.

Ja, ein sauberes, gleichsam reingewaschenes Land, mit angenehmen Bergen, freundlichen Pensionen und kristallenen Seen, auf denen Wasservögel schwimmen.

Das Klärbecken der russischen Revolution.

Und wenn das Land auch weiterhin neutral bleibt, dann wird man nur von dort aus internationale Verbindungen aufrechterhalten können.

Je mehr er darüber nachdachte: Welch eine Freude dieser alleuropäische Krieg! Auf so einen Krieg hatten Marx und Engels gewartet, ihn aber nicht mehr erlebt. Denn so ein Krieg ist der beste Weg zu einer Weltrevolution! Der Funke, der 1905 nicht zünden wollte, wird sich nun von selbst in ein Flammenmeer verwandeln. Eine sonderbare, eine wunderbare Gelegenheit!

Eine Vorahnung erhellte sich ihm jetzt: Das ist das Ereignis, für das du gelebt hast! Siebenundzwanzig Jahre politischer Selbstunterricht, Bücher, Broschüren, Parteistreitigkeiten und das nüchterne Beobachten der ersten, mißlungenen Revolution. Für alle in der Internationale galt er als ein Störenfried, ein hochfahrender Sektierer, Wortführer einer verschwindend kleinen, dahinschmelzenden Gruppe, die sich Partei nannte. Du hast, ohne es selbst zu wissen, auf *diesen* Augenblick gewartet, jetzt ist er da! Es dreht sich das schwere, wuchtige Rad – wie das rote Rad der Lokomotive –, und du mußt seinen mächtigen Schwung mitmachen.

Noch nie hatte Lenin vor einer Menschenmenge gestanden, noch nie mit einer Armbewegung der Masse gezeigt, mit welchem Treibriemen, mit welch jagendem Herzen er sie alle in Bewegung setzen konnte – nein, nicht in die Richtung, in die sie sich gerade jetzt getrieben fühlte, sondern in die entgegengesetzte ...

Krakau.

Man macht sich fertig, zieht sich an.

Lenin ist in Gedanken ganz woanders, versteht nicht ganz, daß man in Krakau angelangt ist und was getan werden muß.

Sie nehmen keinen Träger und schleppen das Gepäck selbst.

Die Menschenmenge ringsherum macht einen ganz betäubt, er ist es nicht mehr gewohnt, aber hier ist es etwas Besonderes – man spürt den Krieg. Auf dem Bahnsteig sind fünfmal so viele Menschen wie sonst, sie laufen hastig kreuz und quer. Nonnen – die hier doch eigentlich nichts zu suchen haben – drängen sich durch die Massen, verteilen Heiligenbildchen und Zettel mit Gebeten. Lenin zieht brüsk seine Hand weg, wie vor etwas Schmutzigem. Eine Paketkarre steht im Wege. Riesenkartons mit der Aufschrift «Flohpulver» werden verladen. Soldaten, Zivilisten, Bahnbeamte schieben sich durch das Gewühl, kommen manchmal nur mit Hilfe der Ellbogen voran. Und an der Rückwand des Bahnhofs ein großes Transparent, rote Buchstaben auf gelbem Grund:

JEDEM RUSS – EIN SCHUSS!

Es war nicht auf sie gemünzt, und doch zuckten sie zusammen.

Das Bahnhofsgebäude war vollgestopft und stickig. Sie fanden einen Platz im Schatten, etwas erhöht, an einer Seitenwand. Hier war die Menge noch dichter, viele Frauen darunter.

Sie setzten die Schwiegermutter auf eine Bank, stellten die Sachen um sie herum. Nadja fuhr zu Inessas Wirtin. Wladimir Iljitsch lief fort, um Zeitungen zu kaufen, und vertiefte sich sogleich in sie, stieß gegen Passanten, kam zurück, setzte sich auf einen stabilen Koffer, den Packen Zeitungen zwischen die Knie geklemmt.

Erfreuliches gab es nicht zu lesen: Meldungen ohne präzise Angaben über die Gefechte in Galizien und Ostpreußen. Das hieß, die Russen waren nicht erfolglos. Außerdem Kämpfe in Frankreich, Krieg in Serbien – wer von der älteren Generation der Sozialisten hätte sich das träumen lassen?

Aber sie werden nicht begreifen. Sie werden sehr bald «Frieden, Frieden!» schreien. Jeder, der kein überzeugter «Verteidiger der bedrohten Heimat» ist, wird «Schluß mit dem Krieg!» jammern.

Als ob man das könnte! Als ob irgend jemand das könnte: das sich rasend drehende Rad anhalten.

Die miesen, geifernden Sozialisten, zerfressen vom Wurm der Spießbürgerlichkeit, werden, um die Massen für sich zu gewinnen, vom «Frieden!» und «Gegen jegliche Annexion!» zetern. Und die Leute auf der Straße werden das natürlich so auslegen: Die reden gegen den Krieg – also sind sie für den Frieden!

Diese Sorte wird man zuerst bekämpfen und schlagen müssen. Wer von ihnen hat denn den Weitblick, wer hat den Mut, diese große Entscheidung zu treffen: den Krieg *nicht aufhalten*, sondern *ausbreiten, ins eigene Land tragen!*

Wir werden zwar nicht offen zugeben: «Wir sind für den Krieg!» – aber in Wahrheit sind wir *für* ihn.

Was für eine stumpfsinnige, verräterische Parole: «Frieden!» Was nützt ein seichter Frieden, wenn man ihn nicht unverzüglich in einen *Bürgerkrieg*, und zwar in einen *unerbittlich grausamen* verwandeln kann? Noch mehr: Jeder, der *nicht* für den Bürgerkrieg ist, ist ein Verräter!

Die Hauptsache: nüchtern das Kräfteverhältnis abwägen und erkennen, *wer wessen Verbündeter ist*. Und nicht mit dummer Pfaffenpolitik zwischen die Fronten treten. Sondern von Anfang an in Deutschland einen mächtigen Verbündeten sehen und nicht, wie alle anderen, ein imperialistisches Land. Um eine Revolution zu machen, braucht man Waffen, Truppen und Geld. Man muß sich also an diejenigen halten, die daran interessiert sind, uns diese Dinge zu geben. Man muß versuchen, Unterhandlungen zu führen, man muß insgeheim in Erfahrung bringen: Falls Rußland in Schwierigkeiten geraten sollte und um Frieden bittet – gibt es eine Garantie, daß Deutschland darauf *nicht* eingeht, daß es die russischen Revolutionäre nicht im Stich läßt?

Deutschland! Was für eine Macht! Welche Waffen! Und was für eine Kühnheit, durch die Überrumpelung Belgiens der Entente eine erste Schlappe zuzufügen! Und sich nichts draus machen, ob man winselt und jammert. Nur weiterschlagen, wenn man schon mal angefangen hat. Und die entschlossenen Befehle der Obersten Heeresleitung – das sind keine russischen Schlappschwänze. (Schon die Entschlossenheit, mit der sie einen festnehmen und in Nowy Targ ins Kittchen stecken. Und noch mehr – wie sie einen dann wieder rauslassen!)

Deutschland wird zweifellos den Krieg gewinnen. Deshalb ist es der beste und natürlichste Verbündete gegen den Zaren.

Jetzt hat man dich, du gieriger Aasgeier vom russischen Wappen! Dein Fuß ist in der Falle – jetzt kommst du nicht mehr los! Du selbst hast diesen Krieg gewollt! Beschneiden muß man deine Flügel – bis nach Kiew! Bis nach Charkow! Bis nach Riga! Deinen Großmachtsdünkel muß man aus dir herausprügeln! Krepieren sollst du ... Alles, was du kannst, ist andere unterdrücken, sonst nichts! Rußland muß rundherum amputiert werden! Polen, Finnland – abtrennen! Das baltische Gebiet – abtrennen! Die Ukraine – abtrennen! Den Kaukasus – ab! Krepieren sollst du!

Die Halle dröhnt, die Menge drängt bis zur Sperre vor dem Bahnsteig, die Polizei läßt sie nicht durch. Was ist da los? Ein Zug kommt. Ein Zug mit Verwundeten. Vielleicht der erste Zug aus der ersten großen Schlacht. Man macht Platz für die lange Reihe der wartenden Ambulanzwagen. Die baumstarken, finster blickenden Sanitäter heben rasch Bahre um Bahre aus dem Zug und tragen sie zu den Automobilen. Frauen kämpfen sich durch die Menge und starren über die Köpfe und Schultern hinweg mit gierigem Grausen auf die Zipfel grauer Gesichter, die zwischen Verbänden und Decken hervorschauen. Und mit Entsetzen suchen sie den Ihrigen. Ein Schrei des Erkennens oder der Enttäuschung, und die Menge ballt sich noch fester zusammen, hebt sich und senkt sich, als sei sie ein einziges Wesen, als habe sie nur ein einziges Herz ...

Von der Estrade, auf der die Uljanows saßen, konnte man trotz der Entfernung alles sehen. Lenin stand auf und ging ganz nah an das Gitter heran.

Es gab zu wenig Bahren und Wagen, und so kamen sie zu Fuß heraus, von Krankenschwestern gestützt: weiße Gestalten in grauem Drillich und blauen Uniformen, mit verbundenen Köpfen und Hälsen, Schultern und Händen. Einige bewegten sich zaghaft voran, andere mutiger – und jetzt hielt die Wartenden nichts mehr zurück, sie stürmten den Männern mit freudigen und schrillen Rufen entgegen; man umarmte und küßte die Angehörigen, die Fremden, man nahm sie den Schwestern weg, trug ihre Tornister, und hoch oben, über alle Köpfe hinweg, glitten, von Männerhänden gestemmt, Bierkrüge mit weißen Schaumkronen und Braten auf weißen Tellern für die Verwundeten.

So vor der Barriere stehend, fühlte sich der Herr mit der schwarzen Melone und dem ungestutzten rötlichen Bärtchen auf einmal wohler. Mit vor Anspannung gerunzelten Brauen, mit scharfem, stechendem Blick schob Lenin in Gedanken eine Hand nach vorn, mit einwärts gebogenen Fingern, als hielten sie einen großen Krug, und seine Kehle schluckte und bebte, als hätte sie, im Schützengraben fast ausgetrocknet, bis eben nach diesem Krug Bier gelechzt. Er kniff die Augen zusammen und öffnete sie wieder weit, um von der sich vor ihm abspielenden Szene all das festzuhalten, was ihm entwicklungsfähig erschien.

Sein dynamisches Hirn konstatierte immer deutlicher eine Inspiration, eine der stärksten, stürmischsten, unfehlbarsten Eingebungen seines Lebens:

Es verflüchtigt sich der von den Zeitungen unter seinem Arm ausgehende Geruch von Druckerschwärze, auch der Geruch von Blut und Arzneimitteln, der die Bahnhofshalle erfüllt – und wie ein Adler in seinem Höhenflug erspäht er plötzlich tief unter sich die kleine goldfarbene Eidechse der einziggültigen Wahrheit, und er stürzt sich mit wild pochendem Herzen auf sie herab, packt sie an ihrem zitternden Schwanz, bevor sie in einer Steinspalte Zuflucht finden kann, und zieht sie unerbittlich zurück und trägt sie hinauf, rollt sie wie ein Band auseinander, wie eine riesige Leinwand, auf der die Parole geschrieben steht: DEN KRIEG IN EINEN BÜRGERKRIEG VERWANDELN! ... Denn dieser Krieg, dieser Krieg wird alle Regierungen Europas zu Fall bringen!

Er stand mit erhobenem Arm an der Brüstung, geradeso, als stünde er auf einem Rednerpult und zögere noch, mit seiner Rede zu beginnen.

Jeden Tag, jede Stunde, an jedem Ort zornig und kompromißlos gegen diesen Krieg protestieren! Aber – und das ist die entscheidende Dialektik, die dahintersteckt – *wünschen, daß er weitergeht,* dazu beitragen, daß er nicht aufhört, daß er andauert und *sich verwandelt.* Nur keinen falschen Schritt jetzt! *So* ein Krieg darf nicht verpfuscht werden.

So ein Krieg ist ein Geschenk der Geschichte!

Einen «Kegelklub» nannte man ihre Versammlungen im Zürcher Restaurant Stüssihof, obwohl es dort gar keine Kegelbahn gab.

«Die schweizerische Regierung ist die Sachwalterin der schweizerischen Bourgeoisie[14].»

«Kegelklub» – damit wollte man zum Ausdruck bringen, daß ihre Politik keine Chance hatte, nur viel Lärm um nichts war.

«Die schweizerische Regierung ist eine Marionette in den Händen der Militärclique.»

Aber sie übernahmen den Spottnamen mit Vergnügen: Wir werden die Kapitalisten in der ganzen Welt wie Kegel umwerfen!

(Lenin hatte sie erzogen. Er hatte sie von der Religion geheilt. Durch ihn hatten sie die Rolle der Gewalt in der Geschichte verstanden.)

«Die schweizerische Regierung opfert die Interessen der großen Masse der Bevölkerung systematisch und schamlos den Interessen einer Handvoll Finanzoligarchen.»

Schon vor einigen Jahren hatte Ernst Nobs die Diskussionsabende im Restaurant des Stüssihof-Hotels eingeführt. Dort versammelten sich die Jungen, die Aktivisten. Eines Tages ging auch Lenin hin.

Wie viele Demütigungen mußte man in dieser hochmütigen Schweiz ertragen! Die Berner Sozialdemokraten schauten von oben herab auf ihn. Nachdem er im vergangenen Februar nach Zürich übergesiedelt war, versuchte er russische Emigranten um sich zu sammeln und ihnen Vorlesungen zu halten – es kamen zuerst wenige, dann überhaupt niemand mehr. Er fing an, sich um die Schweizer Jugend zu bemühen. Eigentlich war es erniedrigend, mit siebenundvierzig Jahren nach bartlosen Anhängern Ausschau zu halten – aber man darf mit seiner Zeit nicht geizen, wenn die Möglichkeit besteht, dem Opportunisten Robert Grimm auch nur einen einzigen Mann abspenstig zu machen.

«Die schweizerische Regierung kriecht vor der europäischen Reaktion im Staub und verletzt die demokratischen Rechte des Volkes.»

Der ein wenig unbedarfte Schlosser Fritz Platten (er nennt sich «Schlosser», weil's proletarischer klingt, aber nachdem er sich den Arm gebrochen hatte, war er technischer Zeichner geworden) sitzt ihm gegenüber an der anderen Seite des Tisches. Er saugt das, was er da erfährt und was so schwer zu verstehen ist, mit seinem ganzen breiten Gesicht ein. Seine Stirn ist voller Falten, die weichen, vor Anstrengung zusammengekniffenen Lippen helfen den Augen und den Ohren, damit ihm kein einziges Wort entgeht.

«Die schweizerische Sozialdemokratie muß ein Mißtrauensvotum gegen die Regierung einbringen.»

Ein langer Tisch, wie es sich für eine ordentliche schweizerische Versammlung gehört: ohne ein Tuch darauf, glattgehobelt, abgeschliffen von den Ellbogen und den Tellern eines Jahrhunderts. Neun Leute sitzen auf zwei Bänken drumherum, ein Platz ist durch die Säule verdeckt. Einige haben einen kleinen Imbiß vor sich, andere ein Glas Bier – die Schweizer sind es nun mal so gewohnt, und jeder zahlt für sich. An der Säule hängt eine Lampe.

Das energischste Gesicht – dreieckig, länglich, mit zur Seite fallenden, zerzausten Haaren – gehört Willi Münzenberg, einem Deutschen aus Erfurt. Er begreift schnell, es geht ihm alles ein bißchen zu langsam; seine unruhigen langen Hände strecken sich nach Neuem aus, nach neuen Leitsätzen, die er dann auf seinen Versammlungen mit lauter Stimme wiederholen wird.

In Zürich hat Lenin Glück mit den Jungen. Jetzt sind es sechs – und alles Jugendleiter. Nicht so wie vor zwei Jahren, als er Inessa zu den Linken in die Schweiz schickte: Charles Naine war beim Angeln, Graber half seiner Frau beim Wäscheaufhängen, und keiner fühlte sich angesprochen.

«Man muß lernen, der eigenen Regierung nicht zu trauen.»

Lenin sitzt in der Ecke, an der Säule, die ihn halb verdeckt. Ganz am anderen Ende, so weit wie möglich von der Gefahr weg, sitzt der wachsame, katzenfreundliche Nobs. Er hat diese Meetings arrangiert – tut es ihm schon leid? Dem Alter nach gehört er zu ihnen, sie sind alle um die dreißig, aber seiner Rolle in der Partei und seiner Selbsteinschätzung nach, sogar dem Bäuchlein nach, schon nicht mehr.

Über jedem Tisch hängt eine andersfarbige Lampe. Über dem Kegelklub-Tisch eine rote. Und auf allen Gesichtern liegt ihr roter Widerschein: auf Plattens großem, offenem Gesicht, auf dem schwarzen Schopf und dem steifen Kragen des eitlen, von sich überzeugten Mimiola, auf dem zerzausten Kraushaar von Radek, der stets eine Pfeife zwischen den feuchten Lippen hat.

«In jedem Land muß der Haß gegen die eigene Regierung geweckt werden! Das ist die wichtigste Aufgabe eines Sozialisten.»

Nur mit der Jugend lohnt es sich zu arbeiten! Das ist keineswegs erniedrigend, das ist weitsichtig gedacht. Übrigens ist Grimm auch noch nicht alt, elf Jahre jünger als Lenin, aber er hat die Macht fest an sich gerissen. Er ist nicht dumm, doch bis zur Theorie reicht's bei ihm nicht. Einen bewaffneten Aufstand will er nicht, ganz gern dagegen bei irgend etwas Radikalem mitmachen.

Als Lenin 1914 auf Empfehlung von Hermann Greulich, dem Gründer der Sozialdemokratischen Landespartei, in die Schweiz kam und dank Grimms Bürgschaft bleiben konnte, hatten sie eine halbe Nacht miteinander diskutiert. Grimm hatte gefragt: «Was ist, Ihrer Meinung nach, für die schweizerische Sozialdemokratie jetzt am wichtigsten?» Um den anderen auf die Probe zu stellen, antwortete Lenin ohne Umschweife: «Ich würde sofort den Bürgerkrieg proklamieren!» Grimm zuckte zusammen. Dann dachte er sich: Aber nein, dieser Lenin hat nur einen Witz gemacht!

«Die ‹Verteidigung der Neutralität› ist ein bürgerlicher Volksbetrug und ein Nachgeben gegenüber dem imperialistischen Krieg.»

Plattens Stirn ist qualvoll gefurcht, sein Blick verwirrt. Wie schwer ist es, wie schwer, die große Lehre des Sozialismus zu verstehen! Die großartigen Formeln stimmen nicht mit deiner eigenen beschränkten Erfahrung überein. Der Krieg ist Täuschung, und Neutralität ist Täuschung. Ist Neutralität denn dasselbe wie Krieg? Heimlich schaut er die Genossen von der Seite an. Sie scheinen alles zu verstehen, und er schämt sich und tut so, als verstünde auch er alles.

Dabei war dies kein leichtfertiger Satz – auf dem Weg durch Österreich hatte Lenin ihn in einer inspirierten Stunde durchdacht, in Bern hatte er ihn als These formuliert, sie wurde in das Manifest des Zentralkomitees[15] übernommen, und dann verteidigte er sie siegreich in seinem Streit mit Plechanow in Lausanne. Man kann im Marxismus gut bewandert sein, wenn man aber plötzlich einen konkreten Fall vor sich hat, ist es dennoch nicht so leicht, die richtige Lösung zu finden – und wenn es gelingt, dann ist das wahrhaftig wie eine große Entdeckung! Als im Herbst 1914 vier Fünftel aller europäischen Sozialisten für die Verteidigung des Vaterlandes waren und ein Fünftel zaghaft «Frieden!» blökte – da war Lenin der einzige, der allen verkündete: «*Krieg*! Aber einen *anderen*! Und zwar – *sofort*!»

Lenin hat ein Glas Bier vor sich, obwohl er den Typ des schweizerischen Biertisch-Politikers nicht ausstehen kann. Aber das ist hier nun mal so Sitte. Da muß man mitmachen. Bronski, wie immer schläfrig, läßt sich durch nichts aus der Ruhe bringen. Und Radek, mit dem schwarzen Backenbart, der Hornbrille, den flinken Augen und vorstehenden Zähnen, schiebt die schwarze Pfeife dauernd von einem Mundwinkel in den anderen – das alles hat er schon einmal gehört, er kennt das längst, ihm ist es hier zu eng, es geht ihm zu zahm und zu langsam voran.

«Das kleinliche Bestreben der Kleinstaaten, sich aus den großen Konflikten der Weltgeschichte herauszuhalten ...»

Platten ist innerlich aufgewühlt, läßt sich aber nichts anmerken. Die Aufgabe der Weltrevolution ist leicht zu verstehen – aber wie kannst du sie in deiner Schweiz lösen? Der Verstand hat begriffen: Gerade weil man am Blutbad des Weltkrieges nicht beteiligt ist, darf man sich jetzt nicht zur Ruhe setzen. Jetzt muß man zum sozialen Kampf aufrufen. Aber die Seele ist unvernünftig: Es ist so gut hier – man lebt so friedlich in den engen Bergtälern ... alle Männer sind zu Haus, viermal im Sommer mäht man das Gras, die hohen Scheunen sind vollgestopft mit Heu, den ganzen Tag hört man von einem Berghang zum anderen die Glocken von Schafen und Kühen, und es scheint, als läuteten die Berge einander zu ...

«Der engstirnige Egoismus der privilegierten, kleinen Nationen.»

Der bedächtige Schritt der Hirten, ab und zu der ohrenbetäubende Knall einer Peitsche über dem steinigen Pfad, widerhallend von den Bergen ringsum ... Lange hölzerne Viehtränken bei den Bergquellen, lang genug für zwanzig Kühe ... Quirlender Wind über wogendem Gras, wallender Nebel wie Rauch über waldigen Schluchten. Wenn die Sonne die Regenwolken durchbricht, hat der Regenbogen keinen Platz und steht gerade wie eine Säule über dem Berg. Und über der einsamen Hütte auf dem Gipfel eine beruhigende Inschrift: «Mit dem Mantel deiner Wälder schützest du, Vaterland, alles, was da lebet!»

«Eine Industrie, die mit dem Tourismus verbunden ist ... Eure Bourgeoisie betreibt Handel mit den Naturschönheiten der Alpen, und eure Opportunisten helfen dabei mit.»

Jetzt kann Platten seine Zweifel nicht mehr verbergen, man sieht es seinem Gesicht an, das so ganz ohne Falsch ist.

Lenin hat es bemerkt. Von seinem Eckplatz aus – der einzige Alte zwischen den Jungen, er sieht viel älter aus als fünfzig – sagt er spontan, mit einem schrägen Blick, einen Satz, der, wie ein Säbelhieb, zum Leitspruch seiner Agitation wird: *«Eine Republik der Lakaien – das ist die Schweiz!»*

Radek lacht laut auf, schiebt mit einer geschickten Bewegung die Pfeife in den anderen Mundwinkel und saugt nachdenklich den schweren Rauch ein. Münzenberg fängt fröhlich den Blick seines Lehrers auf, seine langen Hände winden sich in Ungeduld: Sag mehr, noch mehr!

Aber läßt sich denn Platten auf einen Streit ein? Nein, er ist nur verwirrt. Sein Land mag zwar einem herausgeputzten Hotel gleichen, aber Lakaien, das sind doch Speichellecker, die sind unangenehm beflissen und servil, die Schweizer aber sind bedachtsam und selbstbewußt. Ja, sogar die Frauen der Minister halten sich keine Lakaien, sie klopfen ihre Teppiche selbst aus.

(Übrigens ist in der Schweiz noch nie ein Brief verlorengegangen. Auch die Bibliotheken sind ausgezeichnet organisiert: Bücher werden rasch und kostenlos in die entferntesten Berghotels geschickt.)

«Die folgsamen Arbeiter bekommen Almosen in Gestalt von sozialen Reformen, nur damit sie die Bourgeoisie nicht stürzen.»

Man hatte sich drei Wochen lang auf diese Sitzung vorbereitet, jetzt war es soweit, an einem Freitagabend – kurz vor dem Parteikongreß. Und Radek war sehr nützlich, eine große Hilfe.

Wenn Radek gut ist, dann ist er außerordentlich gut, ein ganz ausgezeichneter Freund. Zur Zeit könnte Lenin ohne ihn fast gar nicht auskommen. Und wie gut er Deutsch schreibt und spricht! Jede politische Wendung macht er sogleich mit, ihm muß man nichts erst einbleuen. Ein Schurke – aber brillant, solche wie ihn kann man immer gebrauchen. Und wie war er doch früher manchmal widerwärtig! In Bern trafen sie sich gar nicht mehr, man schrieb sich nur noch Briefe, im Februar brachen sie die Beziehung ganz ab, und in Kienthal[16] benahm er sich dann wie ein *agent provocateur*.

«Das schweizerische Volk leidet mehr und mehr unter furchtbarer Hungersnot und riskiert, in den Krieg hineingezogen und um kapitalistischer Interessen willen getötet zu werden.»

Nobs läßt seine Zigarettenspitze aus Bernstein mit skeptischer Miene aus dem Mundwinkel herabhängen.

Und wie war es doch, als Lenin ganz allein in Europa den Kampf um die Erneuerung der Zweiten Internationale begann, nein, um ihre Vernichtung und den Aufbau der Dritten? Da hieß es, zuerst die emigrierten Bolschewiki zusammenzuklauben und dann mit Hilfe von Grimm etwa drei Dutzend Frauen für eine Internationale Sozialistische Frauenkonferenz in Bern zu organisieren. Es kam nicht in Frage, daß er selber teilnahm, aber man mußte den Frauen Direktiven geben, so saß er denn im März 1915 drei Tage lang im Café des Volkshauses, und Inessa, Nadja und Zinka Lilina liefen hin und her, um seine Instruktionen zu überbringen.

«Wollt ihr euch schlachten lassen, um fremde Interessen zu befriedigen? Oder wollt ihr lieber große Opfer für den Sozialismus bringen, damit neun Zehntel der Menschheit einen Nutzen davon haben?»

Gleich danach die Internationale Sozialistische Jugendkonferenz, mit nicht einmal anderthalb Dutzend Teilnehmern – meistens Deserteuren, die natürlich gegen den Krieg waren –, und wieder saß Lenin drei Tage lang im selben Café, während Inessa und Safarow sich zwischendurch Anweisungen von ihm holten. Und da trat Willi Münzenberg auf den Plan.

Inzwischen ist er siebenundzwanzig und seit zehn Jahren mit jugendlichem Elan am Werk: Versammlungen, Organisationen, Konferenzen, Demonstrationen ... und unter den Genossen entdeckt er seine eigene Stimme, seinen Mut und seine Chance. Man hört auf ihn! Man gehorcht ihm! Und jedesmal, wenn er auf das Podium steigt, um besser gesehen zu werden, steigt er höher und höher, und plötzlich ist er ein gesuchter Redner, ein Delegierter, Parteisekretär ... Und die Führer seiner Partei bemühen sich um ihn und wollen ihn auf ihre Seite ziehen und davon abbringen, auf diesen Asiaten mit den wilden Ideen zu hören, aber er erfährt gerade von ihm – von ihm und von dem hinreißenden Trotzki – all das, was wichtig und richtig ist.

«‹Verteidigung des Vaterlands› – mit diesen Worten betrügt man das Volk! Die Wahrheit liegt im ‹Krieg für die Demokratie›! Aber auch die Schweiz gehört zu den Irreführenden.»

Was für siebenundzwanzig Jahre hat er hinter sich: Der frühe Tod der Mutter, die Schläge des trunksüchtigen Vaters, das Dienen im elterlichen Wirtshaus, mit den Gästen Karten spielen und über Politik reden, immer darunter leiden, daß die Kleidung zerrissen ist, die Schuhe zu klein oder zu groß sind ... Er hungert sich durch die Lehrzeit in einer Schuhfabrik und findet eine Aufgabe in der sozialistischen Jugendarbeit. Nach Arbeitslosigkeit und mehreren Polizeiverhören geht er auf die Walze und kommt nach Zürich, wo er als Verkäufer in einer Apotheke Arbeit findet und mit allen Problemen des Klassenkampfes vertraut wird.

Im rötlichen Schein der Lampe ist das entschlossene, aufmerksame Gesicht von Willi voller Erwartung und Zuversicht. Sein spitzes Kinn, seine zusammengezogenen Brauen drücken Selbstbeherrschung aus, wie er so dasitzt, bereit, die revolutionäre Theorie in sich aufzunehmen. Er hat schon oft befolgt, was Lenin gesagt hat, und es war gut. Er hat den Jugendtag auf dem Zürichberg organisiert, es kamen mehr als zweitausend, man ging durch die ganze Stadt mit roten Fahnen, mit der Parole «Nieder mit dem Krieg!» und sang die *Internationale*. Er wurde auch nach Kienthal eingeladen, wo er zusammen mit Lenin die Resolution der Linken unterschrieb.

«Die ‹Verteidigung des Vaterlandes› ist eine heuchlerische Phrase! Sie bereitet das Massaker der Arbeiter und Bauern vor.»

Schmid aus Winterthur, eine linkische Gestalt am anderen Ende des Tisches, ist erstaunt. Er sagt über die Köpfe der anderen hinweg: «Aber unser Land geht der Krieg doch gar nichts an, wir sind neutral.»

«Trotzdem kann die Schweiz jeden Augenblick in den Krieg hineingezogen werden!»

Nobs kaut unter dem hellen, vollen Schnurrbart an seiner Zigarettenspitze. Sein Lächeln ist wie stets freundlich, aber die Augen sind voller Mißtrauen und Zweifel.

«Natürlich stellt die Weigerung, das Vaterland zu verteidigen, ungeheure Ansprüche an das revolutionäre Bewußtsein!»

Um das ganze Leben Führer einer Minderheit zu sein, das ganze Leben mit einem Häuflein von Anhängern gegen alle zu stehen – da braucht man eine wirkungsvolle Taktik. Und zwar folgende: Die Resolution der Mehrheit soviel wie möglich abhobeln, abschwächen, um sie dann doch nicht anzunehmen! Ein Ultimatum stellen: Entweder ihr nehmt unsere Forderungen ins Protokoll auf – oder wir gehen! Hört mal, sagen die anderen, ihr seid in der Minderheit, wieso diktiert ihr uns? Gut, also gehen wir! Ein Bruch! Ein Skandal! Eine Schande! So war es auf allen Konferenzen, und es gab keine Mehrheit, die man nicht hätte schwächen können. *Der Wind weht immer von links!* Und es gibt keinen Sozialisten in der ganzen Welt, der es sich leisten könnte, diese Tatsache zu ignorieren. Daher rührte auch Grimms Unsicherheit, und deswegen hatte er sich damals beeilt, die Zimmerwald-Konferenz einzuberufen[17].

«Keinen einzigen Groschen für ein stehendes Heer in der Schweiz!»

Wieso? Selbst in friedlichen Zeiten nicht?

«Sogar im Frieden muß ein Sozialist gegen die Kriegskredite der bürgerlichen Regierung stimmen!»

Zuerst wurde Lenin nicht nach Zimmerwald eingeladen, und er zitterte davor, daß Grimm ihn überhaupt nicht rufen würde, aber er konnte sich ihm schließlich nicht aufdrängen. Nur, was für eine Art Konferenz sollte das überhaupt werden? Ein paar Scheißkerle würden zusammenkommen, um «für den Frieden und gegen Annexionen» zu stimmen. Er konnte dieses «für den Frieden» schon nicht mehr hören! Inzwischen tat er insgeheim alles, was in seiner Macht stand, um von seinen Anhängern so viele wie möglich als Delegierte in die Konferenz einzuschleusen. Diejenigen, die *gegen die eigene Regierung* waren, würden den Kern der linken Internationale bilden. Aber man brachte es nur auf acht Leute: er selbst, Grischka Sinowjew und Radek, das waren drei, dann Platten, ein Lette und drei Skandinavier. Die ganze «alte» Internationale hatte in vier Pferdefuhrwerken Platz, und das fünfzig Jahre nach ihrer Gründung! Sie wählten nicht den kürzesten Weg über die Hauptstraße, sondern machten einen Umweg über den Längenberg, damit die Obrigkeit nicht auf sie aufmerksam wurde. Die merkte denn auch nichts, weder als die Delegierten in die Schweiz einreisten noch als sie sie wieder verließen. Davon erfuhr die Öffentlichkeit erst später aus ausländischen Zeitungen.

«Aber der besondere Status der Schweiz ...»

«Was für ein besonderer Status? Die Schweiz ist ein ebensolch imperialistisches Land wie jedes andere!»

Platten lehnt sich zurück, seine Stirn ist jetzt faltenlos, er bemüht sich, sein Erstaunen zu verbergen. Sein schlichtes Gemüt sträubt sich: Unsere Schweiz ist zwar winzig – aber ist sie nicht etwas Besonderes? Haben wir seit der Vereinigung der drei Urkantone jemals irgendwen annektiert? Aber er zwingt sich, die fortschrittliche Idee zu akzeptieren. Seine großen, kräftigen, hilflosen Hände liegen offen auf dem Tisch.

Ein dankbares Material, dieser Platten! Mit Platten allein könnte man die ganze Zürcher Organisation umkrempeln! Wenn er nur an sich selbst ein bißchen mehr arbeiten würde ...

«Und so besteht bei uns, den linken Zimmerwaldern, völlige Übereinstimmung: Wir lehnen die Verteidigung des Vaterlandes ab!»

Die Schwerfälligen verstehen das noch nicht ganz: «Wenn wir die Verteidigung des Vaterlandes ablehnen, dann ist das Land doch schutzlos!»

«Das ist eine grundsätzlich falsche Problemstellung! Die richtige wäre: Entweder wir lassen uns für die Interessen der imperialistischen Bourgeoisie umbringen, oder wir machen, um den Preis einiger weniger Opfer, eine sozialistische Revolution in der Schweiz – das einzige Mittel, die Schweizer Massen von der Teuerung und dem Hunger zu befreien!»

Auf der Konferenz in Zimmerwald hatte Lenin nur selten das

Wort ergriffen, sondern seine Linken nach bewährtem Muster von den Kulissen aus dirigiert. Das war immer noch die sicherste, wirkungsvollste Taktik. Das Reden konnte man ruhig Radek überlassen. Wie geistreich und geschickt er sich ausdrückte, wie entspannt und selbstbewußt er wirkte! Lenins Aufgabe als Parteiführer war es, die kleine Gruppe fest zusammenzuhalten. Ein gewöhnlicher Feind – das ist nur ein halber Feind. Wer aber mit uns war und plötzlich von unserer Linie abweicht – der ist ein *doppelter Feind*! Den muß man zuerst schlagen! Oder noch besser: Man muß die Gefahr voraussehen und die Unsrigen zwischen den Sitzungen mit neuen Instruktionen vollpumpen ...

«Das ist ja die Schande des Pazifismus, daß er von einem Frieden ohne eine sozialistische Revolution träumt.»

Radek ist stets heiterer Laune, stets einsatzbereit. Seine Taschen sind vollgestopft mit Zeitungen und Büchern. Wenn er vom Fleck weg zur Revolution laufen müßte, er wäre für einen Tag mit allem versorgt. Ein unglaublicher Kerl!

Andererseits muß man auf diesen Gauner aufpassen! Der ist imstande, sich im Handumdrehen auf die andere Seite zu schlagen, uns zu verraten, oder alles zu verwirren ... wie damals, als er sich als Vermittler zwischen Grimm und Platten aufspielte! Dabei galt es doch gerade, die beiden miteinander im Streit zu lassen.

«Um alle Kriege zu beseitigen, ist ein Umsturz absolut unumgänglich.»

Und Bronski döst schon wieder. Er brauchte hier überhaupt nicht zu sitzen. Den braucht man nur zur Abstimmung. Wenn nötig, gibt er seine Stimme ab. Und wenn er etwas sagen soll, dann sagt er es. Er ist dumm. Aber bei so wenigen kann man auf keinen verzichten.

«Nur eine sozialistische Gesellschaftsordnung kann die Menschheit von den Kriegen erlösen.»

Nobs scheint einverstanden zu sein. Seine Augen und sein Mund drücken Zustimmung aus. Er wackelt nicht mit den Ohren, und seine Stirn ist glatt. Er ist Chefredakteur der wichtigsten Zeitung der Linken, *Volksrecht*, und steigt mühelos in die führenden Stellungen der Partei auf. Er ist für alle hier unentbehrlich.

Aber auch er braucht sie. Nobs versteht vollkommen, daß der Wind immer von links weht. Sie sind zwar nur ein Häuflein, nur ein paar Leute, aber sie könnten doch die ganze schweizerische Partei auf den Kopf stellen! Also heißt es achtgeben, daß sie einem nicht über den Kopf wachsen ...

«Es ist inkonsequent: das Ende des Krieges anstreben und die sozialistische Revolution ablehnen.»

Als Liebknechts Brief an die Zimmerwald-Konferenz verlesen wurde, sprang Lenin auf und schrie: «BÜRGERKRIEG – DAS IST EINE GROSSARTIGE SACHE!» Vorsicht ist in neunzig Prozent aller Fälle angebracht, aber in den übrigen zehn Prozent muß man sie beiseite lassen. In die Schützengräben gehen mit der proletarischen Parole «Verbrüderung!». Den Truppen den Klassenkampf predigen! Die Waffen gegen die eigenen Leute richten! DIE EPOCHE DES BAJONETTS IST GEKOMMEN! Natürlich ist es für einen Emigranten riskant, in einem neutralen Land so zu sprechen, aber bis jetzt ist es gutgegangen. In Zimmerwald bekam es Ledebour, dieser niederträchtige Deutsche, allerdings fertig zu sagen: «Kein Kunststück, das hier zu unterschreiben! Hier ist es für Sie ungefährlich. Aber fahren Sie zuerst nach Rußland, und unterschreiben Sie das *dort*!» Ein Beispiel für das Niveau der Argumente!

«Die Schweizer Partei bleibt hartnäckig im legalen Fahrwasser und bereitet sich nicht auf einen revolutionären Massenkampf vor.»

Von der Theke mit den zwei dickbäuchigen Fässern und Dutzenden von bunten Flaschen trägt der Kellner mit dem grob geschnittenen Gesicht gemächlich die goldgelben Krüge, die dunkelroten Becher und Gläser an die Tische. Ein anderer bringt von der Küche her gelbe Holzbrettchen mit Bündner Fleisch, Teller mit Braten und Fischen. Die Schweizer Bäuche vertilgen einzeln die unmäßig reichhaltigen Schweizer Portionen, die für vier Leute gereicht hätten.

«Die sozialistische Umwandlung der Schweiz ist durchaus realisierbar und absolut notwendig. Der Kapitalismus ist reif für eine Umwandlung in den Sozialismus – und zwar hier und heute!»

Auf der letzten Sitzung in Zimmerwald, die mittags anfing und die ganze Nacht hindurch dauerte, tobte und kämpfte die Linke um jede Änderung, forderte immer wieder, daß ihre «besondere Ansicht» ins Protokoll aufzunehmen sei – und schob auf diese Weise die Resolution merklich nach links. Den Bürgerkrieg oder die Neue Internationale setzte sie natürlich nicht durch. Aber es bildete sich eine Zimmerwalder Linke als internationaler Flügel, und Lenin war ihr Führer und fortan nicht mehr nur irgendein russischer Sektierer. Die Leitung aber blieb beim Zentrum, und der Held der Konferenz war Grimm. Jedenfalls in der Weltpresse. Grimm war etwas über Dreißig, aber schon im Exekutivkomitee der Internationale, denn er stand auf der Seite der Opportunisten. Lenin reiste oder lebte nun schon zwanzig Jahre in der Schweiz, aber bis vor kurzem hatte er noch nichts von diesem Grimm gehört.

Das eindringliche, schmale Gesicht von Willi Münzenberg. Er ist einverstanden, mit allem einverstanden, doch er will ganz genau verstehen: *Wie* soll man es machen? *Wo* soll man anfangen?

«In der Schweiz wird es notwendig sein, eine Enteignung durchzuführen. Höchstens dreißigtausend Bürger werden davon betroffen. Außerdem sind natürlich sofort die Banken zu annektieren. Und die Schweiz wird proletarisch werden.»

Hinter der Säule beobachtet Lenin mit dem ganzen Ungestüm seiner Seele, mit seinem vorwärtsdrängenden Blick, mit seiner gewölbten, vorstrebenden Stirn die Männer und hat Zeit festzustellen, wieviel in jeden von alledem eingegangen ist, wieviel jeder wirklich in sich aufgenommen hat. Die dünnen, rötlichen Haare stechen im roten Schein der Lampe noch deutlicher von seinem hellen Schädel ab.

«Die Wurzeln der bestehenden Gesellschaftsordnung mit einer *konkreten Aktion* vernichten! Und zwar sofort!»

Eben dieser Schritt fällt den Sozialisten in der ganzen Welt schwer. Die Mundwinkel des Proletariers Nobs aus Winterthur sind nach unten gezogen, und er kneift die Augen zu, als täte ihm irgend etwas weh. Mimiola spürt plötzlich den unerträglichen Druck seines steifen Vatermörderkragens.

Unser Uljanow ist in Ordnung – nur ein bißchen zu radikal. Solche Radikale gibt es sonst nicht in der Schweiz, nicht einmal in Italien, nein, in der ganzen Welt gibt es sie nicht!

Es fällt ihnen schwer, gar zu schwer, damit fertig zu werden. Mit einem raschen Blick streift Lenin über all diese Köpfe, die ihm schon vertraut sind, wenn er auch noch nicht ganz von ihnen Besitz ergriffen hat. Alle fürchten sie sich vor seinem vernichtenden Spott.

(Es gibt einen Trick: Wenn etwas schwer ist – dann muß man sich eine noch schwerere Last aufbürden, und die erste wird leichter erscheinen!)

Über den Tisch hinweg, über die Köpfe der sechs Schweizer, erhebt sich seine Stimme, angestrengt, nicht laut, eher ein Brustton oder ein Rachenton, der sich irgendwie im Mund verliert, und das «r» macht ihm Mühe . . .

«Der einzige Weg ist *die Spaltung!* Es ist ein kleinbürgerliches Sich-Zieren, wenn behauptet wird, in der schweizerischen Sozialdemokratie könne ‹innerer Friede› herrschen!»

Sie zucken zusammen oder sitzen ganz still.

Und er weiter: «Die Bourgeoisie hat ihre Sozialchauvinisten großgezogen, ihre Wachhunde! Was für eine *Einheit* können wir mit denen bilden?»

Und einmal davon angefangen, beharrt er auch auf diesem Punkt, kommt immer wieder auf ihn zurück, nur mit andern Worten – denn das ist das Grundprinzip jeder Propaganda und Didaktik.

«Das ist die Krankheit nicht nur der schweizerischen oder der russischen Sozialdemokraten, sondern der Sozialdemokraten in der ganzen Welt: diese sie schwächende Tendenz zur ‹Versöhnung›! Für eine falsche ‹Einheit› sind sie alle bereit, ihre Prinzipien aufzugeben! Man kann dem Sozialismus um keinen Schritt näherkommen, wenn man nicht den vollständigen Bruch mit den Sozialpatrioten vollzieht – um keinen Schritt!!!»

Wie erstarrt sie auch sein mögen, wie verwirrt ihre Gedanken: Was vermag nicht die Sicherheit eines Lehrers! Und wenn die ganze Klasse damit nicht einverstanden ist – der Lehrer hat immer recht, was es auch sei. Und er fährt, noch gutturaler, noch ungeduldiger und nervöser fort: «Die Frage der Spaltung – das ist die grundlegende Frage! Jedes Nachgeben ist ein *Verbrechen!* Alle, die daran zweifeln, sind Feinde des *Proletariats!* Wirkliche Revolutionäre haben niemals Angst vor einer Spaltung!»

Sich abspalten – immer dazu bereit sein! Sich abspalten – auf jeder Stufe der Arbeiterbewegung! Sich abspalten, bis man, mit einer kleinen Gruppe, das Zentralkomitee geworden ist! Und wenn diese Gruppe auch nur aus mittelmäßigen, sogar unbedeutenden Leuten besteht: solange sie einmütig einer Sache dienen, kann man alles erreichen – alles!

Auf internationaler Ebene ist die Zeit für eine Spaltung schon längst reif! Wir haben ausgezeichnete Nachrichten über die Spaltung in der deutschen Sozialdemokratischen Partei. Es ist auch höchste Zeit, mit den Kautsky-Anhängern in allen Ländern Schluß zu machen! Wir müssen die Verbindung mit der Zweiten Internationale zerreißen und eine Dritte gründen!

Das alles hatte Lenin schon am Anfang des Jahrhunderts durchdacht. Die Nationalökonomen vernichtete er mit seiner Broschüre *Was tun?* und mit seiner Idee von einer kleinen Gruppe von Berufsverschwörern. Mit der Schrift *Ein Schritt vorwärts, zwei Schritte zurück* hatte er die lästige, klebrig-zähe Bürde des Menschewismus abgeschüttelt. Es ging ihm keineswegs um die Macht, er mußte die Führung einfach deswegen übernehmen, weil die anderen sich als so hilflos erwiesen. Außerdem konnte er seine unvergleichliche Führerbegabung doch nicht versauern und verschimmeln lassen.

Und doch schien es ihm so, als käme ihm das alles erst jetzt in den Sinn, an diesem Tisch, als eine blitzartige Eingebung: Durch die Spaltung der eigenen Partei wird die Revolution siegen!

Nobs sitzt wie versteinert da. Vor bitter-süßer Angst bringt er keinen Ton heraus. Wenn du ablehnst, bist du vielleicht der Verlierer. Wer weiß, vielleicht ist das der günstigste Platz hier, an der Ecke dieses Tisches?!

Plattens Bärentatze ist am Griff seines Bierglases erstarrt. Oh, der Weg eines Sozialisten ist schwer – und wird noch schwerer werden!

Mimiola hat über seinen drückend engen Kragen gesiegt, sein Hals wird immer länger. Aber seine Augenbrauen bleiben finster zusammengekniffen.

Nur Willi hat ein verwundert strahlendes Lächeln auf dem Gesicht. Er ist bereit. Und er wird die Jugend führen. Er wird ihnen alles, was er eben gehört hat, von der Tribüne aus wiederholen.

Und Lenin, als hätte er endlich mit seiner eisernen Stirn die Wand durchbrochen, geht weiter und weiter ...

«In meinem Buch *Der Imperialismus als höchstes Stadium des Kapitalismus* findet man den endgültigen Beweis, daß eine rasche Revolution in *allen* Industriestaaten unausbleiblich ist!»

Da sind zwei, die wohl glauben möchten, aber: *Wie* soll man das anstellen? Kann man denn einfach eines Morgens aus seiner Wohnung herauskommen, zwischen den vertrauten Häusern entlanggehen und so mir nichts, dir nichts eine Revolution machen? Wie denn? Wer kann es einem zeigen? So was hat man doch noch nie gesehen!

«Hier in der Schweiz ...?»

«Na und? Warum nicht in der Schweiz? Ihr hattet doch 1912 einen großartigen Generalstreik in Zürich! Und Willis großartige Demonstration auf der Bahnhofstraße! Das war eure Bluttaufe.»

Ja, das ist Willis ganzer Stolz: «Und so viele Verwundete!»

Nicht so viele am ersten August, mehr am dritten, am Gedenktag für die zwei Tage zuvor Gefallenen.

Die Schweizer sind verlegen: «Nun gut, aber trotzdem – in der Schweiz?»

Andererseits, wie könnten sie ihm nicht glauben? Er spricht mit jedem der Jungen, als stünden sie auf derselben Stufe, ganz ernsthaft und nicht so von oben herab, wie es die andern arrivierten Führer tun. Nein, er schont seine Kräfte wirklich nicht und unterhält sich lange mit jedem einzelnen und stellt ihnen immer neue quälende

Fragen, bis er auf den Kern stößt, um so einen Jungen dann bei der Nase zu packen ...

«Nun gut, aber – in der Schweiz?»

Während Lenin das zu erklären versucht, hat Radek zwei Zeitungen aus seinen vollgestopften Taschen geholt und sie durchgelesen, außerdem ein Buch durchgeblättert – verstehen die denn immer noch nicht? Er gestikuliert mit seiner Pfeife: «Aber euer eigener Parteikongreß im vorigen Jahr ... Ihr habt doch die Resolution über revolutionäre Massenaktionen angenommen! Na also! Und?»

Was – und? Wenn schon. Annehmen ist nicht schwer.

Aber dann war ja noch Kienthal!

Es sind – mit Nobs und Münzenberg – fünf hier, die in Kienthal dabei waren, und dort waren es zwölf Linke von insgesamt fünfundvierzig Delegierten. Wieder hatten sie gedroht, daß sie die Konferenz auffliegen lassen würden, daß sie weggehen würden, taten es dann auch, verließen den Saal, kamen aber zurück. Und die Mehrheit gab der Minderheit nach, sie rückte die Resolution immer mehr nach links: *«Nur die Ergreifung der politischen Macht durch das Proletariat garantiert den Frieden!»*

Alles richtig, aber in Resolutionen kann man ja manches sagen.

«Bei uns in der Schweiz ...»

Da soll einem angesichts dieses verbohrten Stumpfsinns nicht die Geduld reißen! Und mit einer plötzlichen, unergründlichen Eingebung sagt Lenin mit heiserer Stimme, beinahe flüsternd: «Ja, aber wißt ihr denn nicht, daß die Schweiz das revolutionärste Land der Welt ist?»

Es reißt sie von den Bänken hoch, zusammen mit den Krügen, Tellern, Bestecken, sogar die Lampe an der Säule schwankt gefährlich, und Nobs packt die Zigarettenspitze, die ihm sonst aus dem Mund gefallen wäre.

(Er *sah* es deutlich vor sich, sah die zukünftigen Barrikaden in Zürich – zwar nicht auf der von Banken flankierten Bahnhofstraße, aber im Arbeiterviertel, beim Volkshaus am Helvetia-Platz!)

Und mit einem Sprühen seiner Mongolenaugen, mit einer Stimme, die nicht tief, dafür aber um so schärfer, wie der schneidende Hieb eines Kalmückenschwertes, klingt, sagt er:

«Denn die Schweiz – ist das einzige Land in der Welt, in dem man den Soldaten das Gewehr und die Munition mit nach Hause gibt!»

«Na und?»

«Aber was ist denn eine Revolution? Wißt ihr das nicht? Eine Revolution ist: Die Banken besetzen! Den Bahnhof! Das Postamt! Und die großen Unternehmen! Das ist alles! Dann hat die Revolution schon gesiegt! Und was braucht man dazu? Nur Waffen! Das ist alles!»

Was Fritz Platten von diesem Menschen, der sein Schicksal ist und sein Unglück, alles zu hören bekommt! Manchmal scheint ihm das Blut in den Adern zu erstarren ...

Lenin argumentiert nun nicht mehr, er fordert von den Ungehorsamen, den Schlappschwänzen, den Unfähigen: «Worauf wartet ihr? Was fehlt euch noch? Militärische Ausbildung? Dann ist es höchste Zeit, sie zu fordern!»

Jetzt improvisiert er. Er denkt blitzschnell zwischen den Sätzen, prüft seine Einfälle, ohne seine Rede zu unterbrechen: «Die Offiziere werden vom Volk gewählt. Findet hundert beliebige Leute, die militärische Ausbildung für alle verlangen. Die Instruktoren werden vom Staat bezahlt. Gerade durch die bürgerlichen Freiheiten in der Schweiz und ihre effektive Demokratie wird die Revolution hier kolossal erleichtert!»

Wie er so dasteht und sich auf den Tisch stützt, sieht es aus, als wolle er sich auf Flügeln aus dem kleinen Restaurant Stüssihof emporschwingen, weit über den trapezförmigen, geschlossenen, mittelalterlichen Platz hinaus, über den Springbrunnen mit dem komischen Ritter und dem Fähnlein hinweg, über die vorspringenden Erker, über die Fresken mit den zwei emsig arbeitenden Schuhmachern, über die Ziegeldächer der alten Stadt Zürich, und weiter – über die Hotels in den Bergen und die schmucken Chalets der Lakaien-Republik.

«Un ... ver ... züglich mit der Propaganda in der Armee anfangen! Den Truppen das Unvermeidliche und Gesetzmäßige der Waffengewalt erklären, wenn es um die Befreiung der Söldner-Sklaverei geht! Sofort Flugblätter verteilen, in denen der unverzügliche sozialistische Umsturz in der Schweiz gefordert wird!»

Für einen Ausländer ohne Paß sind das etwas überstürzte Forderungen, aber er ist eben einer von jenen zehn Prozent, ohne die man nicht siegen kann.

«Schon jetzt die Führung aller Gewerkschaften an sich reißen! Von den parlamentarischen Vertretern der Partei fordern, daß sie öffentlich die sozialistische Revolution predigen, die zwangsläufige Enteignung aller Fabriken und Landwirtschaftsbetriebe!»

Einfach so hingehen und den Leuten das Eigentum wegnehmen? Ohne Gesetz? Die schwerfälligen Schweizer kommen nicht einmal mehr dazu, mit der Wimper zu zucken.

«Zur Stärkung der revolutionären Elemente im Land jedem Ausländer unentgeltlich die Staatsbürgerschaft zuerkennen! Bei der geringsten Absicht der Regierung, in den Krieg einzutreten, sofort illegale Arbeiterorganisationen schaffen! Und im Fall eines Krieges ...»

Begeistert vollenden die Führer der Jungen, Münzenberg und Mimiola, den Satz für ihn: «... den Kriegsdienst verweigern!»

(Glücklicherweise verbietet das schweizerische Gesetz, Münzenberg und Radek, die als Deserteure ihrer Heimatarmeen gelten, an Deutschland bzw. Österreich-Ungarn auszuliefern.)

Sie haben *überhaupt nichts* verstanden! Leichter, aber nicht boshafter Spott auf Lenins Gesicht. Nichts zu machen – hinunter von seinem Höhenflug, vorbei an den braven Flickschustern, den eifrigen Sklaven ihrer Arbeit und zurück ins Restaurant Stüssihof.

«Aber auf gar keinen Fall ‹verweigern›! Wie kommt ihr denn darauf? In der Schweiz eben *nicht*, denn man hat euch doch Waffen gegeben, und die müßt ihr behalten! Die Demobilisation fordern – das unbedingt! Und mit den Waffen raus auf die Straße! Keine einzige Stunde Bürgerfrieden! Dafür Streiks! Demonstrationen! Arbeitertruppen organisieren! Und dann – *einen bewaffneten Aufstand!*»

Der breitstirnige Platten ist wie vor den Kopf gestoßen.

«Aber jetzt im Krieg ... Werden die Nachbarstaaten ... werden sie denn eine Revolution in der Schweiz zulassen? Werden sie nicht versuchen, sie zu verhindern?»

Gerade das war der Kern der Leninschen Idee: die außergewöhnliche, unvergleichbare Sonderstellung der Schweiz.

«Das ist ja das Großartige! Ganz Europa ist vom Krieg erfaßt – und in der Schweiz gehen die Menschen auf die Barrikaden! In der Schweiz eine Revolution! Und in der Schweiz werden drei der wichtigsten europäischen Sprachen gesprochen – in diesen drei Sprachen, in drei verschiedenen Richtungen wird die Revolution ganz Europa überfluten und in Besitz nehmen! Die revolutionären Elemente werden sich vereinigen und ein alleuropäisches, verbündetes, einiges Proletariat wird entstehen! Die drei Nachbarstaaten werden diese Klassensolidarität mitmachen – und sollten sie sich einmischen, wird die Revolution in ganz Europa aufflammen! DESHALB IST DIE SCHWEIZ HEUTE DER MITTELPUNKT DER WELTREVOLUTION!»

Als hätte das Feuer sie schon jetzt versengt, sitzen sie alle ganz still auf ihren Plätzen im Kegelklub ...

Münzenberg schiebt das schmale Dreieck seines verwegenen Gesichts weiter vor, näher ans Feuer. Auch Nobs glüht. Mimiola hat sich mit einer wilden Gebärde den Schlips heruntergerissen – er wird seine heißblütigen Italiener durch die Ruinen Europas führen! Bronski gibt sich melancholisch, tut aber doch so, als sei auch er zum Kampf bereit. Radek hält es kaum auf seinem Sessel, hinter den Brillengläsern funkelt es vor Übermut: Ja, wenn's so ist, dann wird ja noch allerhand passieren!

(Der Kegelklub ist der Embryo der Dritten Internationale!)

«Ihr seid der beste Teil des schweizerischen Proletariats ...»

Die Resolution für den morgigen Parteitag liegt bei Radek schon fertig da. Wenn Nobs sie nur veröffentlichen würde ...

Hmmm ...

Und wer wird sie auf dem Kongreß verlesen?

Hmmm ...

Das Restaurant will schließen. Zeit auseinander zu gehen.

Auf der Stüssihofstatt brennen drei Laternen, und Licht fällt auch aus den Fenstern der Häuser ringsum. Man kann die Inschrift an der Hauswand lesen, Bürgermeister Stüssi sei im Jahr 1443 nicht weit von hier in einer Schlacht gefallen. Das Haus seiner Familie wurde sechzig Jahre zuvor gebaut. Wahrscheinlich ist es auch Stüssi, der da mitten im Brunnen steht, der komische Ritter im Harnisch und blaue Strümpfe an den Beinen. Ein dünner Wasserstrahl plätschert in das bläuliche Becken. Die Luft ist trocken und kalt.

Man verabschiedet sich, bleibt aber noch ein paar Minuten stehen, um noch dies und das zu sagen. Der Platz mit dem glatten Kopfsteinpflaster wirkt so abgeschlossen. Wer sich in den engen Seitenstraßen nicht auskennt, muß glauben, in eine Sackgasse geraten zu sein. Aber einige Gäßchen führen schräg hinunter zum Limmat-Quai, an der Bierstube «Franziskaner» vorbei. Auf dieser Straße begleitet Willi seinen Lehrer in die Richtung, wo das Cabaret «Voltaire» ist, in dem die jungen Bohemiens ihre Nächte durchtoben und wo ihnen jetzt Prostituierte begegnen, die noch keine Freier gefunden haben. Dann geht es eine steile Stiege hinauf, die von einer uralten Laterne auf gußeisernem Pfosten beleuchtet wird, und die Gasse ist so schmal, daß man mit ausgebreiteten Armen beide Wände berühren kann.

Lenin geht mit festen Schritten in schweren Bergstiefeln über das holprige Pflaster.

Münzenberg will noch mehr von ihm hören, um noch sicherer zu werden. Er hat die Schlägerei auf der Bahnhofstraße nicht vergessen, aber danach wurde doch alles wieder reingewaschen, saubergefegt, als sei nichts gewesen; die Schaufenster blitzen wieder wie zuvor, dieselben Spießbürger gehen bedächtig spazieren, und die Arbeiter hören sich brav die schönen Reden ihrer Führer an.

«Aber ist denn das Volk vorbereitet?»

An der scharfen Biegung der Straße, im schwachen Licht der Fenster eines Schlaflosen, sagt Lenin unter der dunklen Mütze hervor mit leiser, schneidender Stimme: «Natürlich ist das Volk nicht vorbereitet. Aber das heißt nicht, daß wir das Recht haben, den Beginn hinauszuschieben.»

Und Willi antwortet, da er seine Stärke auf der Tribüne kennt und das Heulen der Jugendversammlungen noch in den Ohren hat: «Aber wir sind doch nur eine kleine Minderheit!»

Aus der Dunkelheit, in der er stehengeblieben ist, sagt Lenin, was er den Auserwählten im Kegelklub nie gesagt hätte: «Die Mehrheit ist immer dumm – man kann auf sie nicht warten. Die entschlossene Minderheit muß handeln – dann wird sie die Mehrheit werden!»

Der Parteitag der schweizerischen Sozialdemokraten wurde am nächsten Morgen im «Kaufleutesaal», auf der anderen Seite des Flusses, eröffnet[18]. Als Führer einer ausländischen Partei wurde Lenin aufgefordert, die Begrüßungsrede zu halten. Auch Radek, der Abgeordnete der polnischen Sozialdemokraten, sollte sprechen. Zwei der «Unsrigen» also – einer nach dem andern.

Zur Eröffnung waren noch nicht alle Delegierten da und der Saal nur halb voll, wie bei einer normal besuchten Vorlesung. Lenin war es lieber so. Er hatte erst ein einziges Mal vor einer großen Menge gestanden, in Petersburg: Er sollte sprechen – und konnte kein Wort herausbringen.

Jetzt, auf dem Podium, überkam ihn plötzlich ein merkwürdiges Gefühl, das ihn mahnte, vorsichtig zu sein. Er hatte es deshalb nicht eilig, mit der Hauptsache herauszurücken, genauso wie damals in Zimmerwald und Kienthal. Er bewahrte seine ganze Suggestivkraft für die geschlossenen Zusammenkünfte mit Gleichgesinnten. Außerdem konnte er hier natürlich keine aufrührerischen Reden gegen die schweizerische Regierung oder gegen die Banken halten. Wie er so dastand vor denen, die sich Sozialdemokraten nannten, im Grunde genommen jedoch nur bürgerliche, selbstzufriedene, wohlgenährte Schweizer waren, die verstreut im Saal an kleinen Tischen saßen, spürte Lenin, daß man ihn weder jetzt noch später verstehen würde. Und er hatte ihnen eigentlich auch nichts zu sagen.

Sie an ihre eigene, ziemlich revolutionäre Resolution vom vorigen Jahr zu erinnern, wollte ihm irgendwie nicht über die Zunge. Und das war gut so. Er hätte sich damit womöglich alles verdorben.

Seine Begrüßungsrede wäre somit kurz ausgefallen, wenn er nicht mit einer krankhaften Hartnäckigkeit auf dem Fall Fritz Adler herumgeritten wäre. Zwei Wochen zuvor hatte Adler, der Sekretär der österreichischen Sozialdemokraten, den Ministerpräsidenten der K. u. K.-Monarchie erschossen – und das mitten im Krieg! Diese Tat beschäftigte die Phantasie aller, man sprach überall davon, und Lenin mußte sich selbst erst darüber Rechenschaft geben, wie er eigentlich dazu stand. Er versuchte die genauen Umstände herauszufinden, unter wessen Einfluß Fritz Adler möglicherweise gestanden hatte (war es seine russische Frau, die vielleicht zu den Sozialrevolutionären gehörte?). Und da diese Frage ihn im Innersten sehr bewegte (der ewige Streit mit den Sozialrevolutionären!), widmete Lenin jetzt in seiner Begrüßungsrede mehr als die Hälfte der Zeit der Frage des Terrorismus – was hier gar nicht am Platze war. Er sagte, der Gruß, den das Zentralkomitee der italienischen Partei an den Terroristen gesandt hatte, verdiene volle Zustimmung, sofern man das Attentat als eine Aufforderung an die Sozialdemokraten verstünde, ihre opportunistische Taktik aufzugeben. Weiter erklärte er, die russischen Bolschewiki täten recht, gegen den *individuellen Terror* zu sein, und zwar aus einem einzigen Grund: weil sie für den *Massenterror* seien.

Die Schweizer saßen an ihren kleinen Tischen, kauten, murmelten vor sich hin, tranken – wer konnte wissen, woran man bei ihnen war?

Aber nein? Die Sitzung verlief ausgesprochen gut – man konnte wieder Hoffnung schöpfen! Plattens Rede wurde heftig applaudiert, und der fünfundsiebzigjährige «Papa» Greulich, mit seiner prächtigen weißen Mähne, witzelte mit einem Seitenhieb gegen Lenin, die Partei hätte «neue Lieblinge» gefunden.

(Na, wartet! Wir zahlen euch eure Schwyzer Schimpfworte noch mal heim! Wir werden euch hängen, wenn wir erst an der Macht sind!)

Ja, ja, es lief ganz gut! Lenin fühlte sich ermutigt und in seinem Element wie ein altes Schlachtroß im Kampfgetümmel. Nobs, der sonst Übervorsichtige, war bereit, die von Radek aufgesetzte Kegelklub-Resolution vorzutragen: Der Kongreß müsse nach den Kienthaler Beschlüssen handeln[19]. (Die etwas sturen Schweizer waren imstande, nur um modern zu sein, für etwas zu stimmen, wovon sie gar nicht wußten, was es war: für die Kienthaler Beschlüsse zum Beispiel. Aber dann wird es zu spät sein! Sie sind hereingefallen ...

Später, auf Grund ihrer eignen Abstimmung, wird man sie unterkriegen können. Grimm unterkriegen – welch ein Vergnügen!)

Eine Lappalie? Nein! Das ist der Gang der Geschichte: unter dem Druck einer Minderheit eine Resolution nach der andern unterwandern – und dann mehr und mehr nach links rücken, nach links, nach links!

Der nächste Schritt: Am gleichen Abend versammelte man sich insgeheim (ein Einfall des Kegelklubs), nur auf besondere Einladung hin, in einem Privathaus. Die jungen Delegierten waren vollzählig anwesend. Man ging davon aus, daß die Jungen immer nach links tendieren! Der Plan: zusammen mit den Jungen eine Resolution erarbeiten (Radek hatte sie schon fertig in der Tasche), die sie dann morgen, am Sonntag, *von sich aus* dem Kongreß unterbreiten.

Bei dieser privaten Versammlung war natürlich Willi der Vorsitzende – wegen seines sicheren Auftretens der geborene Führer, mit seiner frischen, fröhlichen Stimme und dem zur Seite fallenden Haar. Radek an seiner Seite, krausköpfig, mit kampflustig blitzenden Augengläsern, las seine Resolution vor, erklärte einzelne Stellen und beantwortete Fragen. (Ein guter Redner – aber erst seine Feder! Seine Feder ist unbezahlbar!)

Lenin saß unauffällig, so wie er es liebte, mitten unter ihnen und hörte aufmerksam zu.

Alles wäre gutgegangen: Die jungen Deputierten folgten der Rede des russisch-polnischen Genossen und stimmten ihm zu. Alles wäre gutgegangen: Aber dann passierte etwas äußerst Peinliches. Man hatte vergessen, die Tür abzuschließen, und durch diese unverschlossene Tür traten zwei uneingeladene, abscheuliche Weiber ein: Frau Block, eine Freundin von Grimm, und Dimka Smidowitsch, eine Freundin von Martow. Als man sie bemerkte, war es schon zu spät. Sie hatten alles mit angehört, noch schlimmer, sie hatten alles verstanden. Von Rauswerfen konnte keine Rede sein – sie hätten wie am Spieß geschrien, und einen Skandal konnte man sich nicht leisten. Was sie verstanden hatten, war: Die Russen verfertigen eine Resolution für den Schweizer Kongreß!

Das war verdammt ärgerlich, ein immenses Pech. Diese verfluchten Weibsbilder, diese verdammten Klatschmäuler! Natürlich rannten sie sofort zu Grimm und erzählten ihm alles. Und er, der Schuft, der Lump, der Schweinehund, glaubte ihnen aufs Wort und zettelte in seiner *Berner Tagwacht* eine niederträchtige Intrige an. Dabei machte er Anspielungen, die neunundneunzig Prozent seiner Leser überhaupt nicht verstehen konnten. Er schrieb unter anderem, daß «eine kleine Gruppe von irgendwelchen Ausländern, die unsere Arbeiterbewegung durch ihre eigene Brille sehen und unseren Schweizer Interessen völlig gleichgültig gegenüberstehen, versuchen wollen, von ihrer Ungeduld getrieben, auf künstliche Weise in unserem Land eine Revolution zu entfachen»!

Kompletter Unsinn! Unverschämte Gemeinheit! Und das will ein Arbeiterführer sein?

Nobs' Resolution wurde vom Kongreß ausgelacht. Sein Vorschlag, in Zukunft nur solche Abgeordnete ins Parlament zu wählen, die gegen die Verteidigung des Vaterlandes seien, erregte Greulichs Heiterkeit, der daraufhin prompt sagte: «Wenn wir nur solche Abgeordneten hinschicken wollen, dann könnte es sich herausstellen, daß die gerade beim Kegeln sind.»

Der Kongreß lachte aus vollem Hals.

Und die Aussprache über die Kienthaler Resolution wurde auf Februar 1917 verschoben.

Welch eine Tragödie! Wieviel Mühe, Kraft, brillante Überredungskunst, revolutionäres Dynamit wurden umsonst vertan – und was blieb übrig: Dummheit, Niedertracht, Opportunismus, Mief und Kellerstaub.

In der muffigen Schweiz triumphierte der Bazillus bornierten Spießertums.

Und die bürgerliche Welt stand fest verwurzelt wie eh und je – weit davon entfernt, in die Luft gesprengt zu werden.

Die Uljanows wohnten genau in der Mitte zwischen der Kantons- und der Stadtbibliothek. Zur Zentralstelle für soziale Literatur war es etwas weiter, aber wohin man auch zu gehen hatte, man konnte es in fünf oder sieben Minuten erreichen. Um neun Uhr wurden die Bibliotheken geöffnet, doch heute war Lenin vierzig Minuten zu früh von zu Hause aufgebrochen. Es war natürlich töricht, ja, sogar beschämend, vor diesem ungekämmten Strolch, dem Neffen von Semljatschka, davonzulaufen, aber er tat es dennoch, einfach um sich selbst zu schonen und keinen Wutanfall zu bekommen, wenn der Kerl mit seinen frechen Reden anfing. Es hätte ihm den ganzen Tag verdorben.

Objektiv gesehen sind solche Gestalten wie dieser Neffe unter revolutionären Emigranten unvermeidlich. Diese verwahrlosten jungen Leute mit den irren Augen sind zwar geistig unterentwickelt, haben aber stets eine mit größter Selbstsicherheit vorgetragene Antwort parat, nur um zu zeigen, daß sie eine eigene Meinung besitzen. Immer sind sie hungrig, immer völlig abgebrannt, dabei könnten sie wenigstens Schreibarbeiten machen, davon gibt es in Zürich wahrhaftig übergenug. Aber, nein, diese Leute, die weder eine anständige Handschrift haben noch einen Satz richtig schreiben können, wollen nichts anderes als Redakteur spielen! Wieviel Mühe kostete es Lenin zum Beispiel, eine Kopie seiner verlorengegangenen *Imperialismus*-Schrift zu bekommen! Diese Burschen denken nur an eines: wie man eine Mahlzeit umsonst bekommen kann. Für die Uljanows war es eine unzumutbare Belastung, wenn der Neffe zwei Eier und vier belegte Brote verschlang. Seit es gelungen war, ihn vom Mittagessen fernzuhalten, hatte er es sich zur Gewohnheit gemacht, unter irgendeinem fadenscheinigen Vorwand am frühen Morgen zu erscheinen. Mal war es ein Buch, das er entleihen, dann eine Zeitung, die er zurückbringen wollte – um dann zum Frühstück dazubleiben. (Jetzt eben, als Lenin von zu Hause weggegangen war, hatte er Nadja noch streng gesagt, sie solle den Semljatschka auf keinen Fall wieder füttern – nur so könne man ihm das Nassauern abgewöhnen!) Wenn er wenigstens bescheiden essen und sich danach sofort verabschieden würde – aber er hielt es für nötig, sich mit gewaltigem Wortschwall zu bedanken, ein paar Ideen von sich zu geben, ein paar prinzipielle Fragen klarzustellen, und das alles mit Aggressivität und großartiger Besserwisserei ...

Solch ein Besuch, dieses überlegene Lächeln des vermeintlich allwissenden rotznäsigen Bürschchens konnte Wladimir Iljitsch schon am frühen Morgen den ganzen Tag verderben. Überhaupt brachte ihn jede unerwartete Störung, vor allem ein ungebetener Gast, eine sinnlose Zeitverschwendung, aus der Fassung und machte ihn total arbeitsunfähig. Was ihn aber am meisten ärgerte, war, daß er seine Nerven und seine Kraft vergeudete, um sich Argumente nicht etwa für eine Konferenz, für eine Streitschrift oder für die Diskussion mit einem wichtigen Parteigegner zu überlegen, sondern um diesen Schwätzer zu widerlegen, der selbst nicht ernsthaft an das glaubte, was er da redete. Emigranten rechnen mit jedem Groschen, aber einen ganzen Tag zu verschwenden, das macht ihnen nichts aus. Lenin wurde direkt krank, wenn er auch nur eine Stunde verlor. Und sogar Verabredungen, Gespräche, irgendwelche Angelegenheiten, die sich später als wichtig erweisen konnten, irritierten ihn unmäßig, wenn sie unerwartet kamen.

Doch es gibt ein Ethos der Emigration, und man ist solchen Besuchern ausgeliefert, man kann ihnen nicht einfach die Tür weisen oder sie nicht anhören: Es würde sofort Klatsch unter den Emigranten geben, sein Ruf wäre geschädigt, man würde ihn des Hochmuts, des Snobismus, des Dünkels, der Despotie beschuldigen. Emigration – das ist ein böses Schlangennest, aus dem es unaufhörlich zischt und züngelt. Und so muß man diese Frechlinge, jeden, dem es beliebt, Rußland zu verlassen (aus Sibirien kann man leicht fliehen; alle beeilen sich, ins Ausland zu kommen, und die Partei muß sie dann aushalten), nicht nur aufnehmen, sondern auch noch eine Beschäftigung für sie finden. Und, siehe da, so ein Mistvieh ist schon nach einem Jahr Mitarbeiter einer Zeitschrift, wenn auch nur eine einzige Nummer von ihr erscheint.

So zum Beispiel Jewgenija Bosch, eine Intrigantin ersten Ranges: Warum fährt sie nicht nach Rußland zurück, sie wollte doch, nicht wahr? *Hier* hat sie wahrhaftig nichts zu suchen, aber sie wird sich schon was ausdenken oder andere zwingen, für sie zu denken. Ja, das ist eine der furchtbaren Plagen der Emigration: Beschäftigungsmöglichkeiten für Emigranten aushecken zu müssen.

Natürlich, wenn die Revolution käme, würde jeder dieser Burschen und Mädchen eine Arbeit im revolutionären Fahrwasser finden. Sie wären sogar unentbehrlich, und es würden noch zu wenige sein. Aber solange es keine Revolution gab, mangelte es an Mitteln und Arbeitsplätzen, und diese Nichtsnutze waren unerträglich.

Ein zermürbender Zustand. Wie lange nun schon? Neun Jahre, seit er Rußland nach der mißlungenen Revolution von 1905 verlassen hat. Sechzehn seit der ersten unglückseligen Begegnung und Auseinandersetzung mit Plechanow. Einundzwanzig seit der ungeschickten Gründung des Petersburger «Kampfbundes zur Befreiung der Arbeiterklasse». Dieser quälende Zustand, wenn alles in einem nach Aktivität drängt, wenn man Berge versetzen und Kontinente verschieben möchte, weil sich so viel Kraft angesammelt hat ... wenn man keinen Einfluß auf Menschen, Parteien, Kontinente hat, keine Berührung mit ihnen, und nur das Prickeln, den Tatendrang, bis in die Fingerspitzen hinein spürt und sieht, wie sich die Menschen charakterlos, sinnlos im Kreis drehen, ohne zu wissen, wohin – und nur du weißt es! Und deine Energie verpufft, deine Einfälle gehen verloren, und deine ganze Kraft verschlingt die Schulung einer Handvoll junger Schweizer im Kegelklub. Na, wenigstens was – schon besser als früher, als zu den Versammlungen zwei Schweizer erschienen, zwei Deutsche, ein Pole, ein Jude und ein Russe. Man saß herum und erzählte sich Witze – da war es, als sei das Spiel für allezeit aus.

Am Limmat-Quai angelangt, konnte Lenin annehmen, daß er dem Neffen nicht mehr begegnen würde, und die abwehrende, Ärgerliches vorausahnende Gereiztheit schwand allmählich.

Die grauen, zerfransten, weiß umrandeten Wolken gaben dem Tag ein frostiges Licht.

Mit frecher Arroganz zeigte man in blitzenden Schaufenstern, ausgebreitet auf Samt und Seide, die neueste Mode, den Luxus der Müßiggänger: Schmuck, Parfums, feine Wäsche. Die Republik der Lakaien tat sich groß mit ihrem vom Krieg unberührten Reichtum.

Mit Ekel wandte sich Lenin von diesem goldenen, seidenen, spitzenbesetzten Firlefanz ab – er haßte diese Dinge, aber mehr noch die Leute, die solche Dinge liebten. Er wartete, bis die Straßenbahn vorübergefahren war, überquerte dann die Straße und ging am Fluß entlang. Bei der Münsterbrücke ließ er ein Automobil, eine Pferdedroschke, einen Radfahrer mit einem großen Korb auf den Schultern vorbeifahren. Er hatte die Stadtbibliothek erreicht, gern wäre er gleich hineingegangen, aber sie war noch geschlossen.

Die Stadtbibliothek befand sich in der sogenannten Wasserkirche. Sie hieß so, weil sie früher fast im Wasser des Flusses stand. Vor vierhundert Jahren hatte der entschlossene Zwingli die Kirche den Geistlichen weggenommen und den Bürgern übergeben.

Da stand er, auf schwarzem Marmor, auch selbst vor der Kirche, der Zwingli mit seiner Stupsnase, in einer Hand ein Buch, in der anderen ein Schwert, auf das er sich stützte. Jedesmal, wenn Lenin an ihm vorbeiging, warf er ihm einen beifälligen Blick zu. Das Buch war zwar die Bibel, aber immerhin, für das sechzehnte Jahrhundert zeigte Zwingli eine bewundernswerte Entschlossenheit, die heutigen Sozialisten könnten etwas von ihm lernen ... Eine ausgezeichnete Kombination: ein Buch und ein Schwert. Das Schwert als Verlängerung des Buches.

Clausewitz: Krieg – das ist Politik, welche die Feder mit dem Degen vertauscht. Jede Politik führt zum Krieg, und nur darin liegt ihr Wert.[20]

Die kalte Morgenluft vermischte sich jetzt mit der Feuchtigkeit, die vom Fluß aufstieg. Man sagt, er gefriere nie. Irgendwie paßte das zusammen: Rußland – Winter, Emigration – ewige Winterlosigkeit.

Er beugte sich über das Geländer. Hier, in der breiten Mündung lagen an beiden Ufern Boote – Segelboote und auch einfache Kähne. Leise bewegten sich die Segel.

Alexander Kesküla hatte sich beschwert: Jemand, der dem Zentralkomitee nahestand, hatte das Geld gestohlen, das für den Druck einer Broschüre bestimmt war. Man mußte die Summe aus der Parteikasse ersetzen. Gemeinheit!

Das Wasser ist dunkel, aber ganz klar. Man kann die grauen Steine auf dem Grund sehen.

Die drei Seiten des Krieges, wie Clausewitz sie sieht: Die vom Verstand geleiteten Handlungen sind Sache der Regierung, die «freie Seelentätigkeit» ist Sache der Feldherren, der Haß Sache des Volkes.[21]

Auf den akkuraten, viereckigen Steinchen des Bürgersteigs am Limmat-Quai liegen Ahornblätter (sie werden absichtlich nicht weggefegt). Und an irgendeinem Baum sind kleine, stachlige Zapfen, wie vergessen, hängengeblieben.

Alles wird wahnsinnig teuer, bald wird man kein Geld mehr zum Leben haben. Auch das Papier wird immer teurer! Und Schljapnikow hat leider gar keine Begabung, jemandem Geld aus der Tasche zu locken – Gorki zum Beispiel oder Bontsch. Mit Zangen müßte man es ihnen herausreißen. Dabei könnten die ruhig zahlen, je mehr, desto besser.

Solange sie lebte, hatte ihm die Mutter mit Geld aus der Familienkasse immer wieder aus der Klemme geholfen, ob es nun auf Reisen im Ausland war oder während seines Aufenthalts in Petersburg.

Wieviel er auch ausgab, er mußte nicht ans Verdienen denken, im Gefängnis konnte er sich ein besseres Essen leisten, seine Reise in die Verbannung nach Sibirien konnte er abkürzen, die Etappengefängnisse konnte er vermeiden, in der Emigration konnte er, sooft er wollte, um Geld bitten – und es kam, wie durch ein Wunder, auch immer an. Aber seit diesem Sommer hatte er keine Mutter mehr, er würde sie nie mehr um etwas bitten können.

Eine Schar Bläßhühner wiegte sich auf dem Wasser. Plötzlich schwangen sie sich wie auf Kommando plätschernd hoch, flogen tief über dem Wasser, landeten ein Stück weiter oberhalb wieder auf dem Fluß, sammelten sich von neuem und schwammen friedlich zurück an die alte Stelle.

Clausewitz hatte vielleicht die allgemeinen Gesetze aller Kriege erklärt, das Gesetz des jetzigen Krieges jedoch gewiß nicht. Auch diesen anderen Krieg, den man jetzt würde anfangen müssen, konnte man nicht erklären.

Wenn man wenigstens den Schweden die Schulden nicht bezahlen müßte. Schljapnikow sollte Branting einen Wink geben – als Vorsitzendem des russischen Zentralkomitees dürfte ihm das wohl möglich sein.

Ein Berufsrevolutionär sollte frei von Geldsorgen sein! Die Parteikasse sollte den führenden Mitgliedern des Zentralkomitees «Diäten» garantieren.

Von der Brücke warfen Bürgersfrauen den Enten Brotkrumen zu. Die Enten sammelten sich rasch, immer mehr kamen hinzu, die meisten hatten grüne Köpfe, gelbe Schnäbel, manche waren auch ganz graublau.

Damit man uns in *Letopis*[22] druckt, muß die Verbindung zwischen den Machisten und dem Organisationskomitee der Menschewiki aufgelöst werden. Die Leute um Gorki intrigieren gegen uns. Von Gorki Geld zu erwarten, dieses rückgratlose Kalb um Geld anzuflehen oder ihn gar um Verzeihung zu bitten wegen meiner scharfen Worte gegen Kautsky, oder, noch schlimmer, die wichtigsten, die treffendsten, schärfsten Stellen im Buch seinetwegen streichen – das wäre wahrhaftig eine beispiellose Demütigung!

Wie gut wäre es jetzt, in einem Boot zu sitzen und mit jemandem um die Wette zu rudern! Wie oft haben wir es uns vorgenommen, aber kein einziges Mal wahrgemacht ... Jetzt heißt es bis zum Frühling warten.

Als er in den Bergen lebte, pflegte er Klettertouren zu unternehmen, hier in Zürich mußte er sich mit Spaziergängen begnügen, um seine überschüssigen Kräfte wenigstens etwas abzureagieren. Aber es genügte nicht.

Im Augenblick regte er sich sehr über den Verlust seines *Imperialismus*-Manuskripts auf, das er im Juli zur Post gegeben hatte. Das Rätselhafteste an der Sache war, daß die verantwortlichen Stellen im Postamt keine Spur von der Sendung finden konnten – sie war einfach verschollen! Nun, die englische Zensur gebärdete sich wild, die französische geradezu schamlos, und es wäre gar nicht verwunderlich, wenn man auf das Manuskript aufmerksam geworden wäre: Der Autor war schließlich kein unbekannter Emigrant mehr wie tausend andere, für die sich die Polizei nicht im geringsten interessierte. Er wurde möglicherweise schon beschattet ... Vielleicht folgte man ihm auch jetzt, hier, auf dieser Brücke. Beim ersten, bestenfalls beim zweiten Wink vom französischen oder russischen Botschafter konnte man ihn vors Kriegsgericht stellen – oder aus der Schweiz wegen Verletzung der Neutralität ausweisen. Man hätte nur eine einzige seiner Reden im Kegelklub mit anhören müssen ...

Er ging, er schleppte sich am Gitter entlang, neben dem Fluß her, einen schäbigen steifen Hut auf dem Kopf, in einem verschlissenen Mantel, wie der armseligste Einwohner Zürichs, in der Hand eine karierte Tasche, mit der man Lebensmittel einkauft, nur waren bei ihm Notizhefte, Broschüren, Zeitungsausschnitte drin.

Als er bei der Quaibrücke angekommen war, blieb er geduldig stehen, ließ eine elegante Equipage vorbei und einen langsamen, hochbeladenen Wagen, von einem Vierergespann gezogen, dann eine Pferdetram, auf deren Vorderplattform ein Schaffner in Uniform stand.

Hier in diesem Land mußte er Konzepte, die ihm gefährlich werden konnten, verbrennen, wichtige Dokumente bei vertrauenswürdigen, respektablen Schweizern verstecken, mußte statt seines Namens irgendeinen Decknamen, wie «Frey» oder so ähnlich, unter seine Artikel setzen und für die Briefe zwischen Bern, Zürich und Genf eine Geheimschrift verwenden. Und das in einem neutralen Land! Genauso wie zu Hause unter dem scharfen Auge der Geheimpolizei. Und den *Imperialismus*-Text, der zum zweitenmal abgeschrieben worden war, mußte er zwischen Umschlag und Deckel eines harmlosen Buches stecken, damit er diesmal auch richtig ankam.

Er überquerte die Brücke, war am See angekommen, auf der breiten, gepflasterten Uferstraße und auch hier lagen überall braune Ahornblätter auf dem Boden.

Vom See her wehte eine noch frischere, noch kälter gewordene wassergetränkte Brise.

Hier schwammen Schwäne, weiße und graue. Nein, sie schwammen nicht, sie saßen statuarisch auf dem Wasser und tauchten ab und zu unter, immer nur einzeln, suchten irgend etwas in der Tiefe, strampelten mit den Füßen, steckten den weißen Bürzel nach oben und wieder aufgetaucht schüttelten sie lange das Wasser von den Schlangenhälsen.

Links vor ihm, über dem Stadttheater, kam die bleiche Sonne hervor. Aber sie war kalt, ihr Schein wärmte nicht.

Es ging etwas Beruhigendes von dieser Wasserfläche aus, von dieser Weite. Eine Befreiung, die man im Herzen spürt. Er fühlte wieder, wie abgehetzt und gejagt er lebte.

Der weite See. Hier und dort Fischer, die ihre Angeln auswarfen. Zur Rechten der waldige Ütliberg. Und ab und zu weiße Flecken: der Schnee, der auf den Höhen liegengeblieben ist.

Der weite See. Er erinnerte Lenin an Genf. Das lebhafte Plätschern des Genfer Sees würde er nie vergessen können. Dort erlebte er die schwerste Niederlage seines Lebens: den Verlust seines Idols.

Mit welch jugendlicher Begeisterung war er damals in die Schweiz gefahren, um Plechanow kennenzulernen, um – so glaubte er, so erwartete er – Anerkennung von ihm zu erfahren. In einem Eilbrief aus München hatte er Plechanow, der sich jetzt Wolgin nannte, dann noch seiner Freundschaft versichert und zum erstenmal mit dem neuen Namen unterschrieben, den er sich ausgedacht hatte: *Lenin.*

Viele junge Leute voller Unternehmungsgeist, froh, die Verbannung überstanden zu haben, den Gefahren entronnen zu sein, flohen damals aus Rußland. Sie fuhren zu den älteren, verdienten Revolutionären mit Plänen für eine neue Zeitschrift, die *Iskra*, und um mit ihnen zusammenzuarbeiten, mit ihnen die Flamme der Revolution zu entfachen! Es war direkt lächerlich, wenn man jetzt daran dachte! Er hatte damals noch geglaubt, man könne sich mit den Ökonomisten[23] einigen, und war so weit gegangen, daß er Kautsky gegenüber Plechanow verteidigte. Ein Witz! Er war naiv genug, sich vorzustellen, daß alle Marxisten am gleichen Strang zögen, daß alle gemeinsam gute Arbeit leisten könnten. Man dachte: Sie müssen sich doch freuen! Wir Jungen setzen das fort, was ihr angefangen habt!

Und was fanden sie vor? Den Willen zur Macht und die Lust am Kommandieren! Die Flamme der Revolution und das Projekt der *Iskra* waren Plechanow völlig gleichgültig – was er wollte, war, an der

Spitze stehen. Um das zu erreichen, wandte er Tricks an, stellte Lenin als einen komischen Versöhnler und Opportunisten hin und sich selbst als einen eisernen Revolutionär. Außerdem erteilte er ihm eine Lektion, was die Spaltung betraf: «Wer eine Spaltung fordert, der ist immer der Stärkere!»

Würde er je die Nacht in Vesenaz, einem Ort am Genfer See, vergessen, als er und Potressow das Schiff von Genf wie verprügelte Schulbuben verließen und gedemütigt, geschlagen, in der Dunkelheit das Dorf durchquerten, vor Wut schäumend, ihre Wut herausschrien, und sich vor sich selbst schämten – so weh tat das, was er erlebt hatte, daß es Augenblicke gab, in denen er einfach hätte losheulen mögen ... Teuflisch kalt wurde es einem ums Herz.

In dieser Nacht wurde Wladimir Uljanow ein anderer Mensch. Erst in dieser Nacht wurde er so, wie er jetzt war; erst in dieser Nacht fand er sein wahres Ich.

Seit jener bitteren Lektion hatte er aufgehört, jemals irgend jemandem zu glauben oder jemals sentimental zu werden.

Neben ihm warf einer den Möwen Brotkrümel zu – sie flogen hoch, stürzten sich gierig auf die Brocken, kreisten, kreischten, schnappten im Fliegen nach der Beute, zankten sich und kamen sogar auf die Uferbrüstung, schlugen ihm beinahe mit den Flügeln ins Gesicht.

Er wehrte eine Möwe ab und ging weiter.

Wie sich doch manchmal das Gedächtnis an Zufälligkeiten und Sentimentalitäten klammert! Derselbe Genfer See trennte sie beide, Inessa Armand und ihn, die einander noch nicht kannten, als er, wieder gekräftigt, die Delegierten des Zweiten Kongresses der SDAPR[24] empfing und jeden einzelnen zu durchschauen, für sich zu gewinnen versuchte, und sie gebar ihr fünftes Kind (von einem jüngeren Mann), und zum erstenmal las sie *Die Entwicklung des Kapitalismus*, verfaßt von einem ihr unbekannten Iljin[25], und hatte noch keine Ahnung, was ihr bevorstand.

Fünf Jahre vergingen, bevor sie sich kennenlernten, obwohl sie öfter nach Genf kam. Und ebenfalls in Genf, während einer Aufführung der *Kameliendame*, durchzuckte ihn die Sehnsucht, der erste Zweifel an seinem eigenen Leben. Etwa zur selben Zeit starb ihr Mann in Davos. Und ein paar Monate später suchte sie ihn in Paris auf.

Ein eisiger Wind blies über den See und wirbelte kleine, trübe Wellen auf. Lenin stellte die Tasche an das Ufergeländer, schlug den Kragen hoch und schaute unbeweglich auf das Wasser vor ihm. Es schien ihm immer kälter zu werden. Sogar nach dem dummen russischen Kalender war jetzt schon der 25. Oktober und nach dem europäischen der 7. November. Inessa aber saß immer noch in der Sommerfrische in Sörenberg und fror gewiß. Wahrscheinlich, um sich zu erkälten. Oder um ihn zu ärgern.

Oder um ihn zu strafen.

Sie ließ ihn oft auf Nachricht warten. Entweder antwortete sie auf einen Brief gar nicht oder sehr spät. Er formulierte seine Vorwürfe ganz vorsichtig: «... natürlich, wenn Sie keine Lust haben zu antworten ...» oder «... wenn Sie Lust haben, nicht zu antworten ... Ich will Sie nicht mit meinen Fragen belästigen.»

In seinen privaten Beziehungen war es Lenin bis jetzt stets gelungen, die Oberhand zu behalten, der Überlegene zu sein, die Würde zu wahren. Nur in diesem Fall vermochte er es nicht. Bei Inessa gelang es ihm nicht, sich zu distanzieren. Er konnte seine Betroffenheit nur hinter lakonischen Bemerkungen verbergen. Und bitten.

Wenn er nur lernen könnte, ihr Schweigen zu ertragen, zu warten, bis sie antwortete. Aber gerade dann hatte er das Bedürfnis, ihr zu schreiben, mit ihr zu sprechen, ihr vieles mitzuteilen. Und außerdem war es auch eine Parteiangelegenheit.

Er würde ihr gern ein paar zärtliche Worte schreiben, ohne jeglichen Anflug von Groll oder Verstimmung, einfach so ... aber er mußte auf ihre Antwort warten. (Zärtliche Worte – die durfte man sich jetzt sowieso nicht erlauben. In Kriegszeiten wird jeder Brief von der Zensur gelesen; man schreibt, als hätte man einen Polizisten im Rücken, und man darf ihnen keine Waffe gegen sich liefern.)

Ja, er war ihren Strafen ausgeliefert. Inessa war der einzige Mensch in der Welt, von dem er abhängig war – er gab es zu. Nach einem Streit mit ihr fühlte er sich wieder fast frei. Wenn sie dann wieder zusammen waren, war die Abhängigkeit um so größer ... Nein, wenn sie *nicht* zusammen waren.

Alles, was er im Leben so tat, wie essen, trinken, sich anziehen, das tat er nicht *für sich* – es war nur ein Mittel zum Zweck, um sich zu erhalten *für die Sache*. Auch die Tage in der Sommerfrische, die Ausflüge in die Karpaten oder von Sörenberg zum Rothorn, eine Tafel Schweizer Schokolade, die er sich leistete, geräucherter Stör, von der Mutter geschickt – all das war nicht dazu da, um seinem Körper ein Vergnügen zu bereiten, sondern ein Mittel, um seine geistige Leistungsfähigkeit zu steigern. Gesundheit ist eine der Waffen des Revolutionärs.

Nur die Begegnungen mit Inessa, auch die sachlichen, schienen ihm, als seien sie nur für ihn ... Sie versetzten ihn in heitere, jubelnd glückliche Stimmung. Es machte ihm nichts aus, daß sie ihn von der Arbeit ablenkte, daß sie seine Zeit in Anspruch nahm, daß er seine Kraft für anderes verwandte als für das *Ziel*.

Alle Menschen, ob es nun Frauen oder Männer waren, pflegte er allein im Zusammenhang mit der politischen Arbeit zu beurteilen. Nur Inessa, obwohl auch sie durch die Politik in sein Leben getreten war (und es hätte auch nicht anders sein können, er bewegte sich ja nur in diesem Kreis), nur Inessa existierte gleichsam für ihn persönlich, für ihn allein, ein Geschöpf für das andere.

Inessa eröffnete ihm eine neue Welt, eine Welt, von der er nicht geahnt hatte, daß sie überhaupt existierte – und wenn diese Frau nicht zu ihm gekommen wäre, dann hätte er sie wahrscheinlich nie kennengelernt. In ihrem Streit um die «freie Liebe» hielt Lenin ihr ein ganzes Netz logischer Argumente entgegen, aber sie schlüpfte geschickt, unbeschadet hindurch. So wie das dunkle Wasser aus der Tiefe des Sees ungehindert, ungetrübt durch das Netz des Fischers fließt, so konnten Inessas vage Ansichten über die freie Liebe nicht durch seine Klassenanalyse erschüttert werden. Auch wenn es ihm gelang, ihre Argumente zu widerlegen – sie selbst war unbesiegbar.

Es verwirrte ihn, daß sie von ihm verlangte, seine genau abgezirkelte Welt zu verlassen und ihr in eine Welt zu folgen, die wohl die gleiche war und doch so ganz anders als seine, und er ging wie ein Schuljunge, den man an der Hand nimmt, unsicher und bezaubert, fast kindlich dankbar mit.

Vom Südwesten, von Sörenberg her kam das Pfeifen des Windes über den herbstlichen See – kam die Erinnerung an sie, an das leise Zittern ihrer Augenlider, an ihren Mund ...

Weshalb strafte sie ihn so? Weshalb fuhr sie nicht nach Clarens, wo es warm war? Weshalb blieb sie im kalten Sörenberg, wo es im November schon Schnee gab?

Über dem Dach des Stadttheaters mit der darüber verstreuten Mythologie, den Posaune blasenden, geflügelten Figuren, trat plötzlich grell die Sonne hervor – hier unten schien sie kalt, dort oben auf dem Ütliberg jedoch orangenfarben warm. Hier unten, inmitten der Stadt, hier, wo er stand, war es finster.

Es gab glückliche Tage. In Longjumeau, Brüssel, Kopenhagen, Krakau ... in Bern, nicht zu vergessen. Es gab glückliche Jahre. Sieben.

Er, der keine fünf Minuten ohne Arbeit sein konnte – mit Inessa verbrachte er viele Stunden. Und er verachtete sich nicht dafür, sondern gab seiner Schwäche nach. Und das höchste war, daß er ihr vollkommen, ohne jeglichen Vorbehalt vertrauen konnte, daß er ihr alles erzählen wollte – mehr als irgendeinem Menschen zuvor. Die Lebhaftigkeit ihrer Reaktion und ihrer Ratschläge, wie sehr fehlte sie ihm seit einem halben Jahr. Seit April. Seit Kienthal.

Was war in Kienthal kaputtgegangen? Damals hatte er es nicht bemerkt.

Aus Bern hatte man weg müssen. Dort dominierte Grimms Einfluß. Man hätte nie einen Kreis Gleichgesinnter zusammenbringen können. Die Abreise war richtig. Aber wer hätte voraussehen können, daß sie sich danach nicht mehr sehen würden?

In Kienthal schien noch alles in Ordnung – während dieses wundervollen, sechstägigen Kampfes.

Der einzige Mensch, den er nicht beleidigen durfte – er könnte sie sonst für immer verlieren. Diese Art Beziehung, die für ihn ganz neu war, brachte ihn manchmal in komische Situationen. Er mußte auf ihre unglückselige Leidenschaft, theoretische Abhandlungen zu schreiben, Rücksicht nehmen. Offen durfte er sie nicht kritisieren, auch da mußte er mit der größten Vorsicht vorgehen, manchmal auch lügen: «Was könnte ich wohl gegen den Abdruck dieses Artikels haben? Natürlich bin ich dafür ...», um dann irgendeinen äußeren Grund dazwischenkommen zu lassen. Vorwürfe oder gar politische Korrekturen mußten in Lob eingekleidet werden. Ihre Eigenmächtigkeiten bei der Übersetzung seiner Texte ertrug er stillschweigend. Ihr konnte plötzlich einfallen, den originalen Wortlaut zu ändern und ihm eine ganz andere Bedeutung zu geben ... Oder sie unterwarf ihn gar ihrer eignen Zensur! Wenn ihr ein Gedanke nicht gefiel, schmiß sie ihn einfach raus! Aber Vorwürfe seinerseits – nein! Er mußte sachte, mit größter Vorsicht, mit Samthandschuhen vorgehen! Wenn ihm ein Brief zu lang geraten schien, entschuldigte er sich dafür wie ein dummer Schuljunge.

Das merkwürdige war, daß er ihr gegenüber nie das Gefühl hatte, seine Würde zu verlieren.

Aber sie konnte ihn strafen. Indem sie ihm nicht schrieb. Ja, sie konnte hart sein, wenn sie es sich vorgenommen hatte.

Ein weißer Dampfer verließ den Anleger und schlug kleine Wellen hinter sich. Auf ihnen wiegten sich zwei Schwäne mit vorgebeugten Hälsen, als seien sie in dieser Pose für immer erstarrt.

Es fröstelte ihn. Er nahm die Tasche und ging weiter am Ufer entlang.

Wie sehr ihn Inessa auch gefangennahm, jetzt, fern von ihr, im strengen Licht des halb düsteren, halb sonnigen Herbstmorgens, fühlte er sich fast frei.

Seitdem er sich erinnern konnte, verfügte er über einen unwillkürlichen inneren Abwehrmechanismus, der zwar für eine Weile ausgeschaltet werden konnte durch eine Niederlage, durch Zeitverschwendung oder Schwächezustände irgendwelcher Art, aber dann mit doppelter Kraft wieder in Aktion trat und durch nichts mehr aufzuhalten war.

Wenn man seine Kraft nicht mit nichtsnutzigen Zärtlichkeiten vergeudet, kann das für die Arbeit nur von Vorteil sein.

Jetzt, fern von Inessa, kehrte die Vorsicht zurück. Und die sagte ihm, daß zu all den Schwierigkeiten seines Lebens keine neuen hinzukommen durften. Mit Inessa für immer zusammenbleiben? Das wäre kein Leben, sondern eine ewige Unordnung. Sie war zu unbeständig, zu selbständig und eine zu große Ablenkung für ihn. Dazu kamen noch ihre Kinder. Eine fremde Welt. Er durfte sich nicht durch Kinder von seinem Weg abbringen lassen, nein, dazu hatte er kein Recht.

Das Leben mit Nadja war die beste Lösung. Er hatte damals richtig gehandelt. Seine Jugendfreundin Apollinaria Jakubowa war zwar lebhafter, attraktiver, aber sie hätte ihm nie so beigestanden. Es genügte nicht zu sagen, Nadja sei eine Gesinnungsgenossin, sie dachte und fühlte stets genauso wie er selbst. Sie wußte, wie sehr die Welt an den Nerven ihres Iljitsch zerrte, und tat alles, ihn nicht auch noch nervös zu machen, schonte ihn, nahm vieles auf sich, nahm ihm vieles ab. Und wie rasch sie intuitiv alles begriff! Wenn Radek sich wie ein Schuft benahm, dann war sie kalt und abweisend zu ihm und ließ ihn nicht ins Haus – sobald er sich aber als brillanter Verbündeter erwies, dann empfing sie ihn herzlich und behandelte ihn wie einen guten Freund. Das Leben mit Nadja verlangte keine Nervenanspannung.

Inessa konnte nicht sparsam sein, das darf man nicht vergessen. Sie war nicht imstande, ein vernünftiges, bescheidenes Leben zu führen – unerwartet beging sie immer wieder irgendeine Verrücktheit. Es konnte ihr mit einemmal einfallen, die *grande dame* zu spielen und sich die neuesten Modelle anzuschaffen. Nadja – war mit ihrer methodischen Sparsamkeit unvergleichlich. Sie wußte, daß jedes verschwendete Geld überflüssigen Aufwand an Arbeit und Denken erforderte. Außerdem – und das ist eine seltene Eigenschaft bei einer Frau – war sie nicht geschwätzig, wußte genau, wann sie zu schweigen hatte. Und sie prahlte auch nie.

Es wäre eines Revolutionärs nicht würdig, sich zu schämen, weil seine Frau nicht besonders schön oder nicht besonders klug oder ein Jahr älter ist. Um Erfolg zu haben, darf man nicht innerlich zerrissen sein, darf man sich nicht ablenken lassen, die Kräfte müssen aufs äußerste konzentriert eingesetzt werden, um das Ziel zu erreichen. Für Lenins Existenz als Politiker war die Verbindung mit Nadeschda Krupskaja völlig vernünftig, genau das richtige.

Freilich, alles unternahmen sie zu dritt, immer zu dritt – Spaziergänge in den Wäldern um Bern, Bergtouren von Sörenberg aus (nur zu den hoch und einsam gelegenen Berghütten, in denen man übernachten konnte, stieg er manchmal zu zweit mit Inessa auf), oder sie saßen zusammen im Schatten der Bäume im Garten der Pension – Nadja und er in Bücher vertieft und Inessa stundenlang am Klavier; manchmal auch an dem warmen Berghang, auf Baumstümpfen – Nadja und er immer mit Lektüre, während Inessa wie ein junges Mädchen zwischen Erwachsenen nur so dasaß, nach vorn gebeugt, und sich von der Sonne bräunen ließ. Und dann erzählte er den Frauen von seinen Plänen, seinen Ideen, den Artikeln, die er zu schreiben vorhatte – wie oft hatte er mit einem Blick die ganz ungewöhnliche Situation erfaßt und sich gewundert, wie es möglich war, daß das Unwahrscheinliche, Unmögliche so lange hielt, jahrelang ... Wenn Nadja überhaupt an jemanden Briefe schrieb, so war es Inessa, und wenn sie überhaupt über jemanden sprach, jemanden vor den Genossen lobte, dann Inessa ... Nur in den Briefen an ihre Schwiegermutter (ihre eigene Mutter wußte natürlich längst Bescheid) schrieb sie so, als wären sie zu zweit, als wäre alles in Ordnung. Was für eine taktvolle Frau!

Beide Mütter starben kurz nacheinander: Nadjas Mutter, Elisaweta Wassiljewna, im März 1915 in Bern an einer Influenza; seine Mutter im Juni des folgenden Jahres in Petersburg. In der Pension am Flumser Berg kam das Telegramm, das den Tod von Maria Alexandrowna meldete, mit der normalen Post auf einem Eselskarren an – gerade am zweiten Jahrestag des Kriegsausbruchs, der zufällig auch der Schweizer Nationalfeiertag war, einer jener zahllosen turbulenten Feiertage, an denen auf den Bergen Feuer angezündet, in den Städten kostspielige Feuerwerke veranstaltet und Böllerschüsse abgefeuert werden.

Am Abend saß man still da, schaute auf die Feuer und nahm Abschied von der Mutter. Vielleicht war es leichter so, aus der Entfernung.

Wenn man an die fünfzig ist, beide Mütter gestorben sind und man sich plötzlich älter fühlt, kommt man einander noch näher. Außerdem sind wir beide Revolutionäre. Vielleicht, daß dadurch ...

Schräg durch den See, wie von Sörenberg her, kam jetzt ein Motorboot herüber. Mit nach oben gestrecktem Kiel durchschnitt es schnell das Wasser und hinterließ ein großes Dreieck von Schaum. Sein metallenes Klopfen skandierte die Stille. Es jagte direkt auf ihn zu, hielt die scharfe Nase auf ihn gerichtet, und der lärmende Motor unterbrach seine Gedanken, brachte die ganze Gesellschaftsanalyse durcheinander, zerstörte alle Argumente – und es schien auf einmal alles ganz einfach. Wieso hatte er es bis jetzt nicht so einfach sehen können? Wenn man die freie Liebe in der Theorie vertrat, warum sollte man sie dann nicht auch in die Praxis umsetzen?

Er hatte alle Aspekte der bürgerlichen und proletarischen Beziehungen durchdacht, nur einen hatte er außer acht gelassen: Wenn sie sich nach Kienthal nicht mehr gesehen hatten – und es war doch so nah! –, und wenn sie sich jetzt ein halbes Jahr nicht sehen ließ und auch nicht schrieb, dann war sie in diesem Sommer *mit jemand anderem zusammen!*

Warum hatte er eigentlich die ganze Zeit so an sie gedacht, als sei sie allein?

Auf diese Seite des Sees schien noch matt die Sonne, aber vom Ütliberg zogen rasch dunkle Wolken herauf und hüllten alles ein, den Berg, den Abhang, den Kirchturm.

War es wirklich so einfach? Wieso hatte er an alles gedacht, nur an dieses eine nicht?

Aber es konnte nicht sein! Meine Freundin – meine Genossin!

Er stand am Ufergelände, hielt sich mit beiden Händen fest – und hätte am liebsten gerufen: Inessa! Verlaß mich nicht, Inessa!

Er mußte ihr schreiben, sofort, keine Angst haben vor Demütigungen, nur eine Antwort!

Das Postamt war schon seit acht Uhr offen. Warum hatte er nicht eher daran gedacht? Er hätte es noch schaffen können bis zur Öffnung der Bibliothek. Aber nun war es zu spät. Die Glocken läuteten von allen Kirchen, läuteten wie verrückt, unsinnig, unmenschlich, vom Fraumünster, vom Großmünster – alle Kirchen, die es gab, hatten sich mit ihrem ohrenbetäubenden, wahnwitzigen Läuten gegen ihn verschworen.

Die Nebelschwaden, die Wolken vom anderen Ufer senkten sich auf die Stadt, es wurde fast dunkel. Mit vor Kälte erstarrten Händen holte er die Uhr aus der Tasche – ja, es war schon neun, er hatte wertvolle Zeit vergeudet, und wenn er auch rennen würde, er könnte sie nicht mehr einholen ... Die Bibliothek war längst geöffnet. Der Tag hatte schlecht begonnen. Den Brief würde er später schreiben. Jetzt mußte er unbedingt arbeiten.

Er hatte es plötzlich eilig, der breitschultrige, nicht besonders große Herr, und schritt auf dem kürzesten Weg voran, ohne auf irgend jemanden zu achten. Die Stadtbibliothek war näher, er könnte auch dorthin gehen, aber die Bücher und Zeitschriften für die heutige Arbeit, so fiel ihm ein, lagen in der Kantonsbibliothek bereit. Er lief diese ekelhaft bourgeoise Uferstraße entlang, wo durch die Ladentüren die Düfte der Delikatessen und Patisserien die Nasen der Übersättigten kitzelten, wo einem zwanzig Arten von Schinken und Hunderte von Gebäcksorten entgegenstarrten. Schaufenster mit Schokolade, Tabak, Porzellan, Uhren, Antiquitäten flitzten vorbei ... Auf dieser sauberen Straße konnte man sich schwerlich Menschenmassen mit Fackeln und Beilen vorstellen, die jene Schaufenster in Scherben schlagen würden.

Aber es mußte sein! Hier stand alles still, stagnierte, man war zu sicher geworden hinter diesen Fenstern, diesen Türschlössern ...

Ja, es mußte sein!

Von allen Seiten der Stadt läuteten die Glocken – wie besessen und tödlich.

Mit fast proletarischer Entschlossenheit hatte Zwingli auch hier gehandelt: Die Predigerkirche am Zähringer Platz ließ er zwischen den Türmen in zwei Hälften zerteilen; in der einen war jetzt schon seit Jahrhunderten die Kantonsbibliothek untergebracht. Es bereitete Lenin immer wieder Vergnügen, daß die beiden größten Bibliotheken Zürichs über die Religion gesiegt hatten.

Er trat in die Stille ein. Neun schmale Fenster mit ovalen Bögen zogen sich bis hinauf zum sechsten Stock. Noch höher, in unerreichbarer Höhe, vereinigten sich die Rippen der Spitzbögen in mehreren Knoten.

Aber diese ganze Höhe war vergeudet, denn es gab nur eine zwei Stockwerke hohe, hölzerne Galerie an den Wänden. Zwischen den Bücherregalen hingen dunkle Porträts gravitätischer Stadträte und Bürgermeister in Wams und Halskrause. Sie anzuschauen oder gar ihre Namen zu lesen, dazu blieb nie genug Zeit.

Als er noch an der schweren Tür stand, sah Lenin bereits, daß sein Lieblingsplatz beim mittleren Fenster besetzt war – er kam zu spät. Der Tag fing schlecht an.

Er schrieb sich in die Besucherliste ein – doch der diensthabende, lächelnde, bebrillte Bibliothekar konnte und konnte den auf den Namen Uljanow zurückgelegten Stoß Bücher nicht finden.

Ein kleines Ärgernis nach dem anderen konnte viele Arbeitsstunden verderben. Der Erfolg oder Mißerfolg eines Arbeitstages hängt manchmal von den kleinsten Kleinigkeiten ab, nicht zuletzt davon, wie man ihn anfängt. Also – er war zu spät gekommen. Die Bibliothek war bis zur Mittagspause nur drei Stunden geöffnet, und die hatte er jetzt nicht mehr vollständig zur Verfügung.

Die *Imperialismus*-Schrift lag schon geraume Zeit, in zwanzig Hefte niedergeschrieben, vor, als sie bei der Post verlorenging. Er mußte eine zweite Reinschrift anfertigen und schrieb dabei die erste Fassung noch einmal um. Und jetzt saß er über einer ganzen Menge neuen Materials zum gleichen Thema. Manchmal schien es ihm, als ob noch etwas fehlte, und dann wieder, als wäre alles gesagt.

Alle Schlußfolgerungen waren ihm klargewesen, lange bevor er die zwanzig Hefte vollgeschrieben hatte. In letzter Zeit hatte sich seine Gabe, Entwicklungen vorauszusehen, so verschärft, daß das

Fazit seiner Bücher für ihn feststand, ehe er sich hinsetzte, um sie zu schreiben.

Sollte er die schönsten Seitenhiebe tatsächlich aus dem Buch herausnehmen? Wegen dieser ekelhaften, niederträchtigen, heuchlerischen Kreatur! Ein gemeineres Individuum hatte es in der ganzen internationalen Sozialdemokratie noch nicht gegeben!

Sein Bücherstoß war also unauffindbar – es handelte sich um Literatur über Persien. Er hatte sich schon Notizen dazu gemacht. An die östliche Front hatte noch niemand gedacht, dabei mußte sie ebenfalls aufgebaut werden. Gut, die Hiebe gegen Kautsky würden nicht verlorengehen – man konnte sie an einer anderen Stelle einschieben.

Außerdem bereitete er für die schweizerische Linke wichtige, detaillierte Richtlinien vor[26], damit sie das, was sie beim Kongreß nicht auf Anhieb erreicht hatten, nun auf systematische Weise zu erreichen versuchten. Aber daran konnte er auch in der Zentralstelle für soziale Literatur arbeiten.

Nein, nein, Inessa ist mit Übersetzungen beschäftigt, sie hat doch die ganze Zeit für mich gearbeitet ... Sicher wird sie nach Clarens fahren und dann hierher ... Warum muß man gleich das Schlimmste vermuten? Das war ganz falsch vorhin ...

Er war mit dem Gefühl hierhergekommen, in dem Artikel gegen die «Entwaffnung»[27] etwas vergessen, einen Punkt übersehen zu haben. Das Manuskript war schon ins reine geschrieben und bei ihm in der Tasche, aber etwas störte ihn noch, er wußte nur nicht, was. Alle Grundgedanken waren da: Entwaffnung – das ist die Forderung der Hoffnungslosigkeit; Entwaffnung – das ist der Verzicht auf jegliche Revolution; derjenige, der den Sozialismus ohne Revolution und Diktatur erwartet, ist kein Sozialist; im kommenden Bürgerkrieg werden Frauen und Kinder vom dreizehnten Lebensjahr an kämpfen ... Alles stimmte, aber das Gefühl blieb, daß irgendwo noch unbewiesene Thesen steckten. Er mußte aufs äußerste vorsichtig sein und keine Möglichkeit lassen, daß Zitate gegen ihn angewandt werden konnten. An jeden gefährlichen Satz mußten sozusagen ihn absichernde Nebensätze angehängt werden, die Sätze von allen Seiten beschützt und beleuchtet werden und so ausgewogen sein, daß niemand eine Blöße entdecken konnte.

Er begann den Artikel durchzuschauen und entdeckte sogleich, daß er im Feuer der Begeisterung geschrieben hatte: «Wir unterstützen die Anwendung der Gewalt durch die Massen ...» Das ist doch ein gefundenes Fressen für die! Fügen wir also hinzu: «... gegen ihre Unterdrücker.»

Im übrigen konnte er diese Arbeit natürlich auch woanders machen. Hier in der Bibliothek war das reine Zeitverschwendung.

Er nahm sich die Thesen für die schweizerische Linke vor. Da war noch viel dran zu tun. Man mußte ihnen alles schön langsam vorkauen. Zum Beispiel Flugblätter – wem man sie ins Haus bringen sollte: den ärmsten Bauern und den Landarbeitern. Welcher landwirtschaftliche Grundbesitz unterliegt der Zwangsenteignung? Jeder, der mehr als fünfzehn Hektar umfaßt. Wie lange muß ein Ausländer im Land gelebt haben, um die Einbürgerung fordern zu können? Sagen wir drei Monate, und es ist wichtig, daß er sie kostenlos erhält. Was bedeutet «revolutionär hohe Steuersätze»? Zu allgemein. Man muß ihnen eine konkrete Tabelle aufstellen: Wieviel Prozent bei einem Vermögen von über 20000 Franken bzw. über 50000? Und wie kann man Hotelgäste besteuern? Auch dafür muß eine Skala aufgestellt werden, denn das hat es noch nie gegeben. Wer fünf Franken pro Tag fürs Zimmer zahlt, wie unsereiner, soll nur ein Prozent Gästesteuer abführen. Aber wenn einer zehn Franken für Logis zahlen kann, muß man von dem sofort zwanzig Prozent nehmen.

Die allerletzte Gemeinheit von Grimm und Greulich verursachte ihm direkt Sodbrennen. Diese widerlichen Opportunisten, na, wartet, wir stellen euch noch an den Pranger, wenn unsere Zeit gekommen ist!

Heute ärgerte ihn alles, alles irritierte ihn unmäßig. Er kannte solche Tage: Wenn er den Nerven freien Lauf ließ, war es vorbei mit der Konzentration, die Arbeit ging nicht mehr voran, und er konnte es auf seinem Stuhl nicht mehr aushalten.

Und dann dieser wüste, nicht zu Ende geführte Streit mit den «Japanern»[28], der hatte ihn ungeheuer viel Kraft gekostet und verbitterte ihn jetzt noch. Mehrere Artikel hatte er in dieser Sache schon geschrieben, zwei Dutzend Briefe waren hin- und hergegangen, der Konflikt schien fast beigelegt, aber das Ende war noch nicht abzusehen! Es gelang ihm nie, seine Kräfte in einer Richtung zu konzentrieren, weil er immer neue Gegner in heute noch nebensächlichen Bereichen entdeckte, die, wie er wußte, eines Tages plötzlich von größter Wichtigkeit sein konnten. Deshalb mußte man beizeiten die Zähne zeigen. Das galt nicht nur für die «Japaner», sondern auch für Bucharin. Da sie kein Körnchen Hirn aufzuweisen hatten, steigerten sie sich – Radek und Bucharin – in irgendeine gemeinsame Dummheit hinein, die allmählich den Gipfel der Idiotie erreichte. Mal war es die «imperialistische Ökonomie», dann wieder die Selbstbestimmung der Nationen oder einfach die Demokratie. All diese Frischlinge der neuen Parteigeneration sind höchst selbstzufrieden und selbstbewußt und jederzeit bereit, die Führung zu übernehmen. Dabei versagen sie bei jeder scharfen Kurskorrektur, sind weder genügend flexibel noch haben sie genug Verstand, um nach rechts oder nach links ausweichen zu können, denn das muß man gelegentlich, je nach Bedarf. Man muß hellsichtig voraussehen können, wohin der gewundene Weg der Revolution führt.

So ist es auch mit der Demokratie. Bucharin unterschätzt sie auf seine naive, jugendliche Art. Er schreibt ganz offen: «Für die Zeit der Machtergreifung wird man auf die Demokratie verzichten müssen.» Aber – nein! Eine sozialistische Revolution ohne den Kampf um die Demokratie ist unmöglich, und die Frischlinge sollten sich das auf ihren rosa Schnauzen einkerben lassen! Natürlich darf man folgendes nicht außer acht lassen: Der Vorrang der Demokratie gilt nur für eine gewisse Periode, nur unter gewissen, konkreten Umständen. Denn dann kommt eine Zeit, in der alle demokratischen Ziele die sozialistische Revolution nur bremsen würden. (Das muß zweimal unterstrichen werden!) Wenn, zum Beispiel, die Revolution begonnen hat und man die Banken konfiszieren muß – soll man uns dann mit solchen Einwänden aufhalten dürfen wie: «Wartet mal! Zuerst muß die Republik ganz legal ausgerufen werden»?

Lenin hatte es ihnen auf vielen von oben bis unten vollgeschriebenen Seiten erklärt – aber, nein! Sie wandten ihre hochnäsigen Gesichter ab. Warum mußte man sich mit diesen Intriganten und zänkischen Weibern überhaupt abgeben? Weil die «Japaner» Geld für eine Zeitschrift hatten. Ohne sie wäre der *Kommunist*[29] nicht zustande gekommen. Aber die Verbindung mit ihnen hatte nur einen Sinn, solange Lenin in der Redaktion das letzte Wort hatte. Mit diesen Dummköpfen auf gleichberechtigter Basis arbeiten? Niemals! Der Teufel soll sie holen! Das wäre blödsinnig und der Sache schädlich! Lieber würde er diese Schafsköpfe vor der ganzen Welt bloßstellen. Ihr selbst habt keinen friedlichen Ausweg gewollt, nun gut, dann werden wir euch eben die Fresse einschlagen!

Mit Bucharin hatte er es nicht zu einem offenen Konflikt kommen lassen – er setzte sich mit ihm brieflich auseinander. Doch packte ihn vor Bucharins Abreise solche Wut, daß er dessen letzten Brief nicht mehr beantwortete. Jetzt war Bucharin in Amerika – und wahrscheinlich beleidigt. Ehrlich gesagt, hielt Lenin ihn für sehr klug. Aber mit seinem ewigen Widerstand ging er ihm auf die Nerven.

Jede Opposition macht nervös, besonders in theoretischen Fragen;

denn gerade in der Theorie gilt es, seinen Führungsanspruch durchzusetzen.

Und Radek, diesem Dreckskerl, sollte man eine gehörige Tracht Prügel verabreichen! Als Anschauungsunterricht für die anderen ... Der Gipfel seiner Gemeinheit war, daß er hintenherum die Frischlinge gegen Lenin aufhetzte und sich selber hinter der Zimmerwalder Linken versteckte. (Auch in Kienthal hatte er versucht, Lenin mit allen Linken zu entzweien, mit Rosa Luxemburg gelang es ihm denn auch.) Radek betreibt Politik wie ein unverschämter Krämer vom Schlage eines Tyszka. Die typische Taktik der Canaille. Für die Art, wie er mich und Sinowjew aus der Redaktion des *Vorboten*[30] hinausmanövriert hat, verdient er eins in die Fresse – oder daß man sich einfach von ihm abwendet. Wer solche Dinge in der Politik verzeiht, den halte ich für einen Narren oder einen Schuft.

In diesem Fall war es richtiger, sich abzuwenden. Besonders, da es nur in den russisch-polnischen Angelegenheiten Meinungsverschiedenheiten gab und nicht in allgemeinen Fragen. Und was die Schweizer Probleme betraf, so gab es für Radek keinen anderen Ausweg, als gegen Grimm aufzutreten, als Lenins Verbündeter – und was für ein Verbündeter!

In der Kontroverse mit den «Japanern» hatte sich allerdings auch Sinowjew etwas Unerhörtes geleistet. Er schlug vor, ihnen nachzugeben! So wankelmütig sind sie alle, verlassen kann man sich auf niemanden, auch auf die allernächsten nicht. Um all diese Bucharin-Kapriolen zu beenden, war es unbedingt notwendig, den Streit nach Rußland zu verlegen und die «Japaner» auf russischem Boden fertigzumachen. Damit wurde Schljapnikow beauftragt. Aber der war ein Wirrkopf, schlimmer noch seine Freundin, diese Kollontai. (Man sollte sie übrigens irgendwie in die skandinavische Konferenz der Neutralen einschleusen, vielleicht als Dolmetscherin eines Delegierten, damit sie die Plätze der Neutralen ausspioniert!)

Ja, ja, es gibt genug dieser pseudosozialistischen Wirrköpfe in allen Ländern, in den kriegführenden wie auch in den neutralen – aber auch bei uns.

Ist Trotzki mit seinen wohlmeinenden Narreteien denn besser? «Weder Sieger noch Besiegte»? Was für ein Unsinn! Dahinter steckt nichts als gezieltes Einheimsen billiger Popularität. Man muß nur aufpassen, daß der Zarismus *trotzdem* besiegt wird und uns nicht irgendwie noch entwischt! Man kann nicht «gegen jeden Krieg» sein – oder man hört auf, ein Sozialist zu sein.

Niemand weiß, wo Schljapnikow sich jetzt aufhält. Ist er noch in

Stockholm oder schon unterwegs nach Rußland? Nach Schweden gelangen Briefe nur noch zufällig durch Kesküla und seine Leute. Wie wird es weitergehen? Darüber herrscht völlige Dunkelheit. Bei Schljapnikow gibt es immer irgendwelche Zwischenfälle. Nach Rußland fährt er nur selten, und wenn, dann für längere Zeit, ein schwer beweglicher Mensch. Sagen kann man es ihm nicht, er wäre sofort beleidigt. Aber wenn *er* nicht fahren würde, hätten wir überhaupt niemanden. Man hat ihn vor allem deshalb ins ZK aufgenommen, damit er sich wichtiger vorkommt.

In diesem Augenblick trat der Bibliothekar an Lenins Tisch. Mit geflüsterten Entschuldigungen und leichten Verbeugungen stellte er den Stapel Bücher über Persien vor ihn hin.

«Vielen Dank!» Jetzt, eine halbe Stunde vor der Mittagspause, gibt er mir Persien! Oder soll ich's mir doch noch vornehmen?

Fürs ZK ist Schljapnikow im Grunde noch lange nicht reif – er ist schließlich kein Malinowski. Aber seinen Platz hat er eingenommen, die Titel «Mitglied des Zentralkomitees» und «Vorsitzender des Russischen Büros» sind ihm zu Kopf gestiegen. Nachdem er Litwinow an die Wand gedrückt hat, mischt er sich sogar in internationale Verhandlungen ein und erteilt in seinen Briefen idiotische Ratschläge: «Warum übersiedeln Sie nicht nach Schweden, Wladimir Iljitsch?»

Widerlich selbstbewußt war er, aber man brauchte ihn. Er saß in Stockholm auf einem wichtigen Posten.

Irgendwie kam Lenin heute nicht mit seinem Pensum zurecht. Das Gehirn arbeitete viel zu hektisch. Er vermochte sich nicht zu konzentrieren, sich nicht in die persische Feudalwirtschaft einzufühlen.

Ach, Malinowski, Malinowski! An dem ist ein russischer Bebel verlorengegangen! Wie er arbeitete ... wie er mit den Massen umzugehen verstand! Was für ein Typ das war, welche Persönlichkeit! Der geborene Arbeiterführer, das lebendige Symbol des russischen Proletariats. Genau so ein Arbeiterführer fehlte Lenin in der Partei – als rechte Hand, als Ergänzung, damit er seine Ideen in Massenaktionen umsetzen konnte. Lenin schätzte ihn schon deshalb, weil Malinowski mit solcher Selbstverständlichkeit den für ihn bestimmten Platz einnahm, ohne Streit und ohne Widerspruch – und wie perfekt, mit welcher Energie führte er alles aus! Nach bürgerlichen Begriffen hatte er eine kriminelle Vergangenheit – einige Diebstähle –, aber das ließ seine proletarische Unnachgiebigkeit in bezug auf Besitz nur noch überzeugender erscheinen und zeigte um so deutlicher seine wahren Qualitäten. Als mißtrauische Genossen anfingen, ihn gehörig anzuschwärzen, festigte dies nur Lenins Vertrauen in ihn. Malinowski ein Spitzel? Unmöglich! (Auch jetzt schien es ihm noch unvorstellbar.) Was für feurige Reden er in der Duma hielt! Mit welchen Manövern brachte er die Spaltung von den Menschewiki in der Fraktion zustande! Nicht nur ihn hatte Lenin mit Freuden ins Zentralkomitee aufgenommen, sondern jeden, den Malinowski empfahl – zum Beispiel Stalin. Auch den nahm er auf. Als sie in Poronin lebten, hatte es keinen angenehmeren Gast aus der Heimat gegeben als Malinowski ...

Außer in dieser schrecklichen, letzten Nacht im Mai, als er plötzlich ankam, nachdem er merkwürdig eigenmächtig seinen Austritt aus der Duma angekündigt hatte. Aber immerhin – er war gekommen, war nicht weggelaufen! Nicht untergetaucht! Nicht geflohen! Wenn er nicht sauber gewesen wäre, hätte er es dann gewagt, sich zu zeigen? Und seine Erklärung, für die er die ganze Nacht brauchte ... Irgendwelche *Beweise* gegen Malinowski gab es sowieso nicht (was hätten sie auch genützt?). Wer konnte diese dumme Version glauben, die Geheimpolizei habe es «inopportun» gefunden, daß ihr Spitzel ein so glänzender Redner in der Duma war – und ihm deswegen befohlen, sich zurückzuziehen. Unsinn! Die Geheimpolizei ist nicht so dumm, gegen sich selbst zu arbeiten. Lenin, Hanecki und Sinowjew bildeten so etwas wie ein Parteigericht – und sprachen Roman Malinowski frei. Außerdem gaben sie beim Internationalen Sozialistischen Büro eine Bürgschaft für ihn ab.

Aber vorläufig trennte man sich, und zwar friedlich. Aus rein persönlichen Gründen.

So einen Assistenten würde Lenin nie wieder haben! Schljapnikow etwa? Nein, nein.

Die Mittagspause rückte immer näher. Woher nahmen sie nur ihren Appetit, diese Schweizer? Es war erst zwölf Uhr, und schon mußte man sie füttern.

Übrigens hatte Lenin bemerkt, daß der Bibliothekar nicht jeden Tag Mittagspause machte. Er stand auf und fragte ihn. Es stimmte. Heute ging er nicht weg. Durfte man dann während der Pause bleiben? Man durfte. Das wenigstens war ihm gelungen. Das Essen war es nicht wert, eine Stunde zu verlieren. Im übrigen, mit leerem Magen arbeitet es sich besser.

Jetzt konnte er sich konzentrieren und mußte sich nicht beeilen. Was noch besser war, er konnte sich mit einem ganzen Stoß Zeitungen versehen. Um Geld zu sparen, kaufte Lenin nie Zeitungen, las aber dreißig oder vierzig, darunter alle Arbeiterzeitungen und Volksstimmen.

Jetzt sammelte er alle Blätter ein, die er finden konnte, und legte sie vor sich auf den Tisch. Das Lesen der Zeitungen war eine seiner wichtigsten Beschäftigungen, es war für ihn der Eintritt durch das Tor zur Welt und stärkte sein Verantwortungsbewußtsein, seine Ausdauer, seine Kampfbereitschaft und auch das Gefühl der lebendigen Nähe des Feindes. Die über die ganze Welt verstreuten Sozialisten, Sozialpatrioten und Zentristen, von den bürgerlichen Eseln ganz zu schweigen, alle drängten sich um ihn, gestikulierten wild mit den Händen, jeder schrie sein Programm heraus, und er erkannte rasch die schwachen Stellen, merkte sie sich und griff sie an. Zeitungen lesen hieß für ihn auch Auszüge machen. Analogien, Assoziationen, Widersprüche, Unvereinbares oder Unverständliches – alles schlug in seinen Gedanken Funken, die sich in alle Richtungen zerstreuten, auf einzelne Papierfetzen, in die linierten Hefte flogen. Jeden Gedanken muß man wie einen Feuerfunken, bevor er erlischt, aufs Papier bannen, damit er dort glüht und wartet, bis seine Stunde da ist – einige gehen ins Notizheft, andere in einen schon begonnenen Brief, damit die heiße Glut des Satzes nicht verlorengeht. Einige Gedanken – um sich selbst etwas klarzumachen, andere für eine Diskussion, für einen Nadelstich, einen Hieb im richtigen Augenblick, andere wiederum, als die beste Form, um den Eseln etwas vorzukauen, oder aber für die Verständigung über die Theorie, besonders mit denen, die weit entfernt waren, zum Beispiel in Rußland.

Vandervelde und Branting, Huysmans und Jouhaux, Plechanow und Potressow, Ledebour und Haase, Bauer und Bernstein, die zwei Adlers, sogar Pannekoek und die Roland Holst – Lenin war es so, als seien diese irritierenden Gegner zum Greifen nah. Wo immer sie sich auch befinden mochten – in Holland, England, Frankreich, Skandinavien, Österreich oder Petersburg –, er war mit ihnen allen durch ein einziges, pulsierendes Ganglion verbunden – im Schlafen und im Wachen, beim Lesen, beim Essen, auf einem Spaziergang.

Er war nun allein im Saal, die Pause hatte schon begonnen. Der Bibliothekar war durch die Glastür in der Tiefe seines Sanktuariums verschwunden. Die Lämpchen auf den Tischen waren erloschen, der Tempel des Lesens lag in grauer Farbe und tödlicher Stille da. Die ungewöhnliche Gelegenheit ausnutzend, begann Lenin schnell von einer Ecke zur anderen zu gehen, von der Tür bis zu den zwei Steinstufen vor dem ehemaligen Altar der Wasserkirche. Es waren wohl fünfzig Schritte, die man unbehindert von Regalen oder Tischen zurücklegen konnte.

Er war es gewöhnt, durch Straßen zu laufen oder durch die Berglandschaft, aber nicht bequem durch einen Raum, denn die Zimmer, in denen er gelebt hatte, waren zu klein, zu ungeschickt vollgestellt mit Mobiliar, um ein Hinundherlaufen zu gestatten.

Mit seinen immer rascher werdenden Schritten, den Schritten eines Jägers, stieß er die Hilferdings, die Martows, die Greulichs, die Longuets, Pressemanes und Tschcheidses zur Seite, gab ihnen keine Möglichkeit, auch nur einen einzigen vernünftigen Satz herauszubringen, unterbrach sie, schnitt ihnen das Wort ab, verwies sie auf ihre Plätze, und wie wild hin und her pendelnd schlug er zu, schlug er seine Gegner reihenweise zurück ...

Auf diese Weise befreite er sich von seinen Feinden.

Mitten in seinem Lauf hielt er plötzlich an – er hatte genug.

Er ging an seinen Platz und setzte sich. Jetzt konnte er wieder arbeiten. Das, was er vorhin gedacht hatte, über Inessa ... das war sicher falsch! Es gab keinen Grund, so zu denken.

Aber er hatte doch früher immer an einem anderen Platz gesessen! Deshalb trug er alle Bücher und Hefte und Zeitungen an diesen anderen Tisch. Er mußte den Weg zweimal machen. Leise knarrten die Stiegen in der grauen, gotischen Stille.

Und plötzlich überkam ihn Müdigkeit. Er ließ sich auf seinen Stuhl fallen. Es war ihm irgendwie merkwürdig im Kopf. Hunger hatte er nicht, obwohl er nicht zu Mittag gegessen hatte. Er brauchte nicht viel zu essen, seine Energie lud sich von selbst wieder auf.

Er saß nun am Fenster, die Tischlampe brannte noch nicht. Es war ein düsterer Tag. Er fing an, die oberste Zeitung zu lesen, vertiefte sich in die Berichte von den Kriegsschauplätzen. Alles klang sehr unerfreulich. Zwar nicht so schlimm wie im August, diesem furchtbaren Monat, als Rumänien plötzlich mit frischen Kräften anrückte und die Entente auf unerwartete Weise gestärkt wurde. Damals sah es so aus, als würde Rußland davonkommen. Aber dann gelang es Deutschland doch, Rumänien, gleichsam nebenbei, zu schlagen – eine erstaunliche Leistung! Niemand hätte das vor zwei Monaten voraussehen können. Und doch vermochte der Kaiser entgegen allen Voraussagen nicht, dem europäischen Kriegsgeschehen eine entscheidende Wendung zu geben. Die Westfront schien hoffnungslos festgefahren, und wider Erwarten hatte das Jahr 1916 den Deutschen auch im Osten keinen wesentlichen Sieg gebracht. Vor einem Jahr war das zaristische Regime ins Wanken geraten, damals schien es dem Umsturz nah – aber jetzt stand es wieder so fest wie eh und je da. Die größte Hoffnung schwand, der größte Sieg zerrann, versickerte ...

Neben der linken Schläfe verspürte Lenin ein sonderbar dumpfes Gefühl, so als sei die Stelle hohl. Er hatte sich eben doch zu sehr aufgeregt.

Diese Völker! Nirgends, in keiner einzigen Nation, gab es irgendwelche Anzeichen einer politischen Gärung. Am wenigsten beim russischen Volk. Es war zum Verzweifeln. Obwohl die Russen die schwersten Verluste erlitten hatten und ihre Soldaten nur mit ihren Körpern allein ein Bollwerk gegen die Übermacht deutscher Organisation und Technik bildeten.

Die Berichte über die Ostfront waren kurz und ungenau, da es dort keine westlichen Korrespondenten gab. Beinahe schien es, als schäme man sich im Westen des russischen Verbündeten – zumindest interessierte man sich nicht für ihn. Nur die Zahl der Gefallenen wurde angegeben. Lenin las die Verlustliste mit Verwunderung und Befriedigung. Er markierte den Absatz mit dem Fingernagel. Je mehr Verwundete, Gefangene und Tote, desto schwächer wird die Monarchie. Gleichzeitig aber brachten ihn diese Zahlen in Rage, denn sie zeigten, daß es auf der ganzen Welt kein dümmeres und demütigeres Volk als das russische gab. Es schluckte jede Abscheulichkeit und Gemeinheit, bedankte sich gar dafür bei den «Wohltätern», am Ende verehrte es sie noch!

Die Buchstaben verschwammen vor seinen Augen. Vielleicht sollte man die Lampe anknipsen.

Diese Russen! Wie feuchtes Holz waren sie, das sich nicht anzünden läßt! Die Feuersbrünste der Geschichte lagen weit zurück: der «Salz-Aufstand», der «Kupfergeld-Aufstand», die von Stenka Rasin und von Pugatschow angeführten Erhebungen und die Cholera-Aufstände[31]. Die dumpfe Bauernschaft war höchstens imstande, einen herrschaftlichen Gutshof zu plündern, aber weder dem Proletariat noch den Berufsrevolutionären würde es gelingen, sie zu einer Rebellion aufzupeitschen. Demoralisiert und geschwächt durch die orthodoxe Kirche, hatten die Bauern jegliche Lust am Kampf verloren. Und wenn sie *so einen Krieg* ertragen konnten, ohne aufzubegehren – ja, wozu taugte dann dieses Volk überhaupt?

Es war das Ende. Nie würde es eine Revolution in Rußland geben!

Er bedeckte beide Augen mit den Händen und saß reglos still. Ein merkwürdiges Gefühl, als wäre in ihm etwas zusammengesackt ... War die Müdigkeit dran schuld oder – die Sehnsucht?

Der Lesesaal füllte sich wieder. Stühle wurden gerückt. Irgendwo fiel ein Buch herunter. Man zündete die Lampen an.

Doch vielleicht passiert noch Schlimmeres: Das zaristische Regime kommt noch einmal davon! Aber wie denn wohl? Indem es einen Separatfrieden schließt! (Dreimal unterstreichen!) Und Deutschland hält nicht durch, weil es nicht an zwei Fronten kämpfen kann. Das wäre natürlich furchtbar! Nichts Schrecklicheres könnte passieren! Dann wäre alles verloren. Die russische Revolution. Die Weltrevolution. Sein ganzes Leben. Die Anstrengungen zweier Jahrzehnte.

Vor kurzem waren in Grimms *Berner Tagwacht* Nachrichten über geheime Verhandlungen zwischen Rußland und Deutschland erschienen, man sprach sogar von einer Einigung zwischen den beiden Ländern. Gezeichnet war der Artikel mit K. R. Man brauchte den Schurken Radek nicht erst zu fragen, ob er der Verfasser sei ... Aber wie hatte er nur Grimm überzeugen können? Sicher war nur, daß er weder bei den Unterhandlungen dabeigewesen war noch irgendwelche Geheimpapiere zu sehen bekommen hatte. Nicht einmal ein Gerücht dieser Art konnte er gehört haben. Er hatte einfach seiner blühenden Phantasie freien Lauf gelassen. Lenin konnte sich genau vorstellen, wie es sich abgespielt hatte. Der Ort: Radeks Schlafzimmer. Es ist später Vormittag, Radek liegt noch im Bett, umgeben von einem wilden Durcheinander von Zeitungen, Büchern und Notizzetteln. Er sucht ein Thema für einen Artikel. Plötzlich hat er die Idee! Ohne auch nur eine Sekunde zu zögern, schreibt er drauflos ... Es wird eine Sensation werden!

Es wäre nicht das erste Mal. Wie oft hatte er schon irgendeine aus der Luft gegriffene Nachricht mit der hochtrabenden Quelle «von unserem Sonderkorrespondenten in Argentinien» (oder Norwegen) geschmückt!

Eigentlich kam es gar nicht darauf an, wie die Nachricht entstanden war. Auch daß der russische Botschafter in Bern sie sofort dementiert hatte, war unwichtig. (Was hätte er sonst tun sollen?) Wichtig war nur, daß die Nachricht hätte wahr sein können, denn ein Separatfrieden wäre die beste Lösung für den Zaren. Vielleicht sogar die einzige! Lenin hätte an seiner Stelle genauso entschieden.

Und aus diesem Grund war es von höchster Wichtigkeit, den Zaren sofort zu vernichten. Keine Zeit verlieren – sonst könnte er seinen Hals noch aus der Schlinge ziehen! Von Nikolaus II. und seiner Regierung konnte man natürlich nur Dummheiten erwarten. Wenn sie nur ein bißchen Vernunft gehabt hätten, dann hätten sie diesen Krieg nie begonnen. Sie taten es aber, und für uns war es ein unverhofftes Geschenk. Wäre es vielleicht möglich, den Zaren und seine Bande durch ein Gerücht zu erschrecken und dadurch die Gefahr eines Separatfriedens abzuwenden? Nein, ihre Spatzenhirne würden es gar nicht kapieren ...

Egal. Momentan konnte in Rußland sowieso nichts unternommen werden. Kein Mensch las dort den *Sozial-Demokrat*, alle Augen waren auf Miljukow und Schingarew gerichtet. Man hörte nur auf die «Kadetten»[32]. Man empfing ihre Delegation im Westen, weil man glaubte: Der Zar wird ein Einsehen haben, sich etwas Zurückhaltung auferlegen und einige Ministerien an Gutschkow und die Kadetten abtreten. Für uns aber, für die Revolution, würde es das Ende bedeuten. Der Zarismus wäre dann unschlagbar!

Wie konnte man aus dem russischen Sauerteig überhaupt etwas kneten? Und weshalb mußte er, Lenin, gerade in diesem Land geboren werden? Nur weil ein Viertel russisches Blut in seinen Adern floß, mußte er an der elenden russischen Kalesche mitschleppen! Ein Viertel seines Blutes ... aber seine Neigungen, sein Charakter, seine Willenskraft hatten nichts mit diesem schlampigen, ewig betrunkenen Volk zu tun. Nichts war ihm ekelhafter als diese Freundschaftsbezeugungen im Suff, die reuevollen Wodkatränen, das selbstbemitleidende Geschluchze der angeblich Zugrundegerichteten. Lenin hatte nichts von alledem an sich. Er war ganz anders. So schnell, so zielsicher wie ein Pfeil, so fest und straff wie eine gespannte Saite. Er konnte mit Blitzesschnelle eine Situation überblicken und den sichersten, einzig richtigen Weg zum klaren Ziel einschlagen.

Was verband ihn eigentlich mit diesem Land? Etwa dieses halb tatarische Idiom? Ebensogut hätte er drei europäische Sprachen beherrschen können, wenn er sich Mühe gegeben hätte. Oder waren es die zwanzig Jahre seiner revolutionären Tätigkeit, die ihn mit Rußland verbanden? Ja, das mußte es wohl sein ...

Doch jetzt, nach der Gründung der Zimmerwalder Linken, war sein Name in der ganzen sozialistischen Welt bekannt, und er war nicht mehr an enge Grenzen gebunden. Sozialismus ist keine nationale Angelegenheit. Trotzki war nach Amerika gefahren – er hatte die richtige Entscheidung getroffen. Auch Bucharin war dort. Wahrscheinlich wäre es auch für ihn selbst das richtige.

Nein, heute war alles in Unordnung. Der Tag hatte schlecht begonnen ... Es war, als könne der Körper seine blitzschnelle Kopfarbeit nicht gut verkraften. Er spürte wieder die kleine, hohle Stelle neben der linken Schläfe und tief innen eine aushöhlende Müdigkeit. Dann war es ihm wieder, als fiele die Hülle seines Körpers um eine hohle Mitte in sich zusammen ... Zu vieles war ihm heute schon in die Quere gekommen. Der ganze Tag schien verloren. Lenin fühlte, wie er immer zerfahrener wurde, immer mutloser.

Ein Politiker darf nicht von Gefühlen oder von äußeren Umständen abhängig sein, nicht einmal von seinem Alter. Ein Politiker muß zu jeder Jahres- und Tageszeit funktionieren wie eine Maschine, in all seinem Denken, Tun und Reden. Auch Lenin verfügte über diese zuverlässige innere Maschine, aber an ein oder zwei Tagen im Jahr wurde er von einer völligen Erschöpfung und Niedergeschlagenheit erfaßt. Dann half nur eines: schlafen – lange und tief schlafen. Er, der seinen Verstand und seinen Willen immer in der Gewalt hatte, stand diesen Anfällen der Mutlosigkeit völlig machtlos gegenüber. Dann schien plötzlich alles die Konturen zu verlieren, als löse sich jede Form in ein amorphes Grau auf ... und die Prinzipien, an denen er bedingungslos festgehalten hatte, die sicheren Perspektiven, die bewährten Taktiken, sie schienen auf einmal nicht mehr greifbar, nicht mehr anwendbar. Es war, als kehre ihm die Welt den Rücken zu, nein, nicht den Rücken – einen grauen Hintern!

Das immer auf der Lauer liegende Leiden in ihm schlug plötzlich zu wie ein scharfkantiger Stein.

Er hatte stets einen kompromißlosen Weg eingeschlagen, hatte nie versucht, Streitigkeiten zu glätten, darin bestand seine Kraft, und dies würde ihn zum Sieg führen. Dessen war er sicher. Es war nur notwendig, eine kleine verläßliche Gruppe hinter sich zu haben, die – und das war das wichtigste – streng zentralisiert war. Es kam nicht darauf an, wie groß sie war, es kam sogar nicht darauf an, wer ihre Mitglieder waren, es mußte nur eine in sich geschlossene Gruppe sein. Für die Arbeiterbewegung gab es nichts Schädlicheres als Versöhnlertum und Vereinigungstendenzen. Das hatte sich schon längst erwiesen. Mit wem sollte er sich auch versöhnen – mit denen, die für die Entwaffnung plädierten? Mit den Trotzkisten um *Nasche Slowo*[33]? Oder gar mit den russischen Anhängern von Kautsky, diesen ausgemachten Schuften des menschewistischen Organisationskomitees? Oder sollte er den Lakai für die Sozialchauvinisten spielen? Sollte er vielleicht die sozialistischen Dorfnarren in die Arme schließen? Nein, zum Teufel noch mal! Er wollte eine kleine, feste, treue, ihm ergebene Minderheit!

Zur Zeit aber kam er sich vereinsamt, verraten und verlassen vor – denn die Vereinsmeier und Liquidatoren, die Abrüstler und die Chauvinisten, die Anarchisten und die Scheißliteraten mitsamt der ganzen dreckigen Überläuferschar des spießbürgerlichen Gesindels hatten sich irgendwo zu einer festen Clique zusammengeschlossen.

So klein war schon manchmal seine Minderheit gewesen, daß fast niemand mehr übrigblieb, zum Beispiel damals, 1908, in jenem traurigen, einsamen, schrecklichsten Jahr in der Schweiz. Damals verließen die Intellektuellen in panischem Entsetzen die Bolschewistische Partei, was aber nur gut war, denn dadurch säuberte sie sich vom kleinbürgerlichen Unrat. In Gegenwart dieser Intelligenzler fühlte sich Lenin besonders verloren und unbedeutend; es brachte ihn zur Verzweiflung, daß er in diesem Sumpf zu versinken drohte. Es wäre aber pure Idiotie gewesen, sich ihnen auch nur im geringsten anzupassen! Mit jeder Geste, jedem Wort, sogar mit seiner Art zu fluchen machte er ihnen immer wieder deutlich, daß er ihnen in keiner Weise ähneln wollte. Damals sah es so aus, als ob fast niemand mehr auf seiner Seite wäre – und verzweifelt versuchte er die letzten zehn oder fünfzehn Anhänger festzuhalten. Und nur zu diesem Zweck, nur um fünfzehn Bolschewiki nicht an die Machisten zu verlieren, eilte er nach London, um Material für ein dreihundert Seiten langes philosophisches Werk zu sammeln, das sowieso niemand lesen würde. Immerhin, dem Abweichler Bogdanow hatte er es darin gründlich gegeben und ihm die theoretische Führung abgenommen.[34]

In diesem naßkalten Herbst 1908 pflegte Lenin fröstelnd am Genfer See spazierenzugehen und mit vorgetäuschter Munterkeit sich fortwährend zu wiederholen, die Bolschewiki hätten keinen Grund, den Mut zu verlieren, und gingen dem sicheren Sieg entgegen ...

Mit Trotzki und Bucharin, den klügsten unter ihnen, konnte er keine gemeinsame Sprache finden, und die wenigen, die noch geblieben waren – Sinowjew zum Beispiel –, waren unsichere Kantonisten. Es war nicht vorauszusehen, was sie in einem Monat machen würden. Grischka Sinowjew konnte sich im Handumdrehen ändern, so labil war sein Nervensystem und so vage seine Überzeugung (hatte er überhaupt eine?).

Der Sieg kam nicht. Die Macht war nicht in ihren Händen. Dreiundzwanzig Jahre eines ununterbrochenen Kampfes gegen politische Dummheit, Banalität und Opportunismus führten nur, unter einem Hagel von Haß, zur Isolation. Doch die Macht der Gewohnheit ließ ihn die einmal eingeschlagene Linie weiterführen. Er löste Verbindungen, knüpfte neue, prangerte weiterhin seine Gegner an, aber eine müde Einsicht sagte ihm, daß er irgendwie steckengeblieben war, daß der wahre Durchbruch wohl nie erfolgen würde.

Die Einsamkeit ...

Niemand, dem er es erzählen, niemand, dem er es sagen konnte ... Was für ein Tag! Alles fiel ihm aus den Händen, verschwor sich gegen ihn, umsonst hatte er Stunde um Stunde in der Bibliothek gesessen, er hatte nichts geschafft. Er starrte die Stöße von Büchern und Zeitungen auf dem Tisch an. Wie viele Seiten hatte er in der Emigration schon vollgeschrieben ...

Als er jung war, trug er das Bewußtsein in sich, die Revolution sei ganz nah, der Weg zu ihr sei kurz und einfach. Damals hatte er immer wieder einen Satz gesagt: «Wenn alle an die Revolution glauben, dann wird sie auch kommen ...» Es war ein glückliches Gefühl der Erwartung. Womit aber waren jetzt, in den neun Jahren der zweiten Emigration, seine Tage angefüllt? Nur mit Papier, Zeitungen, Bücherhaufen, Routinekorrespondenz, bestenfalls ein paar dringenden Briefen – wieviel Zeit hatte er allein mit Briefeschreiben vergeudet! (Und wieviel Geld für Briefmarken! Aber das kam ja aus der Parteikasse.) Die Korrespondenz nahm einem den halben Tag weg, fast das ganze Leben lang. Denn die Gesinnungsgenossen sind in alle Winde verstreut, man muß sie leiten, bei der Stange halten, ihnen Fragen stellen, ihre Fragen beantworten, bitten, danken, Resolutionen abfassen (all das für die paar Freunde, doch wieviel Feinde gab es, mit denen der harte Kampf weitergeführt werden mußte!).

Mit den Briefen stand es so: Der, den man gerade schrieb, schien von ungeheurer Wichtigkeit, aber am nächsten Tag schon war er wertlos, inaktuell. Welche Unzahl Projekte, Resümees, Korrekturen, Polemiken, Rezensionen, Thesen und Zeitungsausschnitte hatte er schon mit der Post befördert – konnte in einer Welt, die mit Papier so vollgestopft war, eine soziale Bewegung entstehen, die zum endgültigen Ziel der Machtergreifung führte? Fast konnte man es sich nicht vorstellen. Würden denn nicht zu jenem Zeitpunkt ganz andere Qualifikationen erforderlich sein als diejenigen, die er sich in einem Dutzend Jahren in Lesesälen erworben hatte?

Er näherte sich dem Ende des siebenundvierzigsten Jahres eines aufreibenden, monotonen Lebens, das aus Tinte und Papier, Auseinandersetzungen und Zusammenschlüssen, Wutausbrüchen, aber auch taktvollen und taktisch richtigen Versöhnungen bestand. Und das alles mit Politikern, die viel unbedeutender waren als er, und nach all den Bemühungen, Spannungen und Anstrengungen schien es ihm nun, als ende alles in einem bodenlosen Faß, auf einem Schutthaufen ...

Er war erschöpft. Bis zum äußersten. Er konnte sich nicht mehr geradehalten, seine Arme hingen schlaff herab. Und in seinem Innern wuchs die Krankheit. Mit ihr gab es keine Diskussionen – sie war sein mächtigster Feind. Ein Feind, der ihn nie mehr in Ruhe lassen würde.

Das einzige, wozu er berufen war – den Gang der Geschichte zu beeinflussen –, war ihm nicht gegeben.

Seine unvergleichlichen Fähigkeiten (die jetzt von allen in der Partei geschätzt wurden, die er aber selbst viel besser als alle anderen kannte), sein Scharfsinn, seine schnelle Auffassungsgabe, sein ganzes vergeblich-klares Begreifen der Weltzusammenhänge konnten ihm nicht zum politischen Sieg verhelfen, nicht einmal den Posten eines Parlamentariers in einem Spielzeugstaat verschaffen, so wie ihn Grimm innehatte, oder zur Karriere eines erfolgreichen Rechtsanwalts verhelfen. (Ein ekelhafter Beruf übrigens. In Samara hatte er damals jeden Prozeß verloren!) Nicht einmal als Journalist konnte er arbeiten. Und alles nur aus einem einzigen Grund: weil er in diesem verfluchten Rußland geboren war.

Da er es aber gewohnt war, jede Arbeit gewissenhaft zu Ende zu führen, nahm er sich noch einmal seine didaktischen Thesen für die Zimmerwalder Linken vor und versuchte sie zu präzisieren. Es ging um die Teuerung, um die unerträgliche wirtschaftliche Lage der Massen, um die Festsetzung einer Höchstgrenze für die Gehälter aller Angestellten und Beamten, um die genaue Kontrolle der lokalen Parteipresseorgane und schließlich um den verstärkten Kampf gegen den Grütli-Verein[35].

Nein, heute ging die Arbeit nicht voran, er hatte keine Kraft mehr. Nur ein hohler Baumstumpf war von ihm übrig. Der Kopf tat ihm weh, er konnte nur schwer atmen, und allein der Anblick der Papiere machte ihn noch kränker! Morgen würde der Anfall vorbei sein, aber heute fühlte er einen solchen Ekel gegen alles, daß er sich am liebsten lang auf dem Boden ausgestreckt hätte, um für immer so liegenzubleiben . . .

Er kam sich wie ein Verbrecher vor, als er jetzt beschloß, seinen Arbeitstag vorzeitig zu beenden. Voller Widerwillen warf er die Hefte und Manuskripte in die Einkaufstasche, schlug die Bücher zu, stellte einige zurück ins Regal, gab andere dem Bibliothekar, packte die Zeitungen zusammen und schritt dann vorsichtig, um nicht zu stürzen, die Stufen hinunter.

An der Tür zog er den schweren Mantel an, setzte irgendwie den Hut auf und ging.

Jeden Tag denselben Weg – seine Füße, seine Augen kannten ihn schon, er mußte nicht mehr aufpassen.

Es wurde dunkel, schwer hing der Nebel über die stadt, in den

Fenstern der Restaurants und der Läden brannten die Lichter. Durch die enge Gasse wurde auf einem Schubkarren ein Faß geschoben, Lenin wich ihm im letzten Augenblick aus.

Er dachte gerade, es könnte leicht passieren, daß er in dieser spießigen Schweiz steckenbleibt und seine Zeit bis ans Lebensende im Kegelklub verbringen muß ...

Im Delikatessengeschäft schnitt eine Maschine aus Nickelblech in schnellem Rhythmus appetitliche Scheiben von einem Schinken ab. Das Schaufenster strotzte von allerlei Sorten Fleisch und Wurst. Der Inhaber lehnte selbstzufrieden in der Tür und entbot den Vorbeigehenden, ob er sie nun kannte oder nicht, sein kostenloses «Grüezi!». Es war das dritte Kriegsjahr, aber jeder Laden protzig mit Waren vollgestopft. Nur die Preise waren steil in die Höhe geschossen, wegen der Blockade durch die U-Boote.

Weil es zu kalt war, standen vor den Cafés keine Tische mehr auf dem Bürgersteig, an denen die Bürger sich sonst breitzumachen pflegten, um die Vorübergehenden anzuglotzen, die leise fluchend einen Umweg um sie machen mußten. Lenin haßte Cafés, diese verräucherten Brutstätten endloser Tiraden, in denen sich Tag und Nacht die revolutionären Schönredner prostituierten. Während des Krieges war eine ganze Anzahl undurchsichtiger Ausländer nach Zürich gekommen: Abenteurer, Geschäftemacher, Schieber, Studenten, Deserteure und intellektuelle Schwätzer, die mit philosophischen Manifesten und künstlerischen Protesten gegen weiß der Teufel was rebellierten. Und sie alle trafen sich in den Cafés.

Wahrscheinlich war das im reichen Amerika ebenso. Es war überall dasselbe: Die ein bißchen besser gestellten Arbeiter wollten lieber reich werden als eine Revolution machen. Weder hier noch dort brauchte man Lenins Dynamit, seinen eisernen Hammer.

Er fühlte, daß er imstande war, die alte Welt in die Luft zu sprengen – und eine neue aufzubauen. Aber er war zu früh geboren, sich selbst zur Qual.

Die Spiegelgasse führte über einen buckelartigen Hügel und zu beiden Seiten steil nach unten. Als er jetzt ein Stück bergan gehen mußte, kam ihm der kurze Anstieg unendlich mühsam vor. Nie zuvor war es ihm so schwergefallen, seine Füße zu heben. Mit Verwunderung hörte er seine eigenen schlurfenden Schritte.

Nun noch die schmale Treppe in dem alten Haus, voll von den Gerüchen vieler Jahre. Im Korridor war es dunkel, die Beleuchtung brannte noch nicht, er tastete sich bis zum dritten Stock hinauf. Auf der Treppe hörte man lautes vielsprachiges Gebrabbel.

Die Wohnung mit ihrer stickigen Luft. Das Zimmer eine Gefängniszelle für zwei Personen. Zwei Betten, ein Tisch, ein paar Stühle, ein eiserner Ofen mit einem schwarzen Rohr zur Wand hin. (Noch ungeheizt, dabei wäre es schon Zeit!) Eine umgestülpte Bücherkiste als Anrichte. (Wegen der ewigen Umzüge kauften sie keine Möbel.)

Im letzten Schein des Tages saß Nadja am Tisch und schrieb. Sie drehte sich erstaunt um, als er hereintrat. Ihre Augen hatten sich an das trübe Licht gewöhnt, und sie sah, daß sein Gesicht grau-gelb und runzlig war wie das eines Sechzigjährigen. Sie brauchte nicht zu fragen, warum er so früh nach Hause kam. Seine Depressionen waren ihr nur allzu bekannt – sie dauerten manchmal Tage, manchmal auch mehrere Wochen. Meistens kamen sie nach einer zu großen Erregung oder nach einer anstrengenden Auseinandersetzung, die selbst sein eiserner Körper nicht so schnell verkraften konnte. Nach dem II. und V. Parteitag und nach der Beendigung von *Einen Schritt vorwärts* ... hatte er solche Anfälle gehabt.

Lenin zog mühsam den Mantel aus, der ihm so schwer wie Blei um die Schultern hing, warf den Hut irgendwohin und schleppte sich und die schwere Tasche durch das Zimmer. Vor dem Tisch blieb er stehen, fand die Kraft zu schauen, was Nadja geschrieben hatte, und hielt das Blatt dicht an die Augen. Rechnungen ... Die deprimierende Zahlenkolonne wurde immer länger.

Obwohl 1908 ein einsames, düsteres Jahr gewesen war, schwammen sie damals im Geld. Es war nach den Tiflis-«Expros», und sie hatten ein Konto bei der Bank Crédit Lyonnais anlegen können. Aus Langeweile pflegten sie abends ins Konzert zu gehen, machten Reisen nach Nizza und anderen Orten, stiegen in guten Hotels ab und fuhren Droschke. In Paris hatten sie eine Wohnung für tausend Francs gemietet, im Salon war ein offener Kamin mit einem Riesenspiegel darüber.

Er setzte sich aufs Bett.

Plötzlich fiel er in sich zusammen, versank fast in der Matratze. Den Kopf zwischen den Schultern eingezogen, das Kinn auf der Brust. Mit der einen Hand hielt er sich am Tisch fest. Ein Auge war halb geschlossen, der Mund stand halb offen, die strubbelige Bürste des Schnurrbarts hing über die Oberlippe herab. So saß er da. Bewegungslos.

«Willst du dich nicht hinlegen? Zieh dich doch aus! Soll ich dir helfen?» fragte Nadja mit ihrer weichen, doch auch etwas hölzernen Stimme.

Er antwortete nicht.

«Weshalb bist du nicht zum Mittagessen gekommen? Warst du zu sehr in die Arbeit vertieft?»

Er nickte. Und sogar das kostete einige Mühe.

«Möchtest du gleich essen?» fragte sie.

Das Essen lockte ihn gar nicht. Kochen hatte sie noch immer nicht gelernt. Wie anders war es doch in Schuschenskoje[36] gewesen! Der Ofen war immer warm, das Essen immer bereit, und was für ein Essen! Ein ganzes Lamm, Schnepfen, Birkhähne, Milch im Überfluß – und die Wohnung wurde von einem Dienstmädchen so saubergehalten, daß es bloß so blitzte.

Fast ganz kahl war Lenin seitdem geworden, nur am Hinterkopf waren noch dünne Haarsträhnen geblieben. (Er war selber daran schuld: 1902 hatte er einen Ausschlag auf dem Kopf bekommen, wollte aber kein Geld für den Arzt ausgeben und ließ sich von einem russischen Medizinstudenten kurieren. Der verschrieb ihm Jodtinktur, und die Haare fielen ihm nach der Anwendung prompt aus.)

Nadja kam zu ihm rüber und strich leise und schüchtern über seinen Kopf. Einige tiefe, lange Falten standen auf seiner Stirn, er seufzte tief, stoßweise, wie ein Arbeiter, der einen schweren Karren schiebt, nicht wie ein Mann, der sein halbes Leben am Schreibtisch verbracht hat.

Ohne den Kopf zu heben und ohne sie anzuschauen, sagte er müde: «Wenn der Krieg zu Ende ist, fahren wir nach Amerika.»

Was sagte er da? Sie glaubte, sich verhört zu haben.

«Ja, aber was wird denn dann mit der Zimmerwalder Linken und der Neuen Internationale?» fragte sie. Sie stand verloren und verwirrt da, das Haar zerzaust.

«Es ist ganz klar, wohin Rußland steuert», sagte er langsam. «Es kommt eine Regierung der Kadetten. Der Zar wird sich mit ihnen verständigen. Und das Resultat: eine langweilige, vulgäre, bürgerliche Entwicklung, die an die zwanzig oder dreißig Jahre dauern wird. Für die Revolutionäre sieht es hoffnungslos aus. Du und ich, wir werden die Revolution nicht mehr erleben.»

Ja, wenn es so war ... Dann konnte man auch wegfahren. Sie streichelte sein schütteres Haar.

In diesem Augenblick klopfte es. Durch die geschlossene Tür rief die Wirtin, jemand sei zu Besuch gekommen. Ausgerechnet jetzt! Nadja ging rasch, ohne Lenin zu fragen, um den Besuch abzuweisen.

Aber sie kam sofort zurück und sagte verwundert:

«Wolodja, es ist Sklarz – aus Berlin ...»

Man kann mit jedem eine langanhaltende geheime Verbindung eingehen, wenn man sich mit ihm nicht trifft, sondern eine Kette von Mittelsmännern hat. Dein Mittelsmann trifft sich dann mit dir und mit noch anderen zwanzig Leuten, und dann ist einer von ihnen an der Reihe, der sich wiederum mit zwanzig trifft, es sind also im ganzen vierhundert, und so geht es weiter, und keine Polizei der Welt wird ihnen jemals auf die Spur kommen.

Der übervorsichtige Lenin hatte eine ganze Reihe solcher Verbindungen.

Nachdem er sich mit Parvus in Bern getroffen hatte, schickte er ihm im Sommer 1915 Hanecki nach Skandinavien, damit er als Direktor des revolutionären Handelsbüros bei ihm arbeitete. Auf diese Weise entfaltete der geschickte, unermüdliche Hanecki sein kaufmännisches Talent, gleichzeitig aber hielt er engen Kontakt mit Parvus. Dafür war die Verbindung zwischen Kopenhagen und Zürich unterbrochen. Man brauchte einen neuen Mittelsmann und fand ihn in Georg Sklarz, einem Berliner Geschäftsmann und ehemaligen Partner von Parvus, der unbehelligt in die Schweiz und nach Dänemark reisen konnte. Es war vereinbart worden, daß Sklarz mit Lenin nie in direkten Kontakt treten sollte, sondern dies stets durch Dora Dolina, die Freundin von Bronski, zu geschehen habe. Daß Sklarz dennoch persönlich bei Lenin auftauchte, konnte nur zweierlei bedeuten: Entweder er verstieß leichtsinnig gegen die Disziplin, oder es ging um etwas ganz Außerordentliches.

Aber daß er ausgerechnet jetzt kam, war äußerst unangenehm! Lenin fühlte, daß er keine Kraft hatte, ihn zu empfangen, nein, er war nicht imstande, einen einzigen klaren Gedanken zu fassen, außerdem hatte er starkes Herzklopfen. Zum Absagen aber war es zu spät – er war schon da, er stand im Zimmer, sicher hatte man ihn schon auf der Straße, auf der Treppe, an der Wohnungstür gesehen.

Lenin mußte sich vom Bett erheben, aber das hieß, daß er seinen ausgehöhlten Körper mit den beunruhigend weich gewordenen Beinen wie aus einem tiefen Brunne an die Oberfläche bringen mußte, um den kleinen, energischen Juden zu begrüßen, der, seiner Wichtigkeit wohl bewußt und noch eleganter als sonst, unverfroren sogleich seinen Hut auf den Eß- und Schreibtisch legte (denn wohin sonst sollte er ihn wohl legen?). In der Hand hielt er einen Koffer aus weichem, dehnbarem Krokodil- oder gar Nilpferdleder, wie ihn Handlungsreisende tragen.

Zum Glück verzichtete er auf das banale, typisch deutsche Begrüßungsritual mit der «Wie-geht's?»-Fragerei, verneigte sich nur mit sachlicher Höflichkeit und reichte Lenin würdevoll die kleine Hand. Dann schaute er sich im Zimmer um, ob es auch keine Zeugen gäbe. Aber Nadja war schon hinausgegangen.

Nun, warum war er denn selbst gekommen?

Ja, also deshalb ... Er zog ein großes Kuvert aus einer Brusttasche und überreichte es Lenin. Ein Kuvert aus kostbarem, blaßgrünem Papier mit eingeprägtem Wappen. Außerdem war es ziemlich dick.

Daß Parvus sich nicht schämte, so mit seinem Reichtum zu protzen! Schon dieses Kuvert ... und wenn er nach Zürich kam, stieg er natürlich im teuersten Hotel, dem «Baur au Lac», ab. Aber in Bern damals mußte er Lenin in der billigsten Studentengaststätte (Mittagessen für 65 Rappen) suchen und fand ihn dort auch. Als er so durch den Saal marschierte, hielt er eine Fünf-Franken-Zigarre zwischen den Fingern.

Und mit diesem Menschen hatte er einst in München die *Iskra* gegründet.

Aber was war das für ein Brief? Konnte er ihn nicht durch Dora schicken? Diese Blitzvisiten mußte man den Genossen abgewöhnen.

Inzwischen wunderte sich Sklarz über die schlechten Manieren des Herrn Uljanow. So macht man keine Geschäfte! Er war ausdrücklich darauf hingewiesen worden, daß der Brief vom Empfänger sofort und in Gegenwart des Überbringers zu vernichten sei.

Er versuchte Lenin mit der Geste des Streichholzanzündens klarzumachen, daß er den Brief verbrennen müsse. Und das bedeutete selbstverständlich, daß er ihn auf der Stelle zu lesen hatte. Für einen, der im Untergrund arbeitet, sollte das nichts Besonderes sein. Lenin selbst würde ja ebenfalls Wert drauf legen, daß seine Antwort auf diesen Brief nicht irgendwo aufgefunden werden konnte. Ein solcher Wisch in den falschen Händen kann für einen Politiker tödlich sein. Da Lenin weder ein Messer noch eine Schere zur Hand hatte, Nadja aber in der Küche war, riß er ein Stückchen von einer Ecke des kostbaren Kuverts ab und öffnete es dann mit seinem Zeigefinger. Vornehm ist das nicht, aber der Teufel soll euren Reichtum holen! Könntet ja auch auf billigem Papier schreiben.

Er nahm den Brief heraus. Das Papier war noch schwerer und dikker. Nur immer eine Seite war beschrieben und mit riesigen Buchstaben. So durften *die Sachen* nicht erledigt werden. Parvus hatte scheinbar schon vergessen, wie sie die *Iskra* nach Rußland schickten – auf dem dünnsten Papier.

Er mußte aufpassen. Sich zusammennehmen. Nicht die Nerven verlieren, einen klaren Kopf behalten, sich konzentrieren. Und er hatte ja den ganzen Tag nichts gegessen.

Sklarz wollte ihn beim Lesen nicht stören. Er wußte, was sich gehört, und ging ans Fenster. Schön, daß er so höflich ist, aber jetzt sitzt er auf dem Stuhl neben dem Fenster, dort, wo Lenin sitzen möchte, weil dort mehr Licht ist. Sklarz sitzt wie angenagelt, er hat eine zerknautschte Illustrierte aus der Tasche gezogen, sie feierlich entfaltet und liest jetzt schweigend.

Lenin möchte die Lampe anzünden, doch er hat keine Streichhölzer.

Ah, die Lampe brennt ja schon! Neben dem Hut steht sie und brennt mit kleiner Flamme. Nadja? Er hat sie nicht hereinkommen hören. Oder Sklarz? Merkwürdig.

Das dicke Büttenpapier mit Wappen. Drei Blätter. Auf dem vierten nur eine Zeile, sonst nichts. Die Handschrift von Parvus hat nichts Besonderes, sie wirkt nicht herrschsüchtig oder herausfordernd, wie man meinen könnte, die Unterschrift eher unpersönlich – Dr. Helphand.

Lenin fühlte, wie das schwere Nilpferdblut von Parvus aus den Zeilen auf ihn überströmte, direkt in seine Adern, bis in die Fingerspitzen seiner fiebrigen Hände. Der Brief fiel auf den Tisch, als wäre er Lenin zu schwer.

Er ließ sich auf einen Stuhl fallen. In den zwanzig Jahren seines Lebenskampfes hatte er mit allen möglichen Gegnern zu tun gehabt – sarkastisch-hochmütigen, listigen, niederträchtigen, obstinaten, standhaften, rhetorisch-weitschweifigen (mit diesen am häufigsten!), Don-Quichotte-Typen, trägen, auf den Kopf Gefallenen, weinerlichen und allen möglichen anderen Scheißern. Mit manchen gab er sich jahrelang ab, aber nicht alle wurden von ihm in die Knie gezwungen, nicht alle wurden besiegt, und doch empfand er immer seine unleugbare Überlegenheit im Abschätzen einer Situation und war voller Zuversicht, letzten Endes doch jeden bezwingen zu können.

Nur bei diesem *einen* fühlte er sich unsicher. Er wußte nicht, ob er ihm, wäre er sein Feind, standhalten könnte.

Parvus war aber kein Feind, er war ein natürlicher Verbündeter, viele Male hatte er sich als Bundesgenossen angeboten, hatte darauf bestanden, als solcher anerkannt zu werden, war sogar aufdringlich geworden – vor einem Jahr, und jetzt wieder. Lenin hatte dieses Bündnis jedoch nicht eingehen wollen.

Noch einmal las er den Brief. Er vermochte den Sinn nicht ganz zu erfassen. Er fühlte, wie schlecht sein Zustand war ...

Lenin kannte alle Sozialdemokraten, die es auf der Welt gab, und wußte zu jedem den richtigen Schlüssel zu finden, in welchem Schubfach jeder unterzubringen war – nur Parvus konnte er nicht entschlüsseln, nirgends so recht einordnen. Er stand ihm immer im Wege, weil er einfach nicht zu klassifizieren war ... Kein Bolschewik, auch kein Menschewik, aber auf eine naive Weise bemüht, die beiden Kontrahenten zusammenzubringen. Er war ein russischer Revolutionär, obwohl er schon mit neunzehn Odessa verlassen und den westlichen Weg gewählt hatte, das hieß, er war ein in jeder Beziehung westlicher Sozialist geworden. Er wollte auch nie mehr nach Rußland zurückkehren und sagte öfter im Spaß: «Meine Heimat ist dort, wo sie am billigsten zu haben ist.» Aber für wenig Geld war sie nicht zu haben, und so trieb er sich wie Ahasver fünfundzwanzig Jahre lang durch ganz Europa, ohne irgendwo eine Staatsbürgerschaft zu erhalten. Erst in diesem Jahr war er Deutscher geworden – aber der Preis war sehr hoch ...

Zufällig fiel Lenins Blick auf den länglichen Koffer, den Sklarz mitten in das Zimmer gestellt hatte. Er war vollgepackt und sah schwer aus. Wie hatte er den nur geschleppt? Er selbst war doch so klein – und warum hatte er ihn mitgebracht?

Es war zu dunkel im Raum. Lenin konnte den Brief nicht weiterlesen. Schließlich hielt er ihn dicht an die Lampe.

Am Ende der Lektüre war ihm zumindest klar, daß das Schreiben zwei Beschwerden enthielt: Die erste betraf Bucharin und Pjatakow, und es ging um ihre zu eifrigen Untersuchungen der deutschen Spionagetätigkeit in Schweden. Man konnte doch diese jungen Narren nicht einfach so schalten und walten lassen, wie sie gerade die Lust ankam! Die zweite Beschwerde richtete sich gegen Schljapnikow. Er war zu selbstsicher geworden, wollte nicht zusammenarbeiten, sondern eigene Wege gehen, «dabei ist die Einigkeit unserer Kräfte in Petersburg von höchster Wichtigkeit. Schreiben Sie ihm», hieß es in dem Brief, «daß er unsere Beauftragten nicht zurückzuweisen habe!»

Er nannte sich Parvus – «der Kleine» –, dabei war er in Wirklichkeit groß und einer der besten Publizisten der deutschen Sozialdemokratie, obendrein ein ebensolches Arbeitstier wie Lenin. Seine glänzenden marxistischen Artikel wurden von Bebel, Kautsky, Rosa Luxemburg und Lenin mit Begeisterung gelesen (wie herrlich er

Bernstein heruntergeputzt hatte!), und den jungen Trotzki nahm er ganz und gar gefangen. Aber er konnte plötzlich alles hinschmeißen, verschwinden, irgendwohin flüchten, oder, wie vor Jahren einmal, einen Handel mit Gorkis Theaterstücken anfangen und ihn dabei betrügen. Es gab Perioden, in denen er ganz und gar herunterkam und in der Unterwelt untertauchte. Er war aber auch der erste, der – schon im vergangenen Jahrhundert – zum Kampf um den Achtstundentag aufrief, er war es, der den Streik zur wirkungsvollsten Kampfmethode des Proletariats erklärte. Kein Zweifel, der Mann hatte einen scharfen, prophetischen Blick. Sobald aber seine Vorschläge Anhänger gefunden hatten, die man zu einer Bewegung hätte organisieren müssen, machte er nicht weiter, überließ die Sache anderen – denn er konnte nur der Erste, nur ein Alleingänger sein.

Lenin hatte den Brief zu Ende gelesen und erfaßte nicht einmal, ob er deutsch oder russisch geschrieben war. Mal stand da ein deutscher Satz und dann wieder ein russischer. Die russischen enthielten orthographische Fehler.

Vieles in Parvus' Charakter war widersprüchlich: ein tollkühner Revolutionär, dessen Hand nicht zittern würde, wenn es darum ging, ein Imperium zu zerstören, und ein leidenschaftlicher Kaufmann, dessen Hand zitterte, wenn er Geld zählte.

Es gab eine Zeit, da seine Hosen schäbig und die Schuhe zerrissen waren, aber schon 1901 in München setzte er Lenin zu, man müsse zunächst einmal reich werden – Geld verleihe die größte Macht! Noch zu Hause in Odessa, unter Zar Alexander III., vertrat er die Ansicht, die Befreiung der Juden in Rußland wäre nur durch den Sturz des Zarismus möglich. Doch bald darauf verlor er jegliches Interesse an Rußland und widmete sich ausschließlich den deutschen Sozialdemokraten. Er fuhr in den Westen, kam nur einmal auf illegale Weise zurück als Begleiter eines Arztes, der sich als Experte mit der Bekämpfung der Hungersnot beschäftigte, und schrieb *Eindrükke von einer Reise durch das hungernde Rußland.* Als der Russisch-Japanische Krieg ausbrach, der bei den Emigranten in Genf fast unbemerkt geblieben war, hatte Parvus erklärt: «Das ist die blutige Morgenröte großer Ereignisse!»

Noch im selben Jahr, 1904, hatte Parvus vorausgesagt: «Die Industriestaaten werden es zu einem Weltkrieg kommen lassen!»

Parvus war immer der erste, der mit seiner Prophezeiung einen Sprung – nein, dazu war er zu dick –, einen Schritt vorwärts machte. Manchmal hatte er recht, so wie damals, als er behauptete, die industrielle Entwicklung würde alle nationalen Grenzen sprengen. Oder:

daß Krieg und Revolution in Zukunft eng verbunden sein würden, ein Weltkrieg bedeute also eine Weltrevolution. Über den Imperialismus sagte er im wesentlichen alles noch vor Lenin. Manchmal gab er aber auch nur Unsinn von sich. So, als er phantasierte, ganz Europa würde einst in die Fänge der beiden Supermächte Amerika und Rußland geraten. Oder daß Rußland sich zu einem neuen Amerika entwickeln würde, ihm fehlten dazu nur die Schulen und die Freiheit. Dann wiederum vergaß er alle marxistischen Prinzipien und schlug vor, die Privatwirtschaft nicht zu nationalisieren, denn das wäre nicht vorteilhaft. Oder seine ungeheuerliche Wahnvostellung, die Sozialdemokratische Partei könnte ihre Macht gegen die Mehrheit des Volkes und gegen die Gewerkschaften mißbrauchen.

Aber im Erfolg wie auch im Mißerfolg versperrte er mit seiner ungewöhnlichen Position und der Masse seines Elefantenkörpers der Sozialdemokratie den halben Horizont. Und auch Lenin versperrte er, wenn auch nicht den ganzen, nicht den wahren Weg, dann aber den halben – denn man konnte an Parvus nicht vorbeikommen, ohne mit ihm zusammenzustoßen. Er war kein Gegner, er war immer ein Verbündeter, aber einer, vor dem man sich in acht nehmen mußte, daß er einen nicht zerquetschte. Er war der einzige ernstzunehmende Rivale, den Lenin in der ganzen Welt hatte – einer, der ihm meistens oder stets sogar einen Schritt voraus war. Auf keinen Fall konnte man ihn einen Feind nennen, seine Hand war immer freundschaftlich ausgestreckt – und doch konnte man diese Hand nicht ergreifen.

Was war das für ein Koffer hier mitten im Zimmer, so groß, daß ein ganzes Schwein darin Platz hätte?

Vieles hätte sich in ihren Beziehungen anders gestalten können, wenn es das Jahr 1905 nicht gegeben hätte. Nur Parvus war daran schuld, daß Lenin an der Revolution von 1905 gar keinen Anteil hatte. Parvus ging vor ihm her mit seinen Trampelschritten und nahm den richtigen Weg – Lenin aber verlor jeden Willen und jede Initiative. Kaum hatte der «Blutsonntag»[37] wie ein Blitz eingeschlagen, da verkündete Parvus auch schon, man müsse eine Arbeiterregierung bilden. Dieser schnelle, ja, überschnelle Entschluß verschlug sogar Lenin den Atem. Schließlich konnte man solche Entschlüsse doch nicht so rasch und so einfach fassen! Er polemisierte gegen Parvus in *Wperjod*[38], sein Vorschlag wäre gefährlich und verfrüht. Man müsse mit dem Mittelstand, mit der revolutionären Demokratie gehen, das Proletariat sei noch zu schwach. Aber Parvus und Trotzki hatten eine Broschüre zusammengekritzelt und warfen sie den Emigranten in Genf wie einen Fehdehandschuh hin: Es gibt in Rußland keine parlamentarische Erfahrung, das Bürgertum ist schwach, die bürokratische Hierarchie ist unbedeutend, die Bauern sind unwissend und unorganisiert, dem Proletariat bleibt nichts übrig, als die Führung zu übernehmen. Diejenigen Sozialdemokraten aber, die diese proletarische Initiative ablehnen, werden nur noch eine belanglose Sekte darstellen.

Die Genfer Emigration erstarrte darob, als wäre die Prophezeiung schon eingetroffen. Nur Trotzki eilte nach Kiew, dann nach Finnland, immer zum Sprung bereit, und Parvus stürzte sich im Oktober, bei den ersten Anzeichen des Generalstreiks, den er schon im vorigen Jahrhundert vorausgesagt hatte, in den Kampf. Beide konnten deshalb mit solch unverschämter Freiheit vorgehen, weil sie sich an keine Parteidisziplin gebunden fühlten.

Der Koffer hatte die Ausmaße eines fetten Schweines angenommen, er hatte sich so aufgebläht, daß er beinahe das ganze Zimmer einnahm.

Und Sklarz am Fenster wurde immer kleiner.

Na ja, es gibt Sachen, die ich nie zu Papier bringen und auch auf der kleinsten Konferenz nicht sagen würde: Ich habe mich damals geirrt ... Das Selbstvertrauen und die politische Reife, auch die Fähigkeit, eine Situation richtig einzuschätzen – das alles kommt erst nach jahrelanger Erfahrung. (Obwohl Parvus nur drei Jahre älter ist als ich.) Ja, damals machte ich einen Fehler, ich hatte nicht alles richtig eingeschätzt, und außerdem fehlte mir die nötige Unverfrorenheit. Meine Anhänger dürfen das natürlich nicht wissen, nie darf ich es ihnen sagen, auch den allernächsten nicht, sonst ist es aus mit dem Glauben an den Führer. Aber wie hätte ich denn meinen Irrtum vermeiden können? Die Monate zogen sich so hin, es war ein wirres Jahr, alles gärte, aus der Ferne hörte man schwachen Donner, aber die Revolution kam nicht ... Hinfahren durfte man noch nicht, und hier in Genf dachte man empört: Worauf warten diese Idioten noch, warum machen sie nicht voran? Wo bleibt denn die richtige Revolution? Ich schrieb und schrieb nach Rußland: Jetzt müßt ihr schäumende Energie entwickeln! Das vor allem – Energie! Ihr quatscht schon seit einem halben Jahr von Bomben, aber hergestellt habt ihr noch keine einzige! Jeder muß sich, so gut er kann, selbst bewaffnen – mit einem Revolver, mit einem Messer, mit einem petroleumgetränkten Lappen, um Feuer zu legen! Die einzelnen Kampfausschüsse dürfen nicht länger warten – mit einer militärischen Ausbildung ist nicht zu rechnen! Jede Abteilung muß selbst herauskriegen, wie man am besten Gendarme verprügelt! Wie man Spitzel umbringt! Wie man Polizeireviere in die Luft sprengt! Ihr müßt das richtig organisieren – jeder bekommt seine besondere Aufgabe. Ihr müßt lernen, eine Bank zu überfallen. Diese Überfälle können natürlich ins Extrem ausarten – aber das macht nichts! Die Dutzende von Opfern werden reichlich aufgewogen durch die Hunderte erfahrener Kämpfer, die morgen Hunderttausende in den Kampf führen werden.

Nein, der müde Kopf konnte nichts mehr aufnehmen. Lenin las den Brief wieder und wieder und verstand nichts.

Es ist doch so einfach: Schlagringe! Stöcke! Mit Petroleum getränkte Lappen! Spaten! Stacheldraht! Nägel (gegen die Kavallerie)! Das sind doch alles Waffen! Und wenn ihr auf einen einzelnen, von seinen Kameraden getrennten Kosaken trefft, dann nehmt ihm einfach den Säbel weg. Man muß auf die höchsten Häuser klettern und von dort aus die Truppen mit Steinen bewerfen! Oder mit kochendem Wasser begießen! In den höheren Stockwerken muß immer Salzsäure bereitstehen, um sie gegen die Polizei anzuwenden!

Aber Parvus und Trotzki taten nichts dergleichen. Sie kamen nach Petersburg und proklamierten eine neue Regierungsform: einen Sowjet der Arbeiterdeputierten. Sie fragten niemanden, und niemand kam ihnen in die Quere. Eine Regierung nur aus Arbeitern! Schon hatten sie eine Konferenz einberufen. Sie waren den anderen bloß ein paar Wochen voraus und schon Herren der Lage. Der Vorsitzende des Sowjets war ein Strohmann, ein gewisser Nossar, der Hauptredner und Favorit war Trotzki, während der Erfinder des Sowjets, Parvus, aus dem Hinterhalt agierte. Man eignete sich die schwächliche *Russkaja Gaseta* an, ein volkstümliches Ein-Kopeken-Blättchen, und trieb seine Auflage auf eine halbe Million hinauf. Die Ideen der beiden Freunde ergossen sich über das Volk.

Der am Fenster sitzende Sklarz wurde immer kleiner, rückte immer weiter, bis er wie ein Vogel aussah, der seinen Schnabel in eine Illustrierte gesteckt hat ...

Lenin hatte in den letzten Tagen seines Aufenthalts in Genf viel und im Eiltempo über die Theorie und Praxis der Revolution geschrieben, nach den besten französischen Quellen. Unermüdlich sandte er Briefe nach Rußland mit Informationen: wie viele Menschen in einer Kampfgruppe sein müssen (drei bis dreißig), wie man Verbindung mit dem Kampfkomitee der Partei aufrechterhält, wie man die besten Plätze für Straßenkämpfe aussucht, wo man Bomben und Steine lagern kann. Man mußte herausfinden, wo sich Waffengeschäfte befanden, wie die staatlichen Behörden und Banken organisiert waren, wie man Beziehungen zu Leuten anknüpfen könnte, die einem helfen würden, in die Zentralen der Macht vorzudringen –

und die Macht an sich zu reißen. Die Angriffe nur unter günstigen Voraussetzungen durchführen! Das war nicht nur das Recht, sondern auch die Pflicht eines jeden Revolutionärs. Eine ausgezeichnete Feuertaufe würde der Kampf gegen die «Schwarzhundertschaften»[39] sein: Da hieß es zuschlagen, töten, die Stabsquartiere sprengen.

Und während sein letzter Brief noch unterwegs war, fuhr er schon selbst nach Rußland. Aber da fand er nichts dergleichen vor. Man hatte keine Kampfgruppen organisiert, es waren weder Salzsäure noch Bomben und Steine bereit. Dafür kamen die Bürger zutraulich herbei, um die Beratungen der Sowjetdelegierten mitanzuhören. Und Trotzki schwang sich von der Rednertribüne zu ungeahnten Höhen auf, bog und beugte sich nach allen Seiten, war Feuer und Flamme und der Selbstverbrennung nahe. Parvus und Trotzki in Petersburg brillierten, als seien sie für solche Art Auftritte geboren. Man lud sie überallhin ein, und in den Redaktionen und politischen Salons wurden sie einhellig bejubelt und beklatscht. Irgendwo bildete sich sogar eine Gruppe, die sich «Parvusisten» nannte. Statt daß er selbst etwa einen Lappen mit Petroleum getränkt und sich damit um die Ecke eines öffentlichen Gebäudes geschlichen hätte, bereitete Parvus währenddessen lieber eine Ausgabe seiner gesammelten Schriften vor – und kaufte einen Packen Eintrittskarten zu einer satirischen Revue, um sie an seine Freunde zu verschenken. Schöne Revolution das, statt eine Patrouille durch menschenleere Straßen zu schicken, die Türen eines Theaters für freien Eintritt zu öffnen!

Lenin hatte Lust, zum Fenster hinüberzugehen, aber der schwarze Koffer stand wie ein Riesenkasten mitten im Zimmer und verstellte ihm den Weg. Um darüberzusteigen, hatte er nicht genug Kraft in den Beinen.

Während der Revolution von 1905 wurde Lenin von Parvus wie von einem Elefanten an die Wand gedrückt. Er war bei den Sitzungen des Sowjets dabei, hörte sich die Reden der Helden des Tages an und ließ den Kopf hängen. Die Losungen von Parvus klangen gut, wurden überall gelesen und weitergegeben: *Nach dem Sieg der Revolution darf das Proletariat die Waffen nicht aus der Hand geben, es muß auf den Bürgerkrieg vorbereitet sein. Das Proletariat muß seine liberalen Verbündeten als seine Feinde betrachten!* Das waren ausgezeichnete Parolen, und Lenin hatte nichts hinzuzufügen. Alles lief, wie es laufen sollte. Man kann sagen, es lief so gut, daß der Führer der Bolschewiki praktisch nichts mehr zu tun hatte. Sein bisheriges Leben war auf Untergrundarbeit ausgerichtet gewesen, um in aller Öffentlichkeit zu arbeiten, hatte er keine Energie mehr. Er fuhr auch nicht nach Moskau, als dort der Aufstand begann, es war ihm egal, ob sie nach seinen Genfer Instruktionen rebellierten oder nach denen eines anderen. Er hatte seine Selbstsicherheit verloren. Er verschlief die ganze Revolution, versteckte sich in Kuokkala, sechzig Werst von Petersburg, aber schon in Finnland, so daß man ihn hier nicht fassen konnte. Nadja fuhr jeden Tag nach Petersburg rüber, um neue Nachrichten zu holen. Er konnte es selbst nicht verstehen: Sein ganzes Leben lang hatte er sich auf die Revolution vorbereitet, jetzt, wo sie da war, versagten seine Kräfte.

Da trat auch noch Parvus aus dem Hintergrund (er versuchte sonst immer, im Hintergrund zu bleiben, vermied es, auf Fotografien zu erscheinen und den Biographen Stoff zu liefern) und reichte beim Sowjet anonym eine Resolution ein. Es lag natürlich nahe, ihn für den Verfasser zu halten. Die Resolution nannte sich «Das Finanzmanifest». Was so aussah, als wäre es das Resultat primitiver und elementarer Ansprüche der unwissenden Massen, war in Wirklichkeit ein Programm, das nur aus der Feder eines cleveren Finanzmannes stammen konnte, ein Programm, geeignet, mit einem Schlag die gesamte Wirtschaftsstruktur des gehaßten Russischen Reiches zu zerstören. Nichts dagegen zu sagen – es war ein großartiges, lehrreiches, revolutionäres Dokument! Aber auch die Regierung begriff es und verhaftete gleich am nächsten Tag den ganzen Petersburger Sowjet. Zufällig war Parvus bei der Sitzung nicht anwesend, blieb also ungeschoren und gründete sofort einen zweiten Sowjet, mit anderen Leuten. Auch dieser wurde verhaftet – doch Parvus entkam ein zweites Mal.

Lenin brauchte Jahre, um sein Selbstvertrauen, das durch Parvus so schwer angeschlagen war, wiederzugewinnen. Dabei half ihm, die Irrtümer und Niederlagen von Parvus zu verfolgen und zu beobachten, wie diese Kreuzung von Elefant mit Nilpferd kopflos durch das Dickicht stürmte, die dicke Haut von herabfallenden Ästen aufgerissen, wie er über Löcher stolperte, von der Partei wegen Unterschlagung von Geldern ausgeschlossen wurde, sich auf Spekulationen einließ und sich öffentlich mit üppigen Blondinen amüsierte. Bis er dann unverhohlen den deutschen Imperialismus unterstützte, Presseerklärungen darüber abgab, Vorträge hielt und sich schließlich nach Berlin absetzte.

Der Hut hinter der Lampe bewegte sich plötzlich, kippte auf die Seite und zeigte sein seidenes Futter.

Nein, nein, er täuschte sich. Der Hut lag ganz still, so wie ihn Sklarz hingelegt hatte.

Durch den Rumänen Christo Rakowski und durch David Rjasanow aus Wien hatte Lenin schon erfahren, daß Parvus ihm interessante Vorschläge zu machen hätte. Während sich der Dicke auf der Reise nach Zürich gründlich amüsierte und unterwegs womöglich freimütig über seine Pläne plauderte, war ihm der Ruf vorausgeeilt, ein Verbündeter des Kaisers zu sein. Man war seit Jahren gewohnt, in Armut zu leben, und nun kam plötzlich ein früherer Genosse an, der sich wie ein orientalischer Pascha aufführte und die Phantasie der Emigranten verwirrte. Immerhin gab er ihnen wenigstens etwas von seinem Geld ab. Als er Lenin damals in Bern in dem bescheidenen Studentenlokal entdeckt hatte, drängte er sich mit seinem überdimensionalen Bauch zum Tisch vor und sagte laut vor allen anderen, sie beide müßten sofort miteinander reden. Lenin antwortete, ohne zu zögern, scharf und ablehnend. Parvus kam aus dem kriegführenden Deutschland und wollte wie ein Handlungsreisender in friedlichen Zeiten mit ihm reden! (Andererseits: auch Lenin wollte mit ihm sprechen! Natürlich wollte er es! Und doch schickte er ihn zum Teufel.)

Der Handgriff des Koffers kippte zur Seite.

Aber sehen mußte man sich wirklich mal! Man konnte ja nicht immer nur korrespondieren – ein Brief konnte so leicht in die Hände des Feindes geraten! Deshalb hatte Lenin damals dem Genossen Arthur Siefeldt etwas zugeflüstert, und Siefeldt holte den Dicken ein und nannte ihm die Adresse der Uljanows. (Später erzählte Lenin Siefeldt, der fette Haifisch hätte unverrichteterdinge wieder abziehen müssen.) Und dann saß Parvus im spartanisch kahlen, armseligen Zimmerchen der Uljanows mit seinem dicken Hintern – und blendend weißen Manschetten, an denen Diamantknöpfe blitzten – auf dem Bett neben Lenin und drängte ihn mit seiner Körperfülle gegen das eiserne Kopfende des Gestells ...

Krach! Endlich war der Koffer geplatzt – und heraus schälte sich der Dicke, stemmte sich mit den Ellenbogen ab, richtete sich zu seiner vollen Größe auf, in blauem Anzug mit den diamantenen Manschettenknöpfen, vertrat sich die Beine, machte einen Schritt ... und noch einen ... direkt auf Lenin zu. Er stand da, mit seinem unbezwingbaren Riesenbauch, der länglichen Kuppel des Kopfes, dem fleischigen Bulldoggengesicht, dem Spitzbart, und schaute Lenin mit seinen blassen Augen aufmerksam an. Freundlich. Durchaus freundlich ...

Tatsächlich! Man hätte schon längst miteinander sprechen sollen. Aber alles geht immer so schnell, nie hat man Zeit, man ist entweder räumlich getrennt oder zerstritten, es ist aber auch sonst schwer zusammenzukommen, überall lauert der Feind, und die Freunde sind ebenfalls wachsam, alles muß im geheimen geschehen! Aber jetzt ist er da, jetzt kann man offen miteinander reden, der große Augenblick ist gekommen.

«Israel Lasarewitsch! Ich frage mich, wo Sie Ihren außergewöhnlichen Verstand gelassen haben? Warum dies in aller Öffentlichkeit? Wozu gehen Sie dieses gefährliche Risiko ein? Damit versperren Sie uns ja alle Möglichkeiten der Zusammenarbeit!»

Weder sagt Parvus «Guten Tag», noch streckt er ihm die Hand hin. Gut so! Lenin hat sowieso nicht die Kraft aufzustehen, seine Hand ist wie paralysiert, eine Begrüßung wäre ihm in der Kehle steckengeblieben! Und Parvus läßt sich einfach fallen, nicht auf einen Stuhl etwa, sondern auf das Bett, auf dem schon Lenin sitzt; er setzt sich ganz nah an ihn heran, macht sich breit, beinahe schiebt er Lenin vom Bett runter. Und die blassen, hervorstehenden Augen auf Lenin gerichtet, sagt er undeutlich, nicht mit dem Tonfall eines Diskussionsredners, sondern mit dem eines vertrauten, etwas ironischen Gesprächpartners:

«Auch ich bin erstaunt, Wladimir Iljitsch! Sie sind offenbar immer noch mit allen möglichen Agitationen und Protesten beschäftigt! Was sind denn das für Mätzchen! Ich hörte da von irgendwelchen Konferenzen mit dreißig Weibern im Volkshaus – oder gar mit einem Dutzend Deserteuren!»

Er schubst Lenin ganz ungeniert ein Stück weiter und hält ihm seinen krankhaft aufgeblasenen Schädel vor die Nase.

«Seit wann, sagen Sie mal, gehören Sie zu denen, die die Welt mit einem Federstrich ändern wollen? Das sind doch alles Kinder, diese Sozialisten, die sich da so wütend gebärden! Aber – Sie? Wenn man wirklich etwas unternehmen will, muß man sich da unbedingt in Seitengäßchen und Schlupfwinkeln verstecken und ein Geheimnis daraus machen, auf welcher Seite man steht?»

Obwohl Lenin kein Wort herausbringen kann, scheint sein Kopf doch plötzlich viel klarer – als hätte er einen starken Tee getrunken ... Auch ohne viele Worte ist jetzt alles klar zwischen ihnen.

Natürlich, dieser hier ist kein erbärmlicher Kautsky, der fortwährend den Frieden predigt und sich nicht in den Krieg einmischen mag.

«Wir beide, Sie und ich, betrachten ja den Krieg nicht vom Standpunkt einer Krankenschwester! Opfer, Blut und Leiden sind unvermeidlich. Was zählt, ist allein das Resultat!»

Ja, natürlich! Parvus hat wieder mal recht. Rußland muß geschlagen werden, und das ist nur mit Hilfe Deutschlands möglich. Aber Parvus ist, von seinem eigenen Erfolg geblendet, zu weit gegangen – und gestolpert, wieder einmal.

«Israel Lasarewitsch, wenn ein Sozialist überhaupt etwas besitzt, so ist es seine Ehre. Wenn wir die Ehre verlieren, verlieren wir alles. Betrachtet man Ihre und meine Position, dann sind wir natürlich Verbündete. Natürlich werden wir einander brauchen und einander helfen. Aber, wenn man Ihre jetzige stinkende Politik bedenkt ... Es braucht nur ein Burzew auf der Bildfläche zu erscheinen, und alles ist hin. Das bedeutet, daß wir unsere Meinungsverschiedenheiten vor der Öffentlichkeit austragen, uns in der Presse befehden müssen. Nicht zu viel, nicht zu scharf ... nur so, von Zeit zu Zeit ... sporadisch ... So daß, wenn» – Lenin hält sich an seine bewährte Taktik: Je schärfer man jemandem die Meinung sagt, desto besser sitzt es – «wenn, zum Beispiel, Worte fallen wie ‹der moralisch verkommene Speichellecker von Hindenburg› oder ‹der Renegat und schmutzige Lakai›, dann müssen Sie das verstehen. Sie wollen es ja so hören!»

«Lächerlich. Aber, bitte sehr ...» meint Parvus mit einem bitteren Lächeln auf dem aufgedunsenen Gesicht. «Da habe ich, zum Beispiel, eine Million Mark aus Berlin bekommen und sie sofort an Rakowski, Trotzki und Martow überwiesen. Außerdem aber auch an Sie, in die Schweiz. Haben Sie das Geld nicht bekommen? Ach, Sie haben darauf gar nicht geachtet? Ja, dann fragen Sie doch bitte Ihren Kassenführer, der wird's Ihnen schon sagen, falls er es nicht für sich selbst ausgegeben hat. Auch Trotzki hat das Geld angenommen, nachdem er mich in der Presse einen ‹politischen Falstaff› genannt und auf mich – einen Lebenden! – einen Nekrolog geschrieben hat! Ich sage nichts ... Schon gut ... Ich versteh's ja ...»

Parvus' Augen stechen gläsern unter den erhobenen, dünnen Brauen hervor.

Er hat sich von Trotzki schon vor Jahren wegen der «permanenten Revolution» [40] getrennt, liebt ihn aber noch wie einen jüngeren Bruder.

Auf Lenin dagegen setzt er große Hoffnungen. Jetzt, neben ihm auf dem Bett, schiebt er ihn mit seiner wabbligen Masse zum Kopfende hin und zwingt ihn, immer weiter zu rücken.

«Und Sie glauben, daß Sie mit Ihren nackten Parolen und ohne Geld weiterkommen, was? Man muß *Geld* in den Händen haben, dann hat man auch die *Macht!* Und wie werdet ihr die Macht ergreifen? Ich weiß, das ist eine unangenehme Frage ... Aber, Pardon, waren Sie nicht derjenige, der 1904 auf dem Dritten Parteitag Geld für die Herausgabe von *Wperjod* von mir angenommen hat, Geld, das dem ‹japanischen› sehr ähnlich war, so war es doch – oder etwa nicht? Und ich – ich bin jetzt zum Lakai von Hindenburg avanciert, soso!»

Er versucht zu lachen ...

Alles war genauso wie damals – oder *war es damals*, im Zimmer der Berner Vermieterin? Oder doch jetzt im Zimmer des Schuhmachers Kammerer in der Zürcher Spiegelgasse? Oder in gar keinem Zimmer? Als ob alles schon mal dagewesen wäre und sich jetzt wiederholte. Kein Tisch, kein Sklarz – nur das eiserne Schweizer Bett mit ihnen darauf, den mächtigen Zwei, schwamm über der Welt, die von ihnen beiden die Revolution erwartete, die schwanger ging mit ihrer Revolution – das Bett drehte sich auf einer dunklen Bahn ... Nur so viel Licht war da, daß er seinen Gesprächspartner gerade noch sehen konnte, als er sagte: «Macht nichts. Ich verstehe ...»

Parvus verachtete die Welt, die Welt tief unter ihm, unterm Bett.

«Und ich finde, wenn man den Krieg in einen Bürgerkrieg verwandeln will – dann sollte einem jeder Verbündete recht sein. Also Sie, zum Beispiel, wie viele Verbündete haben Sie jetzt – na?» spottete er. «Schon gut, schon gut, ich frage ja nicht, es gehört sich nicht ... Und ich habe – natürlich nicht für mich selbst, sondern für die Sache – im Frühling eine Million bekommen, und diesen Sommer bekomme ich noch fünf Millionen. Und das wird sich wiederholen. Was sagen Sie dazu?»

Parvus und er hatten immer schon die Welt der Emigranten wegen ihres Schattendaseins, ihrer Hilflosigkeit, ihrer intelligenzlerischen Waschlappigkeit verachtet. Aber das waren nur Worte, Worte ... Geld – das ist freilich etwas anderes.

Parvus' Selbstsicherheit zehrte an Lenin. Aber seine handfeste Macht faszinierte ihn.

Parvus glotzte mit seinen trüben Augen ins Zimmer und bewegte die Lippen unter dem schiefen Schnurrbart: «Ich habe einen Plan! Einen großartigen, einzigartigen Plan hab ich gemacht und ihn der deutschen Regierung vorgelegt. Für diesen Plan werde ich, wenn Sie wollen, auch zwanzig Millionen bekommen! Die *Hauptrolle* in diesem Plan habe ich Ihnen zugedacht, Wladimir Iljitsch. Und Sie ...»

Lenin spürte Parvus' fauligen Atem auf seinem Gesicht.

«Und Sie? Wollen Sie weiter abwarten? Ich jedenfalls .. .»

Parvus' kuppelförmiger Schädel war nicht kleiner als der von Lenin. Die Hälfte seines Gesichts war nackte Stirn, die Hälfte seines Schädels war spärlich behaarter Hinterkopf. Und mit eiskalter, gnadenloser, unmenschlicher Intelligenz in den Augen sagte er:

«Ich – SETZE DEN 9. JANUAR DES NÄCHSTEN JAHRES ALS DEN TAG DER RUSSISCHEN REVOLUTION FEST!» [41]

Wie werden die großen, die einfachen Pläne geboren? Sie werden ganz unbewußt ausgetragen, zu einer Zeit, da sie noch keine bestimmte Zielrichtung haben. Dazu kommen noch gewisse Elemente, die nicht nur dir bekannt sind und doch gerade in deinem Kopf Verbindungen eingehen und sich zu einem Plan formen, der so einfach und klar ist, daß man sich wundert, wieso er noch niemand anderem eingefallen ist.

Weshalb ist der deutsche Generalstab nicht darauf gekommen, obwohl er doch er erste sein sollte, dem so etwas einfällt? Weil die Herren nicht das richtige Verständnis für die Zustände in Rußland aufbrachten. Seit der Marneschlacht im Herbst 1914, als sie erkannten, daß ein rascher Sieg unmöglich war, hofften sie – bis zum Herbst 1915 – auf einen Separatfrieden mit Rußland. Ununterbrochen versuchten sie entsprechende Kontakte aufzunehmen, und es kam ihnen nicht in den Sinn, daß der Zar kein Interesse zeigen würde.

Parvus indessen hatte – abseits des Weltgeschehens, irgendwo im blau-bronzenen Konstantinopel, im ersehnten Reichtum badend, allen orientalischen Genüssen hingegeben, die Leib und Seele eines Mannes erfreuen, weit vom Schuß, «in der sozialistischen Reserve», wie Trotzki es ihm geraten – nie die Suche aufgegeben, die er in frühester Jugend, an der gegenüberliegenden Küste des Schwarzen Meeres, begonnen hatte und weder über seinen sinnlichen Vergnügungen noch in Augenblicken der Schwäche vergessen konnte.

Er verlor den «Mittelpunkt seiner Denktätigkeit» auch dann nicht aus den Augen, als er auf den Balkan fuhr, wo seine Bücher mehr gelesen wurden als die von Marx und Engels. Er vergaß ihn nicht, als er in den Hafenkneipen von Konstantinopel hungrige Landstreicher zu einer Maidemonstration zusammentrommelte. Noch weniger vergaß er ihn, als er bei der Jungtürken-Partei Karriere machte und sein Finanzgenie – dieses Beil, mit dem er den russischen Baum fällen wollte – sich in einen Spaten verwandelte, mit dem er türkische Gärten verschönerte. Von den Millionen, die ihm geheimnisvoll zuflossen, wurde er weder überrascht noch überwältigt. Er vergaß ihn nicht, den großen Gedanken, als er Banken gründete und mit Mütterchen Odessa und Stiefmutter Deutschland Handelsbeziehungen aufnahm.

Die Nachricht von den Schüssen in Sarajewo traf ihn wie ein Peitschenhieb: Parvus besaß ein seismographisches Gespür für innere Zusammenhänge, und er wußte sofort, daß Erdschichten sich in Bewegung setzen würden, der alte, dumme Bär in die Falle gehen würde! Endlich war er da, der Große Krieg, der Weltkrieg! Er hatte diesen Krieg längst vorausgesagt, der zur mächtigsten Lokomotive der Geschichte werden sollte und zum ersten Triumph des Sozialismus! Während in Europa die Sozialdemokraten viel Lärm um die Kriegskredite machten, hielt Parvus keine einzige Rede, schrieb keine einzige Zeile und vergeudete keine Zeit, sondern fuhr und lief auf heimlichen Wegen geschäftig hin und her, überzeugte die Regierenden, daß nur an der Seite der Deutschen die Türkei sich von ihren ewigen Kapitulationen erholen würde. Er beeilte sich, Ausrüstungen und Ersatzteile für die türkischen Eisenbahnen und Getreidemühlen zu besorgen, die türkischen Städte mit Mehl zu versorgen und sicherzustellen, daß die Türkei der Entente im Herbst nicht nur den Krieg erklären, sondern so schnell wie möglich auf dem Kaukasus in den Rücken fallen konnte. (Genauso ging er in Bulgarien vor und präparierte es für den Krieg.) Erst nach diesen wichtigen Unternehmungen erlaubte sich Parvus, zu seinem geliebten, vernachlässigten Journalismus zurückzukehren, und verkündete in der Balkanpresse die Parole: «FÜR DIE DEMOKRATIE! GEGEN DEN ZARISMUS!»

Das mußte natürlich erklärt und begründet werden, damit es so viele Menschen wie nur möglich überzeugte – und seine Feder, die ihre Schärfe nicht verloren hatte, sprühte Funken: Nach der «Kriegsschuld» oder «wer zuerst angefangen hat» darf nicht gefragt werden, schrieb er, dieser Krieg ist seit Jahrzehnten vom Weltimperialismus vorbereitet worden, irgend jemand mußte zuerst angreifen, es ist unwichtig, wer es war! Es ist müßig, nach den Ursachen zu forschen, wir müssen sozialistisch denken, und das bedeutet, überlegen, wie wir, das Weltproletariat, diesen Krieg für unsere Ziele nutzen, das heißt, auf welcher Seite wir kämpfen wollen! Deutschland hat die mächtigste Sozialdemokratie der Welt, Deutschland ist das Bollwerk des Sozialismus, deshalb führt es einen Verteidigungskrieg. Wenn der Sozialismus in Deutschland zerstört wird, dann wird er überall zerstört werden. Der Weg zum Sieg des Weltsozialismus führt über die militärische Stärkung Deutschlands. Und die Allianz zwischen dem Zarismus und der Entente zeigt uns ganz deutlich, wo der wirkliche Feind des Sozialismus steckt. Wir wollen damit sagen, daß ein Sieg der Entente für die ganze Welt eine neue Form der Unterdrückung bedeuten würde. Folglich müssen die

Arbeiterparteien der ganzen Welt gegen den russischen Zarismus kämpfen. Dem Proletariat den Rat geben, sich neutral zu verhalten (wie Trotzki es getan hat), bedeutet, sich aus der Geschichte auszuschalten, und ist daher eine revolutionäre Idiotie! Die Aufgabe des Weltsozialismus ist demnach eine vernichtende Niederlage Rußlands und die Durchführung der Revolution. Falls die Macht in Rußland nicht dezentralisiert und demokratisiert wird, bildet es eine Gefahr für die ganze Welt. Deutschland trägt die größte Last des Kampfes gegen den Imperialismus, deshalb muß die revolutionäre Bewegung dort für eine gewisse Zeit stillgelegt werden. Später wird der siegreiche Krieg dem Proletariat den Sieg des Klassenkampfes bringen. DER SIEG DEUTSCHLANDS IST DER SIEG DES SOZIALISMUS!

Nach der Veröffentlichung dieser Thesen kamen zu Parvus verschiedene Gruppen zur Beratung: «Die Union zur Befreiung der Ukraine» aus Wien (unter ihnen waren auch Bekannte aus der Zeit der *Iskra*), außerdem armenische und georgische Nationalisten. Die Türken seines Hauses in Konstantinopel standen für jeden Kämpfer gegen Rußland jederzeit offen.

Das dynamische Wesen von Parvus zog Menschen mit den verschiedensten Erfahrungen magnetisch an, und aus dem explosiven Zusammentreffen sozialistischer und nationalistischer Interessen wurde der *Plan* geboren. Bis dahin hatten die sozialistischen Programme immer von Autonomie gefaselt. Nein! Nur durch das Auseinanderreißen und die Zerstückelung Rußlands konnte man den Absolutismus bezwingen und den Nationen Freiheit und Sozialismus bringen.

Während die ersten Expeditionskorps der Ukrainer und Kaukasier ein Reinfall waren (man hatte in der Eile auch Schwätzer und Abenteurer aufgenommen, das konspirative Unternehmen wurde in der Emigrantenpresse breitgetreten, und Enver Pascha vereitelte ihren Einsatz), gedieh in Parvus' überdimensionalem Schädel die magnetische Kombination eiserner Elemente zur Vollendung – und es entstand der *Plan*. So wie die Mechanik dreieckige Bindungen wegen ihres Widerstands gegen Deformationen vorzieht, so brauchten die nationalistischen und sozialistischen Elemente einen dritten Verbündeten – die deutsche Regierung. Das Ziel aller drei war dasselbe.

Das ganze vorangegangene Leben von Parvus schien absichtlich so angelegt zu sein, als diente es der Vorbereitung für ein fehlerloses Gelingen des *Plans*.

Und jetzt hatte er, der eine glückliche Mischung von Theoretiker, Politiker und Geschäftemacher war, nichts anderes zu tun, als den

Plan im Dezember 1914 nach Punkten zu gliedern, ihn im Januar dem deutschen Botschafter zu unterbreiten, eine freundliche Einladung nach Berlin anzunehmen, bei einer Audienz die Spitzen der Regierung zu verblüffen. Neunzehn Jahre lang hatte diese Regierung ihm die Staatsbürgerschaft verweigert, seine Redaktionsräume schließen lassen, ihn von Stadt zu Stadt gejagt, ja, sie hätte ihn der russischen Geheimpolizei ausliefern können – und jetzt schauten die hohen Regierungsmitglieder erwartungsvoll in die prophetischen Augen von Parvus, jetzt, im März 1915, hatte er nichts anderes zu tun, als ein endgültiges, detailliertes Memorandum zu unterbreiten und die erste Million Mark als Vorschuß in Empfang zu nehmen.

Der Plan war folgender: alle Kräfte, alle Mittel, alle Möglichkeiten unter eine Führung zu stellen, aus einem gemeinsamen Stabsquartier alles zu leiten – nämlich die Aktivitäten der Mittelmächte, der russischen Revolutionäre und der angrenzenden Nationalitäten. (Er kannte die Kraft des Stiers, den es niederzuzwingen galt, aber er hatte auch schon das geeignete Beil bereit.) Die Zeit der privaten, einzelnen Improvisationen war vorbei. Der Plan ging davon aus, daß kein deutscher Sieg von Dauer sein könnte, wenn ihm nicht eine Revolution in Rußland unmittelbar folgte. Ein nicht in Stücke gerissenes Rußland würde eine nie endende, ewig drohende Gefahr bedeuten. Aber keine einzige Macht könnte Rußland im Alleingang zerstören – nur eine auf dieses Ziel gerichtete Verbindung: der gleichzeitige Ausbruch einer sozialen und nationalen Revolution mit finanzieller und materieller Hilfe von seiten der Deutschen. Die Lehre der Revolution von 1905 hatte sich Parvus sichtlich zu Herzen genommen. In den Augen der imperialistischen Regierung verdiente er um so mehr Vertrauen, als er ja schließlich der Vater der Ersten Revolution war.

Die Lehre aus dieser Ersten Revolution war, daß alle Symptome sich wiederholten, daß alle Gegebenheiten für eine Revolution weiterhin vorhanden waren und daß sie sich während eines Weltkriegs noch rascher ausbreiten würde, wenn eine Kraft von außen die Katastrophe beschleunigte. Die Zentren des sozialen Aufstands würden die Fabriken von Putilow und Obuchow sowie die Baltischen Werke sein, aber auch die in Nikolajew, denn im Süden Rußlands hatte Parvus besonders gute Beziehungen.

Der Termin war schon festgesetzt: auf den 9. Januar, einen Tag mit besonders schmerzlicher Erinnerung – den «Blutsonntag». Zuerst war nur ein eintägiger Streik zum Gedenken an die Opfer vorgesehen sowie eine Straßendemonstration für den Achtstundentag und für eine demokratische Republik. Wenn jedoch die Polizei anfangen würde, die Demonstranten auseinanderzutreiben, würde man sich wehren, Blut würde fließen und das Feuer sich weiter und weiter ausbreiten! Die eintägigen Streiks würden in einen Generalstreik «Für Freiheit und Frieden» ausufern. In den wichtigsten Fabriken würden Flugblätter verteilt und zur selben Zeit in Petersburg und Moskau schon die Waffen verteilt werden.

In vierundzwanzig Stunden sind hunderttausend Menschen mobilisiert. Die Eisenbahner treten ebenfalls in Streik (sie sind schon vorbereitet), der Verkehr auf den Strecken Petersburg–Moskau, Petersburg–Warschau, Moskau–Warschau und bei der Südwest-Eisenbahn wird eingestellt. Um einen totalen und gleichzeitigen Stillstand zu sichern, werden einige Brücken gesprengt werden müssen, so wie es auch 1905 geschah, vor allem entlang der Transsibirischen Bahn. Das werden Experten übernehmen.

Über Sibirien gab es in dem Plan einen besonderen Abschnitt: Die dort stationierten Truppen sind außerordentlich schwach, die Städte sind, unter der Einwirkung der dort lebenden Verbannten, revolutionär gestimmt. Das erleichtert die Vorbereitung der Sabotageakte, und sobald die Unruhen begonnen haben, wird man einen Massentransport der Verbannten zurück nach Petersburg organisieren, damit der Hauptstadt eine Stärkungsspritze von «mehreren Tausend der tüchtigsten Agitatoren» erhält. Außerdem werden sie unter den Millionen von Rekruten Propaganda machen. Massive Propaganda wird auch von der linken Presse in Rußland ausgehen und durch Flugblätter der defaitistischen Emigranten ergänzt werden. Solche Flugblätter können mit Leichtigkeit zum Beispiel in der Schweiz gedruckt werden. Die schärfsten Angriffe der Propaganda werden gegen die Armee gerichtet sein. (Parvus malte sich auch einen Aufstand bei der Schwarzmeerflotte aus. Als er durch Bulgarien reiste, hatte er Beziehungen zu Matrosen aus Odessa angeknüpft. Er hatte immer schon den Verdacht gehegt, daß der «Potemkin»-Aufstand das Werk der Japaner war.[42] Erfahrene Agenten sollten auch nach Baku geschickt werden, um die Ölquellen anzuzünden, was übrigens gar nicht schwer sei, da sie kaum bewacht würden.

Die Dynamik der sozialen Revolution mußte selbstverständlich finanziell gestützt werden: Aus deutsche Flugzeugen sollten falsche Rubelnoten abgeworfen werden, gleichzeitig Rubel mit denselben Seriennummern wie die auf dem Falschgeld in internationalen Umlauf gebracht werden, und das alles mit dem Ziel, den Kurs des Rubels zu schwächen und in den Hauptstädten eine Panik auszulösen.

Mit all ihren Clausewitzen, Moltke dem Älteren und Moltke dem Jüngeren, mit all ihrer selbstsicheren Strategie und dem Hochmut des großartig funktionierenden Generalstabs wären die engstirnigen Preußen nie zu einem so genialen Konzept, einem solchen Ideenreichtum fähig gewesen: Nie zuvor hatte Deutschland einen solchen Ratgeber für russische Angelegenheiten gehabt, einen solchen Kenner russischer Schwächen. (Auch jetzt waren sie noch nicht imstande, Parvus gebührend zu schätzen.)

Dabei war das noch nicht alles! Zur gleichen Zeit würde die *nationale* Revolution einsetzen. Der wichtigste Hebel wäre die ukrainische Freiheitsbewegung, ohne deren Stütze das russische Gebäude sehr bald zusammenbrechen würde. Der ukrainische Aufstand würde schnell auf die Kuban-Kosaken übergreifen, möglicherweise auch die Don-Kosaken erfassen. Natürlich würde man mit den reiferen, beinahe freien Finnen zusammenarbeiten; es wäre ein leichtes, ihnen Waffen zu liefern, und für sie eine Kleinigkeit, die Waffen nach Rußland weiterzubefördern. Was Polen betraf, so stand es von jeher fünf Minuten vor einer Erhebung gegen Rußland und wartete nur auf ein Zeichen. Zwischen dem rebellierenden Polen und dem aufständischen Finnland würde das Baltikum erwachen. (Nach einer anderen Version sah Parvus voraus, daß die Ostseeprovinzen sich gern an Deutschland anschließen würden.) Die Nationalisten Georgiens und Armeniens waren jetzt schon finanziell von den Regierungen der Zentralmächte abhängig. Der Kaukasus war in Stücke zerrissen, und es würde schwerfallen, ihn zum Aufstand zu bewegen, doch mit Hilfe der Türkei und ihrer islamischen Agitation würde man ihn so weit bringen können, daß er in den *gasavat*, in den Heiligen Krieg, zieht. Unter dem Einfluß dieser Ereignisse war es zweifelhaft, ob die Terek-Kosaken weiterhin bereit wären, ihr Leben dem Zaren zu opfern ...

Und so wird das zentralistische Rußland für immer zugrunde gehen! Es wird durch den inneren Kampf in seinen Grundfesten erschüttert werden. Die Bauern werden den Grundbesitzern den Boden mit Gewalt wegnehmen. Die Soldaten werden ihre Schützengräben scharenweise verlassen, um bei der Verteilung des Landes nicht zu kurz zu kommen. Sie werden gegen ihre Offiziere rebellieren und die Generäle erschießen ...

Doch diesen Teil des Planes wollte Parvus noch nicht verlautbaren lassen – er hätte bei den Preußen eine unangenehme Vorahnung hervorrufen können.

Aber – und das nimmt einem den Atem! – auch das war noch nicht alles! Nachdem Rußland durch destruktive Propaganda von innen zerrüttet wäre, würde man es auch von außen mit einer feindseligen Presse umzingeln! Sozialistische Zeitungen der verschiedensten Länder würden mit der antizaristischen Kampagne beginnen – diese Hetzjagd von links nach rechts würde auch die Liberalen anstecken, und das bedeutet, man hätte im Handumdrehen die maßgebliche Presse der ganzen Welt auf seiner Seite. Ein Zeitungskreuzzug gegen den Zaren! Besonders wichtig wäre es, die öffentliche Meinung in den Vereinigten Staaten zu beeinflussen. Mit der Bloßstellung des Zarismus wäre dann gleichzeitig die ganze Entente demaskiert und untergraben.

Und das war es, was Parvus den Deutschen vorschlug: Statt des hoffnungslosen Gemetzels Artillerie gegen Infanterie eine einzige Injektion deutschen Geldes, und ohne weitere Verluste auf deutscher Seite würde die Entente in ein paar Monaten ihren volkreichsten Bundesgenossen verloren haben.

Natürlich griff die deutsche Regierung zu!

Parvus hatte nie daran gezweifelt. Er machte sich jedoch Sorgen, wie andere diesen Vorschlag aufnehmen würden – nämlich die Sozialisten. Er machte sich Sorgen, wie die ihn ohnehin stiefmütterlich behandelnde Partei auf sein Projekt reagieren würde, hatte sie doch seine Ideen schon immer für eine Massenagitation zu tiefgründig, zu weit vorausschauend, zu spekulativ gehalten, als daß sie den Führern realisierbar erscheinen konnten.

Die Partei, in der er seit neunzehn Jahren kämpfte und die er mit Ideen überschüttete, ohne in all den Jahren einen Posten zu bekommen oder auch nur das Recht, auf irgendeinem Kongreß über irgend etwas mit abzustimmen, hatte ihn für kurze Zeit wie einen Helden gefeiert. Das war, als er aus Sibirien zurückkam und seine Memoiren *In der russischen Bastille* von allen verschlungen wurden. Aber danach befleckte er seinen Namen in der unglückseligen Gorki-Affäre[43], und eine geheime Parteikommission beschloß, ihn auszustoßen. Der Makel war sogar jetzt, nach fünfjähriger Abwesenheit, immer noch nicht abgewaschen. Vor allen Dingen aber war es sein plötzlicher, unerklärlicher, legendärer Reichtum, zu dem er es in nur einem Jahr brachte und den die Menschen in ihrer Beschränktheit ihm nicht verzeihen konnten, am wenigsten die Sozialisten. Eine merkwürdige Psychologie: Wenn er das Geld geerbt hätte, hätte ihm niemand einen Vorwurf gemacht. Wegen seines selbst erworbenen Reichtums aber mußte man ihn hassen – und fand einen noblen Vorwand für die Empörung: Er war ein Helfershelfer der Imperialisten geworden!

Natürlich waren Clara Zetkin und Liebknecht gegen ihn, doch auch Rosa, die ihm früher so nahestand (übrigens hatte sie sich seiner immer schon geschämt – war es vielleicht wegen seines Äußeren? Jedenfalls hatte sie die Bekanntschaft immer geheimgehalten). Bebel war inzwischen gestorben, Kautsky und Bernstein hatten sich einander entfremdet und an Einfluß verloren, und die neue, selbstzufriedene Parteiführung suchte emsig nach Schwächen in der Position dieses unberechenbaren Scharfmachers Parvus. Sie fragten: Wie wird sich die deutsche Regierung nach dem Sieg verhalten? Weshalb sollte sie sich nach der russischen Revolution erweichen lassen und dem Sozialismus gegenüber freundschaftliche Gefühle entwickeln? Würde sie nicht eher eine Chance wittern, samt der russischen auch die französische und englische Demokratie auffliegen zu lassen?

An diesen Einwänden war etwas dran, die Zweifel waren durchaus berechtigt, aber keiner von diesen Skeptikern hatte die hinreißende Zielbesessenheit von Parvus, die allein Welten erschüttern und wieder aufbauen kann. Niemand – oder fast niemand – in Europa konnte so klar sehen, *daß der Schlüssel zur künftigen Weltgeschichte in der Zerschlagung Rußlands lag!* Alles andere war nebensächlich.

Doch dann starteten die Sozialisten in den Ländern der Entente gegen Parvus eine regelrechte Enthüllungskampagne. Die Schärfe der Angriffe nahm ihm die ganze Freude am Erfolg, obwohl die Mehrzahl der Sozialisten in Europa weder kluge Köpfe noch Tatmenschen waren. Weder war ihnen ein so großartiger Weitblick gegeben noch vermochten sie zu erkennen, daß einem Wandel der Situation eine krasse Wendung in der Handlungsweise folgen müsse. Es waren Beamte des Sozialismus, die in den engen Korridoren der Dogmen wie in einem Grab eingekeilt waren. Sie gingen nicht durch diese Korridore, sie krochen nicht einmal durch sie, sondern sie lagen ausgestreckt da und wagten es nicht, sich zu bewegen. Parvus' erste Aufforderungen an sie, Deutschland zu helfen, riefen bei den Sozialisten altjüngferliches Entsetzen hervor. Wie bequem wäre es gewesen, die ganze Kriegszeit hindurch in unschuldiger Neutralität dazusitzen und sich mit moralischer Entrüstung zu begnügen – gegen den Krieg und gegen die, die es wagten, sich in ihn einzumischen! Aber entscheidend für den Plan war nun einmal die Rolle der russischen Sozialisten, und der Plan enthielt darüber eine sorgfältige Analyse, die Parvus der deutschen Regierung ebenfalls unterbreitete.

Obwohl die Sozialisten, untereinander uneinig, sich in kleine

Gruppen geteilt hatten, durfte keine von ihnen ausgelassen werden. Und weil sie durch diese Zersplitterung natürlich an Stärke verloren hatten, war es das vordringlichste Ziel, sie zur Einigkeit zu bewegen. Parvus fand, daß ein Kongreß, möglichst in Genf, der geeignetste Ort dafür wäre. Einige Gruppen, wie der «Bund», die «Spilka»[44], die polnische und die finnische Fraktion, würden den Plan zweifellos unterstützen. Aber es konnte keine wahre Einheit geben, solange die Bolschewiki und Menschewiki nicht wieder vereint waren. Das jedoch hing vom Führer der Bolschewiki ab, der jetzt in der Schweiz lebte.

Es konnten verschiedene Schwierigkeiten auftreten, zum Beispiel die, daß einige russische Sozialisten Patrioten waren und keinesfalls eine Zerschlagung des Russischen Reiches befürworten würden. Andererseits konnte man der Konferenz auch mit Zuversicht entgegensehen: Die Emigranten lebten seit Jahrzehnten in größter Not, manchmal reichte es nicht einmal für eine heiße Suppe, und Geld verdienen, das hatten sie nicht gelernt. Geld brauchten sie aber auch für ihre literarischen Arbeiten, Broschüren, Pamphlete, Zeitungen, ihre Reisen zu Kongressen und Versammlungen – kurz, für all das, was ihnen noch wichtiger war als ihr täglich Brot. Diese Emigranten würden einer voller Geldtasche gewiß nicht widerstehen können. Wenn sogar die starken, legalen westlichen Gewerkschaften Subventionen aus der Staatskasse annahmen, warum sollten dann die armen Emigranten nicht darauf eingehen? Wer in aller Welt lebt nicht gern ein bißchen besser? Wenn man den Wortführern der Emigrantengruppen mit diskreten Zuwendungen unter die Arme griffe, konnte das den wechselseitigen Beziehungen doch nur förderlich sein.

Auf dem Weg in die Schweiz genoß Parvus schon im voraus den Erfolg, den er sich von der Begegnung mit Lenin versprach. Ihre gemeinsame Arbeit in München lag lange zurück, sie hatten sich seit Jahren nicht mehr gesehen, aber Parvus hatte diesen einzigartigen, unvergleichlichen Typ eines Sozialisten nicht aus den Augen gelassen. Dieser Lenin war ein von Vorurteilen vollkommen freier Mensch, der jederzeit bereit war, jedes beliebige Mittel anzuwenden, wenn er sich davon etwas versprach. Er war der einzige eiserne Realist, der sich nie von Illusionen hinreißen ließ, der zweitgrößte Realist in der sozialistischen Bewegung – nach Parvus. Was Lenin allerdings nicht besaß, war Weitsicht. Seine über alle Maßen intolerante, sektiererische Engstirnigkeit ließ seine ungeheure Energie im Leerlauf verpuffen, sie führte zur Zersplitterung der Partei, zu Distanzierung, kleinlichem Räsonieren, aufreibenden Querelen, sarkastischen Zeitungsartikelchen ... Er vergeudete seine Kräfte in nichtigen Auseinandersetzungen, in Stapeln beschriebener Seiten. All das verdammte ihn zur Unfruchtbarkeit, solange er in Europa lebte. Er brauchte einfach Rußland, und Rußland brauchte ihn. Das hieß, daß er, wenn es um Aktionen in Rußland ging, unentbehrlich war. Man brauchte ihn dort – die Stunde war gekommen!

Jetzt, da Parvus' jüngerer Mitkämpfer Trotzki, sein einstiger Busenfreund, sich für immer von ihm losgesagt, nachdem er zuvor schon seine frühere Vitalität und Klarsicht eingebüßt hatte, fühlte sich Parvus unwiderstehlich von Lenins grausamem Stern angezogen – denn Lenin war zu genau denselben Erkenntnissen gelangt wie Parvus: daß es gleichgültig war, wer zuerst angefangen hatte; daß der Zarismus die Hochburg der Reaktion war und als erster besiegt werden mußte; und aus beiläufigen Bemerkungen, aus Nuancen, die niemandem außer Parvus aufgefallen waren, hatte er herausgehört, daß Lenin sich weder in seiner persönlichen Anspruchslosigkeit noch in seinen hohen politischen Ansprüchen geändert hatte, daß er außerdem nicht zögern würde, sogar Wilhelm II. oder den Teufel selbst zum Verbündeten zu wählen, wenn es darum ging, den Zaren zu stürzen.

Deswegen hatte Parvus ihm schon vorweg die Nachricht von den «interessanten Vorschlägen» geschickt. Daß sie sich verbünden würden, daran zweifelte Parvus nicht. Das einzig Störende waren die unglückseligen, künstlichen Unstimmigkeiten bezüglich der Menschewiki, denen gegenüber sich Lenin geradezu töricht stur verhielt. Aber die Millionen Mark hatten doch auch ihr Gewicht – oder etwa nicht?

Im Memorandum an die deutsche Reichsregierung hatte Parvus Lenin und seine über ganz Rußland verbreitete Untergrundbewegung ausdrücklich erwähnt, und zwar als seine Hauptstütze. Lenin zu seiner rechten Hand zu machen, wie in der vorangegangenen Revolution Trotzki, das mußte zum sicheren Sieg führen.

Siegessicher also war Parvus nach Berlin gefahren und, dort angekommen, durch den Speisesaal mit der teuren Zigarre im Mund gegangen. Um so mehr erstaunte ihn Lenins brüsk ablehnende Haltung. Er sah indessen schnell ein, daß diese Reaktion taktisch vollkommen richtig war. Und als sie dann beide in der Uljanow-Wohnung auf dem Bett saßen, drängte Parvus mit seinem ungeheuren Gewicht den leichten Lenin mühelos in die Ecke.

«Aber Sie brauchen doch Kapital! Womit wollen Sie denn die

Macht ergreifen? Tja, das ist eine unangenehme Frage!»

Nein, nein, das verstand Lenin sehr wohl: daß man mit Ideen allein nicht weit kommt, daß eine Revolution ohne Macht nicht durchführbar ist, daß in unserer Zeit Geld Macht bedeutet. Geld liefert alle Mittel der Macht: den Organisationsapparat, Waffen – und Menschen, die fähig sind, mit diesen Waffen zu töten. Das alles stimmte, niemand konnte das bestreiten!

Mit seiner unvergleichlichen Auffassungsgabe, ohne viel überlegen zu müssen, mit seinen blitzartigen Veränderungen des Gesichtsausdrucks – jetzt hatte er das heimliche Lächeln des Verschwörers aufgesetzt – sagte Lenin (das «r» meist verschluckend): «Aber warum ‹unangenehm›? Wenn man zum Geld eine parteipolitische Einstellung hat, dann ist das der Partei sehr angenehm. Unangenehm ist es nur dann, wenn man das Geld *gegen* die Partei anwendet.»

«Natürlich! Sie müssen ja auch Ihre Geldquellen haben, wie würden Sie sonst Ihren *Sozial-Demokrat* herausgeben können!» meinte Parvus mit freundlich ironischem Lächeln. «Oder ...» und sein Falstaff-Bauch hopste vor Vergnügen, «oder geben Sie bei der Schweizer Steuerbehörde etwa an, daß Sie vom Honorar des *Sozial-Demokrat* leben können?»

Ein spöttisches Lächeln hatte Lenin oft auf den Lippen, ein einfaches, harmloses sehr selten. Statt dessen kniff er die ohnehin kleinen Augen zusammen, so daß sie noch schmaler erschienen.

Vorsichtig wählte er seine Worte: «Diese philanthropischen Zuwendungen kommen immer von wer weiß woher. Die Partei hat doch nichts gegen Wohltätigkeit, warum sollte sie?»

Es war genug Geld da, sie hätten davon alle ein bißchen besser leben können. So wie es manche, durch deren Hände das Geld floß, unverschämterweise auch taten. Bagocki warf sogar ganz unanständig mit dem Geld um sich, und niemand würde es auf sich nehmen, die österreichische Kasse von Weiss zu überprüfen. In solchen Fällen ist es nicht ratsam, etwas zu sagen – es gäbe nur böses Blut. Am besten, man läßt es fließen ...

Das Auge konnte auf nichts ausruhen – weder auf Lenins verschlissenem Jackett noch auf dem geflickten Kragen, weder auf dem fleckigen Tischtuch noch auf der fast leeren Wand, vor der statt eines Bücherregals zwei umgestülpte Kisten standen.

Aber Parvus schämte sich seiner Diamanten nicht, nicht seines aus feinstem Stoff angefertigten Anzugs, auch nicht der eleganten englischen Schuhe. Diese Leninsche Armut war ja nur eine Pose gemäß der Parteilinie, um als Beispiel dazustehen, als «der Führer ohne Tadel» sozusagen. In dieser selbstgewählten, seit vielen Jahren gespielten Rolle zeigte sich eben seine Engstirnigkeit, die Armseligkeit seines Denkens. Aber das ließ sich ändern. Auch Lenin konnte man in Schwung bringen.

Aber, nein! Weit gefehlt! Aus innerem Protest, aus tiefer Antipathie lehnte Lenin spontan jede Art von Überfluß ab, wie billig er auch zu haben sein mochte.

Genug zum Leben haben, das ist etwas anderes, das ist vernünftig, aber Überfluß, das ist der Anfang der Zersetzung, und Parvus hat man dabei ertappt. Er sollte ja ruhig Millionen ausgeben, aber für die Revolution! Er selbst begnügt sich mit dem Notwendigsten, er dreht jeden Rappen zweimal um und ist stolz darauf. Das ist keineswegs eine Marotte, und er tut's nicht nur deswegen, um mit gutem Beispiel voranzugehen – denn zwingen kann man niemanden ...

Mit einem raschen Seitenblick sagte Lenin weder feindselig noch beleidigt: «Israel Lasarewitsch! Ihr ewiger Glaube an die Allmacht des Geldes hat sie genarrt! Ja, ja, Sie haben richtig gehört!»

Wenn man wenig ausgibt, dann ist es, als lebe man in einem verschlossenen Zimmer, alle Geheimnisse sind gut aufgehoben, nichts sickert durch, man fühlt sich sicher, man kann sich nicht gehenlassen, alles ist fest und unverrückbar. Reichtum aber ist wie loses Geschwätz. Nein, Disziplin muß sein, auch hierin. Nur in der Einschränkung entwickelt sich und wächst der wirkliche Kampfgeist.

Lenin ging sogar so weit, daß er die zwölfhundert Franken Kaution für die Aufenthaltserlaubnis in der Schweiz nicht zahlen wollte und lieber Erklärungen abgab, Petitionen einreichte, kostbare Zeit vergeudete und beim Polizeipräsidenten von Bern vorstellig wurde, zusammen mit Carl Moor, der eine dicke Brieftasche bei sich trug und die Scheine ohne weiteres hätte hinblättern können ... Als man Lenin dann endlich eine ermäßigte Gebühr von dreihundert Franken zugebilligt hatte, zahlte er nur hundert und zog dann nach Zürich. Dort brauchte er nichts zu zahlen, aber auch das genügte ihm nicht. Er schrieb nach Bern, um die angezahlten hundert Franken zurückzubekommen. Ja, das verstand Lenin: sich einzuschränken. Nur so konnte er freier atmen.

Der tiefere Sinn eines Gesprächs: sich so wenig wie möglich exponieren, aber den Gesprächspartner so gründlich wie möglich erforschen und durchschauen.

Mit einem stechenden, prüfenden Blick und einem skeptischen Zucken um die Lippen fragte Lenin: «Wozu brauchen Sie eigentlich

Ihren ganzen Reichtum? Nun, sagen Sie's schon! Erklären Sie's mir mal!»

Eine kindische Frage. Eine jener lächerlichen Wozu-Fragen, die man am besten gar nicht beantwortet. Na, einfach dazu, damit sich jedes «ich will» in ein «ich kann» verwandeln läßt. Wahrscheinlich dasselbe Gefühl, das ein Athlet hat, wenn er die Kraft seiner Muskeln spürt. Das braucht man zur Selbstbestätigung. Ist der Sinn des Lebens.

Der Dicke seufzte: «Ist doch menschlich, reich sein zu wollen. Verstehen Sie das denn nicht, Wladimir Iljitsch?»

Er schaute Lenin an. Als er so den kahlen Kopf und die matte Haut an den Schläfen, das zu spitze Kinn und die zu scharfe Krümmung der Brauen betrachtete, kam ihm plötzlich der Verdacht, daß der Mann wirklich nicht verstand – der tat nicht nur so. Sein durchdringender Blick ging nur geradeaus; was sich an den Seiten abspielte, bemerkte er nicht.

Sanfter sagte er: «Also, wie soll ich's sagen ... So wie jeder gute Augen haben will und gute Ohren, so ist es auch mit dem Reichtum.»

Aber war sein Entschluß, reich zu werden, das Ergebnis sorgfältiger Überlegungen, gehörte das zu seinem theoretischen Credo? Nein, reich zu werden war ihm ein angeborenes Bedürfnis. Der Drang zum Handeln, zum Geschäftemachen, eine sich bietende Gelegenheit, Gewinn mitzunehmen, sofort auszunutzen – diese Begabung hatte er nicht planmäßig entwickelt, sondern sie wirkte fast wie ein biologischer Vorgang, der sich unbewußt und reibungslos abspielt. Instinktiv spürte er, wie die ökonomische Lage gerade aussah, wo sich irgendwelche Unregelmäßigkeiten abzeichneten, Mißverhältnisse, eine Diskrepanz, die direkt danach schrie, daß man mit beiden Händen zugriff und Gewinn daraus zog. Das alles war ihm so sehr in Fleisch und Blut übergegangen, daß er seine vielfältigen Transaktionen, die sich über zehn europäische Länder erstreckten, ohne jede Buchführung erledigte. Es war alles nur in seinem großen Kopf registriert.

Schließlich und endlich war ja sein persönlicher Reichtum «eine Privatsache»! Lenins Augen aber bohrten tiefer und versuchten herauszufinden: War Parvus überhaupt ein Sozialist? Merkwürdig: Fünfundzwanzig Jahre steht er im Dienst der sozialistischen Publizistik, und man fragt sich, ob er ein Sozialist sei!

Parvus kam wieder zur Sache.

«Ich sagte es Ihnen doch schon! Reichtum, das bedeutet ganz einfach *Macht*! Was will das Proletariat erreichen? Macht? Ich habe seit fünfundzwanzig Jahren einen Namen, der bekannter ist als der Ihrige – und hatte die meiste Zeit nichts davon. Aber Reichtum öffnet alle Tore. Nehmen Sie, zum Beispiel, diese Verhandlungen mit der deutschen Regierung: Würde sie einem Bettler vertrauen und ihm Millionen für ein Projekt geben? Nein, aber von einem Reichen weiß man, daß er das Geld nicht einstecken wird – er hat selber genug davon.»

Parvus' unproportionierter, unsymmetrischer Kopf neigte sich Lenin vertraulich zu, und mit farblosen, aber philosophisch blickenden Augen schaute er ihn freundlich und ruhig an.

«Zögern Sie keinen Augenblick, Wladimir Iljitsch! Eine solche Gelegenheit gibt es nur einmal im Leben ...»

Ja, das stimmte. In den ersten Kriegstagen hatte Lenin schon einmal ungewohnten Luxus erfahren, als ein Genie von der österreichischen Parteifraktion es möglich machte, daß die Familie Uljanow mit einem Postzug der ‹Kriegsfahrordnung› in die Schweiz fuhr, da der zivile Zugverkehr über die Grenze eingestellt war. Damals spürte Lenin, was es hieß, nicht immer in der Luft zu hängen, nicht immer nur mit Worten und Theorien zu leben, sondern ein für allemal das fröstelnde, hilflose Emigrantendasein zu vergessen und mit der wirklichen Macht zusammenzugehen. Wie in allem, war Parvus ihm auch darin einen Schritt voraus.

«Um eine Revolution zu machen, braucht man sehr viel Geld», versuchte Parvus ihn aufs neue zu überzeugen, und lehnte sich anbiedernd gegen Lenins Schulter. «Aber um an der Macht zu bleiben, wird man noch viel mehr Geld brauchen!»

Er packte die Sache vom anderen Ende her an – und doch hatte er recht.

Von den Höhen der Parvusschen Philosophie aus betrachtet, war diese Denkweise richtig. Doch genaugenommen war Lenins Denkweise ebenso richtig.

«Stellen Sie sich vor, was geschehen würde, wenn wir meine Möglichkeiten mit Ihren verbänden ... Und dazu die Unterstützung, die wir haben! Bei Ihrem unvergleichlichen Talent zur Revolution! Wie lange können Sie denn noch in diesen Emigrantenlöchern herumlungern? Wie lange wollen Sie noch auf die Revolution warten? Wann werden Sie einsehen, daß sie schon vor der Tür steht?»

Nein, mit nichts, mit gar nichts in der Welt konnte man Lenins Klarsicht trüben – weder mit gemeinsamen Freuden noch mit schwärmerischer Hoffnung und erst recht nicht mit Schmeichelei ... Die geringste Kluft in der gegenseitigen Verständigung wurde von ihm sofort bemerkt, lange bevor es zu einem wirklichen Mißverständnis kommen konnte. Mochte er selbst auch ein Ausgestoßener, ein Versager sein, so wußte er doch, daß Parvus mit all seinen Erfolgen, all seinen Prophezeiungen nicht im Recht war oder zumindest nicht ganz im Recht. Ich habe vielleicht nichts erreicht, dachte er, aber das Recht ist doch auf meiner Seite ...

Plötzlich fand Parvus alles sehr komisch. Lachen erschütterte seinen großen Körper (der morgens auf nüchternen Magen ein Glas Champagner liebte, dann ein ausgedehntes, duftendes Bad und abends zum Souper schöne Frauen, wenn ihm der Rheumatismus nicht zu sehr zusetzte).

«Glauben Sie immer noch, daß man nur durch Raubüberfälle zu Geld kommen kann? Haben Sie jetzt etwa vor, den Crédit Lyonnais zu überfallen? Man wird euch eines Tages nach Neu-Kaledonien schicken, Genossen! Als Galeerensträflinge!»

Er krümmte sich vor Lachen.

Lenin hob leicht die Augenbrauen, sein typischer Ausdruck der Ablehnung und Kritik. Doch seine Augen blickten scharf prüfend, kalt objektiv geradeaus, um das Problem genau zu fixieren.

Banken zu berauben, noch bevor sie gesetzlich enteignet wurden, war theoretisch ganz richtig, es war, als borgte man von sich selbst – als nähme man Vorschuß vom Zukünftigen. In der Praxis sah es so aus, daß es manchmal gelang und manchmal nicht. In einem waren die Bolschewiki in den Revolutionsjahren sehr erfolgreich, nämlich in ihren «Expropriationen». Man hatte mit Überfällen auf Eisenbahnen und Zahlschaltern angefangen. Die ersten 200000 Rubel, die man in Georgien erbeutet hatte, veränderten das Leben der Partei. Und wenn es 1907 gelungen wäre, aus der Mendelssohnschen Bank in Berlin die fünfzehn Millionen herauszuholen (Kamo war unterwegs verhaftet worden, und die ganze Sache fiel ins Wasser), dann ... oho! Diese Methode ist zwar riskant, dafür aber höchst wirkungsvoll. Jedenfalls beschmutzt man sich die Hände dabei weniger, als wenn man mit einem ausländischen Generalstab zusammenarbeitet.

«Beschmutzen? Sie haben wohl Angst vor dem Kittchen?»

Parvus' Blick aus zusammengekniffenen Augen drückte Verachtung, Beschämung, Belehrung aus. «Ich kann Ihnen aus eigener Erfahrung sagen, daß man bei wirklich großen Unternehmungen nie hereinfällt. Wer sich aber nur mit Bagatellen abgibt, den erwischt es bestimmt.»

Was für ein Dickhäuter! Man kann sagen, was man will, er spuckt drauf, geht seinen Weg und zertritt alles, was ihm in die Quere kommt.

Parvus nahm teilnahmsvoll Lenins beide Hände in seine wabbligen Pranken, eine unangenehme Angewohnheit von ihm, und sprach zu ihm wie ein wahrer Freund (beinahe wäre man per du geworden!).

«Wladimir Iljitsch, vergessen Sie nicht zu analysieren! Denken Sie nach: Sie haben schon einmal eine Revolution verloren. War es nicht Ihre eigene Schuld? Das zu klären ist für die Zukunft sehr wichtig. Nehmen Sie sich in acht, daß Sie nicht auch die zweite verlieren!»

Woher nimmt der Mensch nur diese impertinente Selbstsicherheit? Wer, zum Teufel, erlaubt ihm, sich als mein Lehrer aufzuspielen? Will er etwa die Rolle des Führers übernehmen? Der ist ja blind und taub vor lauter Eitelkeit!

Lenin zog abrupt seine Hände weg und setzte wieder sein ironisches Lächeln auf, das gewohnte, schneidende Lächeln mit gehobenen Augenbrauen. Jetzt fühlte er sich wieder in seinem Element und genoß fast vergnügt den Triumph seines Spotts: «Israel Lasarewitsch, Sie sollten lieber Ihre eigenen Fehler analysieren! Jene Revolution habe nicht ich verloren, denn nicht ich habe sie gemacht! Verloren haben Sie sie: Wie haben Sie das nur fertigbekommen?»

Damit hatte er noch nicht zuviel gesagt, noch war es ein sachliches Argumentieren, er hielt sich noch zurück. Aber der ewige Druck dieses Dickwanstes, der ihn zu ersticken drohte, der ihm so viele Jahre die Rippen eingedrückt hatte, reizte unerträglich seine Spottlust, verführte ihn dazu, deutlicher zu werden: denn was war schon dieser Parvus? Ein Ehrgeizling! Ein von Machthunger Getriebener! Was hatte er denn aufzuweisen, außer seinem Reichtum?

«Und in der Peter-und-Paul-Festung – wieso verloren Sie da so rasch den Mut? Vor Einsamkeit, was? Oder lag es an der Feuchtigkeit? Haben Sie da nicht in Selbstmitleid gebadet und Ihren eigenen Leichnam beweint? Und was war das für ein pathetisches, billiges Tagebüchlein nach der Manier deutscher Philister, das Sie da verfaßten?[45] Und der Fieberwahn von der Amnestie? Richtet beinahe ein Gesuch an den Zaren höchstpersönlich! Sieht das einem Führer der Revolution ähnlich? Was für ein Führer sind Sie denn!»

Und was ist er selbst für einer? Klein, kahlköpfig, mit spitzen Brauen, stechendem Blick, fahrigen Bewegungen.

Aber außer ihnen beiden ist niemand da, der es besser machen könnte.

Parvus wurde nie rot. Als habe er in seinen Adern nicht jene rote Flüssigkeit, sondern eine grünlich-wäßrige, von der Farbe seiner Haut. Eigentlich wollte er nicht böse werden, aber weil Lenin sich so aufplusterte, so höhnisch grinste, vergaß Parvus alle guten Eigenschaften, die der Mann neben ihm immerhin besaß, und schrie ihn an: «Sie tun so, als hätten *Sie* auf den Barrikaden gekämpft. Sie tun so, als hätten *Sie* auch nur an einer einzigen Straßendemonstration teilgenommen, während man von weitem schon die Kosakenpeitschen knallen hörte! Ich bin aus Sibirien geflohen – Sie hatten das ja nicht nötig. Sie hatten ein falsches ärztliches Zeugnis und fuhren statt ins nördliche Sibirien ins sibirische Italien!»

(Beinahe hätte er noch ganz andere Sachen gesagt, wie zum Beispiel: Sie haben gut reden! Andere zum Kampf aufrufen, während Sie in der neutralen Schweiz sitzen und nie in der Armee gedient haben!)

Solche Beleidigungen, in aller Öffentlichkeit ausgesprochen, rechtfertigen einen politischen Mord – zumindest aber einen Rufmord. Geschieht die Beleidigung indessen privat, gibt es noch einige andere Möglichkeiten. Man kann annehmen, er hätte seine herbe Kritik in aller Freundschaft geäußert, oder daß man selbst ebenfalls etwas zu aggressiv war, wie das im Eifer einer heißen Diskussion nun mal vorkommt.

Ach, es war unvernünftig, sich herumzustreiten. Er war doch nicht deshalb in die Schweiz gekommen ...

Und Lenin dachte, daß Parvus doch sehr nützlich sein könnte, denn er hatte schließlich eine einzigartige Position.

Lenin ist die Basis des ganzen Planes, sagte sich Parvus. Wenn er mich im Stich läßt, wer wird dann die Revolution machen?

Und Lenin lächelte wieder, diesmal aber nicht höhnisch, und schaute Parvus dabei aufmerksam an; es war ein Lächeln zwischen den beiden klügsten Menschen der Welt. Dann legte er die Hand auf Parvus' Schulter und sagte beinah flüsternd: «Soll ich Ihnen sagen, welches der größte Fehler war, den Sie 1905 begangen haben, und warum die Revolution nicht gelungen ist?»

Parvus antwortete mit der Selbstverleugnung des Gelehrten, der bereit ist, um der Wahrheit willen auch den schwersten Fehler zuzugeben. «Meinen Sie das Finanzmanifest? War es zu voreilig?»

Zwischen ihren beiden Köpfen, die sich ganz nahe waren, bewegte Lenin wie drohend den Zeigefinger und lächelte wie ein Kalmücke im Bazar von Astrachan, wenn er eine Melone anpreist: «Ne-e-e-in! Das Finanzmanifest war genial! Aber Ihre Sowjets ...»

«Meine Sowjets sorgten für die Einigung der ganzen Arbeiterklasse, statt für ihre Zersplitterung, wie die Sozialdemokraten. Meine Sowjets waren auf dem besten Weg, zu einem Machtzentrum zu werden. Und wenn wir damals den Achtstundentag erreicht hätten – nur das! –, dann wären in ganz Europa Aufstände ausgebrochen – und Sie hätten Ihre *permanente Revolution* gehabt!»

Lenin blinzelte listig aus den Augenspalten und hörte zu, wie Parvus seine Eitelkeit entschuldigte. Er ließ sich Zeit, bevor er ihn unterbrach. Wegen dieser verfluchten, verworrenen permanenten Revolution hatten sie sich alle drei zerstritten: Parvus, Trotzki und er. Sie hatten sich wie die Karussellpferde im Kreis herum bewegt, und jeder von ihnen hatte seine Position verteidigt und behauptet, die beiden anderen wären im Unrecht, entweder rückständig oder viel zu weit vorausgeeilt.

«Aber, nein!» winkte Lenin ab, sprach weiterhin im verschwörerischen Flüsterton und hatte wieder sein durchtrieben-gutmütiges asiatisches Grinsen auf dem Gesicht. «Sie selbst haben doch damals so richtig geschrieben: der ‹permanente Bürgerkrieg›! Das Proletariat darf die Waffen nicht aus den Händen lassen! Und wo waren Ihre Waffen?»

Parvus' Gesicht wurde finster. Niemand hat es gern, an seine Niederlagen erinnert zu werden.

Lenin beugte sich zu ihm vor und sah ihn mit seinen bohrenden Schlitzaugen an. Er hatte über dieses Thema viel nachgedacht, mehr als über alles andere, und jetzt wollte er das Ergebnis mitteilen.

«Sie hätten nicht noch auf eine Nationalversammlung warten sollen. Sie hatten den Petersburger Sowjet, das war ja die proletarische Nationalversammlung. Was Sie hätten tun sollen ...»

Er fixierte ihn, als wolle er seine scharfen Gesichtszüge, seinen Blick, seine Gedanken und seine Worte in einem einzigen Brennpunkt konzentrieren.

«Man hätte vom zweiten Tag an ein bewaffnetes Strafkommando einsetzen sollen ... neben dem Sowjet. Das wäre *Ihre Waffe* gewesen!»

Er schwieg. Nachdem er dies gesat hatte, schien ihm nichts anderes mehr wichtig.

Das war das eigentümliche an diesem verträumten Lehnstuhl-Philosophen: Jahrelang hatte er über die eine Sache nachgedacht, bevor er die Lösung fand, und obwohl inzwischen zehn Jahre vergangen waren, glaubte er immer noch, sie sei das Wichtigste auf der Welt. Wie zerstörerisch wirkt doch Emigration! Weit weg vom Ort des Geschehens und der Wirklichkeit ist sie eine zersetzende Kraft. Ein elendes Schicksal! Die ganze Energie war mit Streit, Spaltungen, Beschuldigungen vergeudet worden – und heute kam Parvus und öffnete vor ihm das ganze weite Feld des Weltgeschehens. Er aber saß zusammengekrümmt auf seinem Bett und grinste ...

Der zweitgrößte Geist des europäischen Sozialismus verkam in einem Emigrantenloch. Man mußte ihn vor sich selbst retten!

Man mußte ihn für *die Sache* retten, den *Plan*!

«Ja, verstehen Sie überhaupt meinen Plan? Verstehen – Sie – meinen – Plan?!»

Man mußte ihn aus der Erstarrung herausholen ... Schläft er? Ist er zu Stein geworden? Er erfaßt nichts mehr.

Parvus rückte noch näher und sagte ihm direkt ins Ohr:

«Wladimir Iljitsch! Sind Sie unser *Verbündeter*?»

Er saß da, als wäre er taubstumm. In seinen Augen konnte man nicht lesen ...

Parvus ergriff seine Schulter.

«Wladimir Iljitsch! Ihre Stunde ist gekommen! Die Zeit ist gekommen, daß Ihre Untergrundbewegung in der Öffentlichkeit agiert – und siegt! Sie hatten bisher keine Kraft, das heißt, kein Geld – jetzt gebe ich es Ihnen, so viel Sie wollen! Öffnen Sie die Kanäle, in die das Geld fließen soll! In welchen Städten und an wen soll ich was zahlen? Nennen Sie Namen! Wer wird die Flugblätter und die Schriften in Empfang nehmen? Der Waffentransport ist schwieriger, aber auch das werden wir irgendwie schaffen. Aber wie werden wir die zentrale Führung organisieren? Von hier aus, von der Schweiz ... ehrlich gesagt, ich verstehe nicht, wie das gehen soll. Wollen Sie, daß ich Sie nach Stockholm bringe? Das wäre ganz einfach.»

Parvus drängte sich ihm auf, pumpte sein Nilpferdblut in ihn hinein ...

Lenin machte eine heftige Bewegung und befreite seine Schulter aus Parvus' Griff.

Er hatte alles gehört und alles verstanden. Doch die Barriere des Mißtrauens hielt Lenin davor zurück, offen zu sprechen. Er hatte Parvus schon genug über das Jahr 1905 gesagt.

Wenn *er* diesen Plan nicht zu schätzen wußte, wer dann? Gewiß, es war ein hervorragendes, gewaltiges Programm! Es war taktisch durchführbar, die notwendigen Mittel standen mit Sicherheit zur Verfügung, und die einsatzbereiten Gruppen waren eine Tatsache. Zugegeben: Einen Dritten mit einem so klaren Verstand, einer so sicheren Voraussicht, gab es in der Internationale nicht. Nur sie zwei waren da.

Aber gerade darum galt es, fünffach und sechsfach vorsichtig zu sein. Bei politischen Verhandlungen muß man auch an den scheinbar harmlosesten Stellen aufpassen, sonst tappt man in eine Falle.

Also wie nun? War Parvus ihm wieder mal einen Schritt voraus? Nein, theoretisch und etwas allgemeiner ausgedrückt, hatte Lenin zu Anfang des Krieges dasselbe gesagt, genau dasselbe gewünscht und zu erreichen versucht. Das erstaunliche an Parvus war seine handfeste Sachlichkeit. Ein typischer Finanzmann eben.

Gegen dieses großartige Programm konnte Lenin keine Argumente vorbringen; ebensowenig konnte er Parvus irgendwelche Denkfehler nachweisen.

Soweit alles richtig. Nach einer einfachen Kalkulation war tatsächlich der Hauptfeind ihres Hauptfeindes ihr bester Verbündeter: die Regierung des deutschen Kaisers. Daß dieses Bündnis zulässig war, daran zweifelte Lenin keinen Augenblick. Jemand, der in einem ernsten Kampf keine ernsten Mittel anwendet, ist der größte Dummkopf.

Ein Bündnis – ja. Aber gleichzeitig – äußerste Vorsicht. Nicht als Vorbeugungsmaßnahme, sondern als Bedingung für jede Aktion. Ohne die größte, die allergrößte Vorsicht ist das ganze Bündnis und der ganze große Plan beim Teufel! Man mußte verhindern, daß die sozialdemokratischen Omas Europas in ein vielstimmiges Wehgeschrei ausbrächen ... Lenin gab zwar zu, daß man auf Frankreich, diese Rentnerrepublik, nicht besonders Rücksicht zu nehmen brauchte. Aber er wußte genau, wie weit man gehen durfte und wie man sich eine Hintertür offenließ. Parvus wußte das nicht. Er hatte sich großgetan, hatte seine Ideen zu freimütig preisgegeben und dadurch seine politische Vertrauenswürdigkeit verloren.

Erst jetzt wurde sich Lenin seiner eigenen Stärke bewußt – und der Schwäche des anderen. Parvus hatte die Fähigkeit, als erster etwas zu erfinden oder zu entdecken, als erster mit seinen schweren Schritten auf einem neuen Weg zu gehen – aber dann versperrte er mit seiner Riesengestalt den anderen den Weg. Eine weitere Schwäche von ihm war, daß er keine Ausdauer hatte. Nur zwei Monate lang hatte er den Sowjet zu führen vermocht; und zwanzig Jahre lang zu versuchen, die deutschen Sozis zu erziehen, das ging vollends über seine Kraft. Lenin dagegen hatte eine unendliche Ausdauer, er spürte, daß er fähig war, ewig zu laufen, ohne außer Atem zu kommen, er würde bis zum Grabe laufen und ins Grab stürzen – aber aufgeben würde er nie.

Einen Bund? Bitte sehr, gern. Aber in diesem Bund wollte er die spröde Braut sein, nicht der hartnäckig werbende Bräutigam. Sie sollten *ihn* suchen. Nicht umgekehrt. Du wirst dich so verhalten, daß du selbst dann, wenn du dich mal schwach fühlst, immer noch der Überlegene sein wirst. Er wollte unabhängig sein. Schon in Bern hatte er diese Haltung eingenommen. Natürlich würde er nicht an die Tür des deutschen Konsuls, Romberg, klopfen, so wie es Parvus in Konstantinopel getan hatte. Nein, er formulierte und verbreitete seine Thesen – und wußte genau, daß sie schließlich die richtige Adresse erreichen würden. Und so geschah es auch. Romberg schickte ihm von selbst einen Revolutionär aus Estland, Alexander Kesküla, um mit ihm Gespräche zu führen und durch ihn von Lenins Absichten zu erfahren. Immer in den Grenzen seines erklärten Programms bleibend – Sturz des Zaren; Separatfrieden mit Deutschland; die Loslösung der nicht-russischen Völkerschaften; der Verzicht auf die türkischen Meerengen –, erlaubte sich Lenin einen kleinen Bestechungsversuch: Ohne Verrat an sich selbst und ohne gegen die Prinzipientreue zu verstoßen, konnte er Romberg versprechen, daß die revolutionäre russische Armee in Indien eindringen würde. Es war wirklich kein Verrat an den Prinzipien: Der englische Imperialismus mußte attackiert werden – wer sonst sollte es tun, wenn nicht die Russen? Eines schönen Tages ... Natürlich machte er damit schon eine Konzession, eine Art Rückversicherung und eine Abweichung vom eingeschlagenen Kurs – aber es war keine gefährliche Angelegenheit. Obwohl Kesküla Wolfsaugen hatte und ein wölfisches Wesen, charakterlich viel stärker und in seiner Arbeit viel tüchtiger war als die schlappschwänzigen Sozialdemokraten, sah Lenin auch von daher keine Gefahr. Estland mußte sowieso aus dem russischen Gefängnis befreit werden, so wie alle anderen fremden Völker, das bedeutete also kein Abweichen von der Linie. Jeder von ihnen nutzte den anderen zu seinem Vorteil aus. Sie nahmen Arthur Siefeldt und Moissej Charitonow in ihren Kreis auf, Kesküla reiste nach Skandinavien und leistete dort Hervorragendes, besorgte Geld für die Publikationen und trat in Verbindung zu Schljapnikow und somit zu Rußland.

All das war dem großartigen Plan von Parvus nicht gleichzusetzen, aber es war eine stille, zielsichere Arbeit – und das politische Gesicht blieb gewahrt.

Parvus zeigte plötzlich Ungeduld. Noch so ein Fehler von ihm!

Da er sah, daß das Gespräch eine andere Wendung genommen hatte, war er drauf und dran, den Kandidaten fallenzulassen, und meinte voller Verachtung und Bitterkeit – was die Sache kaum weiterbrachte: «Auch Sie ... auch Sie sind also wie alle anderen?! Man hat Angst, sich die Finger schmutzig zu machen. Man wartet lieber ...»

Dabei hatte er so auf Lenin gehofft! Dieser wenigstens ist auf meiner Seite, hatte er gedacht. Wenn es mit dem nicht geht, wer bleibt da noch übrig?

Aufgeregt suchte er die allerletzten Argumente zusammen, verlor seine Selbstzufriedenheit und die Attitüde des Millionärs.

«Wladimir Iljitsch, bleiben Sie nicht hinter der Zeit zurück! Jedem anderen könnte man's verzeihen, aber nicht Ihnen! Haben Sie denn noch nicht begriffen, sehen Sie es denn nicht, daß die Zeiten vorbei sind, da die Revolutionäre sich mit illegaler Literatur bewaffneten und selbstgebastelte Bomben legten?! Der neue Typ des Revolutionärs ist ein Gigant, so wie Sie und ich. Er manipuliert Millionen von Menschen, Millionen von Geld, er muß die Hebel kennen, mit denen Regierungen gestürzt und wieder aufgebaut werden. Es ist aber nicht einfach, an diese Hebel heranzukommen; manchmal muß man sogar mit den Chauvinisten zusammengehen.»

Das stimmt. Ja, das stimmt ... aber ...

Man hätte fragen können, was die russische Revolution für die deutsche Unterstützung zu zahlen hätte. Aber Lenin fragte es nicht, merkte es sich jedoch für später. Es wäre naiv zu glauben, daß die Deutschen keine Gegenleistung verlangen würden.

Wenn man ein Bündnis eingeht, muß man zuerst und vor allem dem Verbündeten mißtrauen. Auf dem schwankenden Boden der Diplomatie ist es ratsam, in jedem Verbündeten einen potentiellen Betrüger zu vermuten. Lenin schlief nicht etwa, er wägte ab. Wenn jemand schlief, so war es eher Parvus, der in den Berliner Verhandlungen nicht ganz wach gewesen war?

Jetzt öffnete Lenin die Augen und überschütteltet Parvus mit einem Trommelfeuer beunruhigender Fragen:

«Wird Kaiser Wilhelms Regierung die russische Monarchie überhaupt stürzen wollen? Wozu denn? Sie will doch nur *Frieden* mit Rußland. Mit der russischen Monarchie könnte sie gut weiterleben und befreundet sein. Alle unsere Streiks dienen ihr zu nichts anderem als den Zaren einzuschüchtern und zum Frieden zu zwingen.»

Ja, muß man denn einem Parvus so etwas noch lange erklären? Er sieht nur so selbstsicher aus – wohlhabend, wohlgenährt, mit einem Schnauzbart über dem verfetteten Doppelkinn –, aber wenn er ehrlich sein soll (und manchmal, gewissen Leuten gegenüber, war er es ja), muß er zugeben, daß er über all seinen Verhandlungen mit der deutschen Regierung sehr wohl den Schatten des Separatfriedens drohen sah. Ein russisch-deutscher Friede wäre jedoch das Ende der großen Idee. Parvus quälte der Verdacht, daß die deutschen Geldgeber für die Revolution im Grunde nur darauf aus waren, mit dem Zaren einen Separatfrieden zu schließen, und insgeheim schon einen Unterhändler abgesandt hatten. Still und unbemerkt werden solche Tunnel gegraben; man muß sie mit seinem sechsten Sinn ausfindig machen und sofort ad absurdum führen: «Aber der Zar ist doch *gar nicht mehr imstande*, Frieden zu schließen! Und wenn er es doch täte, dann könnte es passieren, daß eine starke rechts-nationale Gruppe die Macht an sich reißt und keinerlei Verantwortung für die Zusagen des Zaren übernimmt – und Sie, meine Herren, hätten deren Position nur gestärkt!» Man muß den Preußen einbläuen, daß nur eine vom Volk getragene Regierung einen *realen* Friedensvertrag mit Deutschland schließen kann. Laßt den Frieden die erste Losung der Revolution sein und die erste Sorge der *neuen* Regierung! Es wird ihr auch leichter fallen, in vielem nachzugeben, denn sie trägt ja keine Schuld am Krieg. Von so einer Regierung würde Deutschland *viel mehr bekommen* als von der alten.

Er sah diesen Vertrag schon vor sich und war, der Zeit vorauseilend, bereit, ihn persönlich zu unterzeichnen.

Er fing Lenins zornigen Blick auf und verstand, daß der den Vertrag ebenfalls schon sah.

Alle Details konnte man noch nicht nennen, sollte man auch gar nicht, man durfte jedoch nicht vergessen, daß es bei den Deutschen verschiedene Richtungen gab. Die Mehrheit war geneigt, England als den Hauptfeind zu betrachten und mit Rußland Frieden zu schließen. Der Staatssekretär von Jagow, ein eingefleischter Preuße, war zwar davon überzeugt, daß die Slawen eine größere Gefahr bedeuteten als England, aber der Gedanke, Rußland durch eine Revolution zerstückeln zu lassen, war ihm unangenehm. (Erklären konnte man das nicht. Es spielte dabei die traditionelle Ziererei der Aristokraten mit und eine von Zweifeln angekränkelte intellektuelle Schlappheit. Jagow verbarg gar nicht, daß er einen Abscheu vor der Geheimdiplomatie der Agenten und Mittelsmänner jeglicher Couleur hatte. Natürlich war es ein Handikap, daß ein solcher Mann für die auswärtigen Angelegenheiten der Reichsregierung zuständig war.)

Trotz seiner Monstrosität verstand es Parvus, Menschen für sich zu gewinnen. Der deutsche Botschafter in Kopenhagen, Graf Brockdorff-Rantzau, war von ihm, besonders von seinem unvergleichlichen Verstand, geradezu hingerissen. Parvus trug ihm alle Argumente gegen einen Separatfrieden vor und beschwor die Folgen einer solchen Katastrophe. Mit größter Anstrengung versuchte er, den Grafen zu überzeugen, daß eine Revolution in Rußland unvermeidlich war, daß es jetzt schon im ganzen Land gärte, die Armee bereits angesteckt war, schon machten die Offiziere mit, die Intellektuellen brannten darauf, die Revolution ausbrechen zu sehen, von den Arbeitern ganz zu schweigen, auch die in der Kriegsindustrie – nur ein Funke würde genügen, um die Explosion auszulösen! Man könnte das Datum schon jetzt festsetzen – und es genau einhalten!

Doch der kleine, lebhafte Mann mit dem großen Kopf, der hohen Stirn und dem ewigen Lächeln schien noch weniger überzeugt zu sein als Jagow. Mitleidlos konstatierte Lenin: «Sie haben also noch kein Übereinkommen mit ihnen? Es sieht nur so aus, nicht wahr? Man spricht nur so darüber, sonst gar nichts?»

Da zeigte sich wieder einmal der ewige Vorteil des Nichtbeteiligten: Er konnte immer weiter fragen, mit den Antworten unzufrieden sein, auf Irrtümer aufmerksam machen.

Parvus machte mit beiden Armen eine rudernde Bewegung, als ob er verhindern wollte, daß sein sackartiger Körper umkippte, und setzte sich auf.

«Kein Übereinkommen auf siegelgeschmücktem Papier natürlich! Es ist alles in dynamischer Bewegung – man muß nur fortwährend auf ihren Verlauf achten und sie in die richtige Richtung lenken!»

Auch die strategischen Aktionen mußten in die Wege geleitet werden. Erklären, überzeugen, nachdrücklich Ratschläge geben: vor allen Dingen auf keinen Fall Petersburg angreifen. Das würde sofort den Patriotismus aller wecken, ganz Rußland würde seine Kräfte sammeln, und die Revolution wäre vergessen. Und noch etwas: Auf keinen Fall durfte der Zar persönliche Kriegserfolge haben und nicht etwa bis an die Dardanellen vordringen, das wäre ein unauslöschlicher Gewinn für sein Ansehen. Der sicherste Schlag wäre an der südlichen Flanke zu führen, in der Ukraine, und die Donez-Kohlengruben müssen besetzt werden – dann ist Rußland erledigt.

Außerdem hatten die Deutschen Angst, das revolutionäre Erdbeben könnte bis nach Berlin zu spüren sein. Auch in dieser Hinsicht mußte man sie beruhigen.

«Wie bitte? Wie bitte?» fuhr der schmale Lenin nervös auf und schob den Dickbäuchigen ein Stück von sich fort zum anderen Ende des Bettes. «Was sagen Sie da? Soll das heißen, Sie haben sich damit abgefunden, daß die Revolution sich nur auf Rußland beschränken wird? Glauben Sie das wirklich?» fragte er mit scharfem Ton, wie ein Untersuchungsrichter. Plötzlich sagte er empört (denn wenn es um das Prinzip ging, hielt er sich nie zurück): «Aber das ist ja Verrat!» Und schien nun sicher: Nein, Parvus ist kein Sozialist! Er ist irgend etwas anderes.

Obwohl Lenin keinen Schritt aus der Schweiz getan und praktisch nie an einer revolutionären Aktion teilgenommen hatte, war er doch im Recht, und er attackierte und verurteilte weiter: «Das ist doch kurzsichtig! Ihnen fehlt einfach die Voraussicht! Kann sich denn eine Revolution nur auf ein Land beschränken?»

Da war sie wieder, diese «permanente Revolution», dieses verfluchte, nie enden wollende Karussell, auf dem sie verdammt waren, sich ewig zu drehen, dauernd die Plätze zu wechseln und einander mit gestrigen und morgigen Vorwürfen zu verletzen ... und niemand hatte dabei wirklich allein recht.

Parvus will keine deutsche Revolution? Er denkt gar nicht daran? Man meint es doch wohl nicht etwa im Ernst, wenn man über ihn schreibt, er sei zu einem deutschen Patrioten geworden?

Aber Parvus ist kein kleiner Junge mehr, dem es Spaß macht, sich auf dem Karussell zu drehen. Der neue Typ des Revolutionärs, der Revolutionär-Millionär, der Industriefinanzier kann es sich leisten, offener zu sprechen.

«Die Weltrevolution ist zur Zeit nicht durchführbar, aber der sozialistische Umsturz in Rußland ist es. Alle Arbeiterparteien in der Welt müssen jetzt geschlossen gegen den Zarismus vorgehen!»

Offener sprechen heißt noch lange nicht *offen* sprechen. Ein delikates Problem kann nicht in einer öffentlichen Diskussion zwischen

Sozialisten behandelt werden. Aber auch unter vier Augen mit einem Gleichgesinnten darf man nicht ganz offen sein.

Diesen rundköpfigen, unberechenbaren, scharfzüngigen Menschen konnte man einfach nicht zu fassen kriegen. Unmöglich vorauszusehen, welches seine nächste Parole sein würde. Immer wieder setzte er alle in Erstaunen. Man konnte nie wissen, was dieser Lenin wirklich dachte. Wußte er nicht, daß die Sozialisten in Rußland ganz besondere Aufgaben zu erfüllen hatten? Oder – akzeptierte er es nicht? War sein Interesse an Rußland vielleicht erkaltet?

Sogar mit Brockdorff war es leichter, über dieses Problem zu diskutieren. (Überhaupt hatte Parvus bemerkt, daß es sich mit Diplomaten einfacher und freier sprechen ließ als mit Sozialisten.)

Es blieb ihm nichts weiter übrig, als kurzerhand festzustellen: «Egal mit welchen Mitteln, aber der Zarismus muß *jetzt* vernichtet werden! Nur daran sollte man denken!»

Aber nun zur Hauptsache: *Wie* sollte er vernichtet werden? Das eben war der Zweck seines Kommens und der Zweck dieses Gesprächs: Welche Untergrundorganisationen in der Provinz und in der Hauptstadt war Lenin in der Lage aufzubieten, um den Aufstand vorzubereiten? Wer und wo sind die Leute mit eiserner Entschlossenheit und rückhaltloser Einsatzbereitschaft? Parvus wußte, was er tat, als er Lenin der deutschen Regierung als den fanatischsten russischen Revolutionär empfahl. Er wußte, was er in ihm für einen Verbündeten hatte, als er zu ihm fuhr! Jahrzehntelang schien es so, als sei Lenin nur ein wahnwitziger Sektierer – er jagte alle Verbündeten von sich, zersplitterte alle Kräfte, wollte nichts von einer Partei der Professoren hören, nichts von einer harmonisch-langsamen ökonomischen Entwicklung wissen; für ihn existierte nur die Illegalität, sonst nichts. Eine Partei von Berufsrevolutionären! Während der Friedenszeit schien das Parvus und auch anderen absurd – aber jetzt, im Krieg, zeigte es sich, was für ein gescheiter prophetischer Kopf Lenin war.

Und jetzt schien endlich die Zeit gekommen, seine schlagkräftige, gut ausgebildete heimliche Armee einzusetzen. Im Hinblick darauf hatte Parvus die Verhandlungen in Berlin geführt, und im Hinblick darauf hatte er seinen großen Plan entwickelt.

Doch ein Lenin läßt sich nicht so leicht von seinem Kurs abbringen, er hat seinen eigenen Plan und behauptet:

«Man kann die Situation von 1905 nicht ohne weiteres auf unsere gegenwärtige übertragen!»

Parvus versteht nicht. Die Sache ist doch ganz klar: Dieser Krieg ist viel zerstörerischer und länger, die Verbitterung und Erschöpfung der Massen ist unvergleichlich größer, die revolutionären Organisationen sind stärker, die liberalen ebenfalls, während es dem Zarismus in keiner Weise gelungen ist, seine Position zu festigen.

Lenin sieht nur seinen eigenen Weg. Es ist, als ob seine Blicke nicht geradeaus gerichtet sind, sondern auf krummen Bahnen kreisen.

«Gut. Aber wie können Sie von hier aus so unverfroren das Datum des Beginns festsetzen?»

«Nun ja, Wladimir Iljitsch, irgendein Datum muß man doch festsetzen – als Fixpunkt für die Koordinierung unserer Aktionen. Von mir aus können Sie ein anderes Datum nennen, aber der 9. Januar hat symbolische Bedeutung, alle erinnern sich an ihn. Man würde vielleicht sogar ohne ein Zeichen von uns anfangen ... Es wird jedenfalls leichter sein, die Leute an diesem Tage auf die Straße zu bringen. Und sobald die ersten draußen sind, geht alles wie von selbst!»

Lenin sträubt und windet sich. Es ist nicht einfach, seinen geliebten Untergrund preiszugeben. Die Tatsache, daß Parvus so hartnäkkig in ihn dringt, beweist, daß er ihn ausnützen will.

«Nun, Wladimir Iljitsch, wie ist es? Jetzt heißt es handeln!»

(Oh, ich verstehe Ihren Plan! Sie werden jetzt als derjenige erscheinen, der alle Gruppen und Grüppchen unter einen Hut gebracht hat, dazu kommt Ihre finanzielle Macht, außerdem Ihr Talent als Theoretiker, und somit sind *Sie* der Führer einer geeinten Partei und der Zweiten Revolution! Wieder einmal, nicht wahr?)

Den undurchschaubaren Augen, den unbeweglichen Lippen, dem undurchdringlichen, kahlen Schädel entreißt Parvus mit ungewöhnlichem Scharfblick Lenins Gedanken, breitet sie vor sich aus, liest sie und antwortet ausweichend und indirekt: «Ja, warum sollte ich Ihnen denn dann vorschlagen, nach Stockholm zu gehen? Damit Sie von Anfang bis zu Ende alle Operationen selbst dirigieren! Sie brauchen mir niemanden zu nennen, nichts zu verraten. Nehmen Sie das Geld, die Flugblätter, die Waffen – und schicken Sie die Leute los! Ich, Wladimir Iljitsch», fügt er mit einem Seufzer hinzu, «bin nicht mehr der, der ich vor zehn Jahren war. Ich werde nicht nach Rußland fahren. Ich fühle mich als Deutscher.»

(Um so verdächtiger. Wozu spricht er dann die ganze Zeit von Rußland?)

«Ich will nur, daß der Plan ausgeführt wird.»

«Aber vielleicht verstehen wir unter dem Plan nicht dasselbe.»

Lenin ist wie Quecksilber, nicht festzunageln, auch nicht durch Argumente.

«Mit anderen Worten», sagt er, «ich soll mir, so wie Sie, die Hände am deutschen Generalstab schmutzig machen? Ein revolutionärer Internationalist kann sich das nicht erlauben.»

Mit einer ausladenden, schwimmenden Bewegung beider Hände rückt Parvus von neuem näher an seinen widerspenstigen Gesprächspartner heran.

«Na, bitte, beschmutzen Sie sich nicht! Ist ja auch gar nicht nötig! Diesen Schmutz nehme ich auf mich, hab ich schon auf mich genommen. Und Ihnen gebe ich saubere Millionen. Nur sagen Sie mir, wie ich sie einschleusen soll. Wir werden unsere geheimen Untergrundfäden spinnen – und werden die Zweite Russische Revolution zur Explosion bringen! Ja?!»

Mit Augen, an die keine Farbe verschwendet worden war, mit farblosen Wimpern und Brauen, blickte Parvus ihn an und versuchte, konzentriert nachdenkend zu begreifen, weshalb er eine Absage bekam.

Aber Lenins bohrender Blick war nicht zu enträtseln. Mit seinem schiefen Lächeln, mißtrauisch, durchtrieben, spöttisch, widerstand er der Versuchung.

«Und *zuvor*, sagten Sie», flüsterte seine höhnische Stimme. «Zuvor brauchen wir eine Friedenskonferenz in Genf? Mit wem sollen wir denn Frieden schließen? Mit den Menschewiki?» Er warf seinen Oberkörper heftig nach hinten, so daß er gegen den Bettpfosten stieß. «Was denken Sie sich? Was heißt das: Frieden schließen? Den Menschewiki nachgeben?» Er schüttelte den Kopf, als stoße er damit nach einem Feind. «Nie-mals! Auf kei-nen Fall!! Mit den Menschewiki gehen? Lieber soll der Zarismus noch tausend Jahre bestehen, aber den Menschewiki gebe ich keinen Millimeter nach!»

War er überhaupt noch ein Sozialist?

Lenin schwieg, schlug aber lautlos, mit fahrigen Bewegungen des Kopfes und der Hände auf einen unsichtbaren Gegner ein.

Parvus verstand überhaupt nichts mehr. Das hatte er nicht erwartet, als er hierher fuhr. Der große, unermüdliche, radikalste Revolutionär, von der Gunst der Stunde bevorzugt, mit der großzügigsten Unterstützung bedacht, wollte keine Revolution machen!?

Er sagte ganz einfach, fast ohne Hoffnung: «Aber wozu haben Sie dann zwanzig Jahre lang mit theoretischen Auseinandersetzungen verbracht? Wo bleibt die Konsequenz? Haben Sie nicht den Untergrund selbst aufgebaut? Jetzt können Sie ihn einsetzen. Eine bessere

Gelegenheit werden Sie nie mehr im Leben haben! Was ist denn los – haben Sie die ganze Zeit Theater gespielt?»

Darauf der andere, der immer eine Antwort, immer ein Argument bereit hatte: «Können wir es uns leisten, einander Inkonsequenz vorzuwerfen? Sie haben immer gesagt, eine kleine Gruppe kann die Revolution nicht in die Masse tragen. Und jetzt?»

«Ja, ja, ja», sagte Parvus, und als sei ihm sein Kopf plötzlich zu schwer, ließ er ihn hängen, sein schwerer Körper hing herunter, und so saß er da, die Arme zwischen den Knien.

Nach Lenins Absage schien der große Plan fast verloren.

«Also gut ... oder vielmehr nicht gut ... Wir haben keine Zeit zu verlieren ... das bedeutet, daß ich eine eigene Organisation gründen muß.»

Lenin sollte merken, daß er einen Fehler begangen hatte! Es würde ihm noch einmal leid tun.

«Wollen Sie mir nicht wenigstens jemanden abtreten? Unseren gemeinsamen Freund?»

(Man soll die Brücken nicht ganz abbrechen. Dieser Parvus kann uns vielleicht noch einmal nützlich sein ... und wie!)

«Wen meinen Sie?»

«Hanecki.»

«Nehmen Sie ihn.»

«Tschudnowski und Urizki habe ich schon. Was ist mit Bucharin?»

«Nein. Das ist nichts für ihn.»

«So. Und Sie selbst – würden Sie nach Skandinavien gehen? Ich bringe Sie im Handumdrehen hin.»

Lenins stechender Blick.

«Nein. Nein, nein!»

Parvus hob schnaufend die schwere Bürde seines Körpers.

«Jaaa ... Ich hatte noch einen anderen Traum in meinem Leben – und jetzt kann ich es mir leisten, ihn zu verwirklichen: eine eigene sozialistische Zeitschrift herauszugeben.»

Er versuchte seinen großen Kopf in einer stolzen Gebärde zurückzuwerfen, wie es der mutige, leidenschaftliche Mann zu tun pflegte, der jenen Namen erfunden hatte: «Ich werde sie *Die Glocke* nennen.»[46]

Die vier Füße des schweren Bettes hoben sich für einen Augenblick und krachten dann auf den Boden der Schuhmacherwohnung.

Ein erfolgreiches Mitglied des revolutionären Untergrunds ist nicht derjenige, der sich wie eine Maus in ihrem Loch versteckt, das Licht scheut und gesellschaftlichen Kontakt meidet. Ein erfolgreicher Illegaler nimmt aktiv am Leben der Gesellschaft mit all ihren Schwächen und Leidenschaften teil, er ist *sichtbar*, er bewegt sich mitten im Alltagsgetümmel und geht einer Beschäftigung nach, an der die Außenstehenden nichts Besonderes finden. Er widmet den größten Teil seiner Zeit und Kraft dem offiziellen Beruf – aber seine wichtigere, geheime Tätigkeit läuft kontinuierlich neben der anderen her und ist um so wirksamer, je mehr sie sich mit seinem normalen Tagewerk zu decken vermag. Der klügste Weg ist zugleich der einfachste: das harmonische Zusammenspiel von offizieller und geheimer Tätigkeit.

So verstand es Parvus. Obwohl er wenig Erfahrung mit der illegalen Arbeit hatte – nur ein paar Monate im Jahre 1905 nach der Auflösung des Sowjets und bis zu seiner Verhaftung, und ein zweites Mal nach der Verbannung und bis zu seiner Abreise ins Ausland –, war ihm klar, daß auch ein Illegaler sich am besten damit beschäftigt, wofür er von Natur aus begabt ist und wofür er sich berufen fühlt.

Nach Lenins endgültiger Absage im Jahre 1915, mit ihm zusammen die Revolution zu organisieren, begriff er, daß ihm nichts übrigblieb, als alles allein zu machen, und daß er und seine Mitarbeiter sich in erster Linie kommerziell betätigen müßten – die Revolutionsvorbereitungen würden dann so nebenherlaufen. Dieser Gedanke war ihm so selbstverständlich wie die Luft, die man atmet.

In diesem Sommer gründete er ein Import-Export-Unternehmen im neutralen Dänemark, das als einziger von allen westlichen Staaten jedermann gestattete, freien Handel zu treiben. Das Büro unterhielt Handelsbeziehungen mit Firmen in Deutschland, Rußland, England, Schweden und den Niederlanden. Geschäftsführer dieses Unternehmens wurde, mit Lenins Einverständnis, Hanecki. Die Verbindung zweier so starker kaufmännischer Begabungen wie Parvus und Hanecki bedeutete nicht einfach die Verdoppelung ihrer Macht, sondern eine Vervielfältigung. Und dann kam noch ein dritter hinzu, der nicht minder begabt war – Georg Sklarz. (Man kann jedoch nicht sagen, der schicksalhafte Zufall hätte ihn ihnen geschickt, denn er war vom Geheimdienst des deutschen Generalstabs zur Mitarbeit abkommandiert worden.) Es stellte sich heraus, daß dieser Sklarz – der nach dem Krieg in Deutschland durch aufsehenerregende Prozesse bekannt wurde, in denen er sich als geschickter Schauspieler hervortat – genau der richtige Dritte in diesem Trio war. Auch er war ein kaufmännisches Genie, intelligent, gerissen, immer bereit, einen Auftrag rasch und ohne Widerrede auszuführen, und nie verlegen, sich aus einer brenzligen Situation herauszuwinden. Er brachte zwei Brüder mit: Waldemar, der in der Stockholmer Filiale ihres Kontors für Handel und Revolution arbeitete, und Heinrich, der unter dem Pseudonym Pundyk in Kopenhagen zusammen mit Romanowitsch und Dogopolski ein unscheinbares Büro unterhielt, das im Dienste des deutschen Generalstabes illegale Warenexporte aus Deutschland aufdeckte.

Die Verbindung der politischen mit der Handelsaktivität zahlte sich aus: Das Geschäft förderte die Politik, und die Politik schaffte Erleichterungen für das Geschäft. Mit Unterstützung des deutschen Generalstabs lief die Arbeit des Handelskontors wie geschmiert, und die Einnahmen stiegen und stiegen. Das Unternehmen kaufte, verkaufte und transportierte Waren aus Rußland nach Deutschland, ohne auf etwas Bestimmtes spezialisiert zu sein: Kupfer, Chrom, Nikkel, Gummi, besonders aber Getreide und Lebensmittel. Von Deutschland nach Rußland wurden technische Ausrüstungen, Chemikalien und Medikamente geliefert. Aber es gehörten zu ihrem Sortiment auch Strümpfe, empfängnisverhütende Mittel, Salvarsan, Kaviar, Cognac und Gebrauchtwagen (man hatte es irgendwie fertiggebracht, daß sie in Rußland nicht für den Kriegsdienst konfisziert wurden). Es existierten im Westen eine ganze Menge Firmen, die von neutralem Boden aus Geschäfte zwischen den gegeneinander kriegführenden Ländern vermittelten, aber im Handel mit Rußland war das Büro von Parvus konkurrenzlos. Ein Teil der Waren wurde auf legalem Weg mit Exportlizenzen befördert, andere mit falschen Zollerklärungen oder einfach geschmuggelt.

Dazu war natürlich viel Geschick im Verpacken und im Versand nötig, doch auf Hanecki und Sklarz konnte sich Parvus vollkommen verlassen und sich selbst ganz ungestört, im Hintergrund bleibend, wie er es liebte, der großen Politik widmen.

Die geniale Idee, den Handel mit den Vorbereitungen zur Revolution zu verbinden, bestand eben darin, daß seine Leute als Handelsvertreter unbehindert und auf legalem Wege, mit dem Petersburger Rechtsanwalt Koslowski an der Spitze, nach Rußland aus- und einreisen konnten. Ein vielleicht noch brillanterer Einfall betraf die Beförderung des Geldes: Es schien anfangs ein aussichtsloses Unterfangen, deutsche Regierungsgelder sicher in die Hände der Revolutionäre in Rußland gelangen zu lassen, doch durch das Handelsbüro von Parvus ging es mit atemberaubendem Tempo und großer Leichtigkeit. Man schickte mehr Waren nach Rußland, als man von dort importierte, und die Zahlungen befreundeter Firmen, wie zum Beispiel die von Fabian Klingsland, wurden auf dem normalen Weg auf ein Konto bei der Petersburger Filiale der Sibirischen Bank überwiesen, alles weitere war dann die Angelegenheit des Büros, nämlich das Geld in Rußland zu lassen oder es auszuführen. Für Rußland war es natürlich vorteilhafter, wenn das Geld im Land blieb. Haneckis Vermittlerin in Petersburg, Jewgenija Sumenson, konnte jederzeit eine beliebige Summe abheben und sie an die Revolutionäre weitergeben.

Darin zeigte sich das Genie von Parvus: Der Import von Waren, die Rußland so sehr benötigte, um den Krieg zu führen, verschaffte gleichzeitig das nötige Geld, um Rußland die weitere Kriegführung unmöglich zu machen.

Mit derselben Methode, das Geheime mit dem Öffentlichen konsequent zu verbinden, wählte er auch die revolutionären Mitarbeiter des Büros aus. Dazu gründete er in Kopenhagen eine Hilfsorganisation – ein Institut zur Erforschung der Kriegsfolgen. Dort traf er sich oft mit Sozialisten und den Mitarbeitern, die er anzuwerben gedachte. Jedesmal wenn ein Kandidat den Wunsch äußerte, in der Illegalität unterzutauchen, ermöglichte Parvus es ihm, und der Betreffende wurde ein «Geheimer». Sobald es sich aber herausstellte, daß der Kandidat unfähig oder unwillig war, lenkte Parvus das Gespräch auf das harmlose Thema der offenen Handelsbeziehungen und gewann einen legalen Mitarbeiter für das Institut. Das Institut selbst war ja keineswegs eine Fiktion, es diente Parvus' Leidenschaft für wirtschaftstheoretische Untersuchungen, so wie die in Deutschland erscheinende, hoch subventionierte Zeitschrift *Die Glocke* seine sozialistische Leidenschaft befriedigte. (Bucharin brannte darauf, in das Institut aufgenommen zu werden, und es hätte tatsächlich keinen besseren Platz für ihn gegeben und für das Institut keinen besseren Mitarbeiter, aber der heikle Lenin hatte seinem jungen Parteigenossen verboten, sich mit diesem undurchsichtigen Parvus zu verbinden, ebenso wie er Schljapnikow verboten hatte, sich mit dem zwielichtigen Hanecki einzulassen.)

Das alles löste Parvus auf glänzende Weise – denn er war hier ganz in seinem Element. Viel schwieriger war die Frage, *wem* man das Geld in Rußland zur Verfügung stellen sollte. Und *wie* man in dem riesigen Land eine Revolution mit ein paar Dutzend Handlungsreisenden und einigen westlichen Sozialisten, wie etwa Alfred Kruse, auf die Beine stellen konnte. Am einfachsten war es in Petersburg, wo es vielerlei Verbindungen gab, wo der Bolschewik Koslowski, ohne Verdacht zu erregen, eine Rechtsanwaltskanzlei führen konnte und Leute aus den Fabriken anwarb. Hier arbeiteten auch die fanatischen *Meschrayonzy*, die sozialistischen Stadtbezirksvertreter, die, ganz im Sinne von Parvus, weder die Menschewiki noch die Bolschewiki anerkannten. Durch Urizki hatte er direkten Kontakt zu ihnen.

Trotz der Spaltung des sozialistischen Lagers in Petersburg fand sich dank Parvus eine arbeitsfähige Gruppe von Aktivisten zusammen, besonders in den Putilow-Werken. Obwohl es richtig ist, daß Revolutionen stets in den Hauptstädten ihren Anfang nehmen, war es für einen so weiträumigen Staat wie Rußland doch von größter Wichtigkeit, daß auch die Provinzen von der Unruhe erfaßt wurden. Persönliche Verbindungen hatte Parvus nur in Odessa und von Odessa aus nach Nikolajew. Es gab niemanden, der dieses ganze stumme, dumpfe Land hätte aufrütteln können. Parvus' Agenten vermochten, obwohl genug Geld da war, nicht in ein paar Monaten ein völlig neues Netz zu knüpfen. Und Lenin versteckte sein eigenes fertiges Netz vor ihm – wie ein Verräter.

Andererseits wußte Parvus genau, wie Aufstände entstehen. Er erinnerte sich an das Jahr 1905. Für einen Streik, einen Aufruhr, für das Auf-die-Straße-Gehen braucht man nicht den Beschluß einer Mehrheit, nicht einmal ein Viertel der Massen, nein, es genügt ein Zehntel, das richtig geschult ist und funktioniert. Ein aufrüttelnder Schrei aus der Menge, ein einziger Redner am Fabriktor, zwei, drei Kerle mit erhobenen Fäusten oder Stöcken genügen manchmal, um eine ganze Fabrikschicht dazu zu bringen, die Arbeit niederzulegen und auf die Straße zu gehen. Außerdem konnte man noch auf die subversiven Gespräche am Arbeitsplatz bauen, auf das Verbreiten von furchteinjagenden Gerüchten, das Verteilen von Flugblättern in den Toiletten, den Rauchzimmern und an den Werkbänken – für all diese vorbereitenden Anstöße braucht man nur fünf Leute in einer Fabrik mit fünftausend Mann Belegschaft, und diese fünf Leute können, wenn sie es nicht aus Überzeugung tun, in einer beliebigen Kneipe gefunden und bestochen werden – denn wer von den armen Schluckern kann nicht ein paar Rubel extra gebrauchen?

Natürlich würden Anstöße dieser Art unter normalen Umständen nicht genügen, aber man lebte im zweiten Kriegsjahr, viele waren im Feld geblieben, es herrschte allenthalben Hunger, die Armee erlitt fortwährend Niederlagen, das ganze Land befand sich in einem Gärungszustand. Die gescheiterte Revolution von 1905 war den meisten noch in frischer Erinnerung – da würden ein paar Anstöße genügen, die Lawine ins Rollen zu bringen. Davon war Parvus fest überzeugt. Dies war seine Strategie: durch ein paar Schneebälle eine Lawine auszulösen. Ohne Lenins Hilfe konnte er in den paar Monaten nicht viel mehr erreichen. Schon allein das Datum – der 9. Januar – war für den Zarismus ein Todeszeichen. Auch ohne Agenten, und ohne einen einzigen Rubel von Jewgenija Sumenson, konnte dieser Tag nicht ereignislos vorübergehen. Aber es wäre nützlich, ein bißchen nachzuhelfen ...

Und so glaubte Parvus, nachdem er den Grafen Brockdorff-Rantzau völlig um den Finger gewickelt hatte – was so weit ging, daß er ihm praktisch die Berichte aus Kopenhagen an das deutsche Außenministerium diktierte –, mit Sicherheit versprechen zu können, daß die Revolution in Rußland am 9. Januar 1916 ausbrechen würde.

Er hoffte wirklich, daß es so sein würde. Überzeugt von seiner prophetischen Begabung, fiel es ihm manchmal schwer, zwischen Wunschdenken und echter Voraussicht zu unterscheiden. Er war so sehr von dem Gedanken einer alles umstürzenden Revolution besessen, daß man ihm diese allzu menschliche Überschätzung seiner Fähigkeiten verzeihen mußte.

Die deutsche Regierung jedoch, und ganz besonders der Staatssekretär Gottlieb von Jagow, konnten es ihm nicht verzeihen. Jagow, der diesen schmutzigen, sozialistischen Millionär schon immer verachtet hatte, schloß aus den florierenden Geschäften des Russen, Parvus hätte bisher gar keine Revolution vorbereitet, sondern das Deutsche Reich die ganze Zeit an der Nase herumgeführt und die von der Regierung erhaltenen Millionen in die eigene Tasche gesteckt. Nach den ungeschriebenen Gesetzen der Geheimdienste verlangte man in solchen Fällen ja keine Abrechnungen. Sicherheitshalber erhielt Parvus nach dem 9. Januar 1916 vom deutschen Außenministerium jedenfalls keinen Pfennig mehr.

Das bedeutete keine gänzliche Niederlage für ihn und von außen gesehen überhaupt keine Niederlage. Die Import-Export-Agentur fuhr fort, Geschäfte zu machen und sich zu bereichern. Und für das Außenministerium sprang der deutsche Generalstab in die Bresche.

Auch das »Forschungsinstitut» funktionierte weiterhin; es sammelte irgend etwas, und es forschte irgend etwas. Parvus mischte sich energisch in die Kohleversorgung Dänemarks ein und verband sich mit den einheimischen Gewerkschaften und dänischen und deutschen Sozialistenführern. Endlich erhielt er auch die deutsche Staatsbürgerschaft, die er schon seit 1891 angestrebt hatte – und damit konnte als sicher gelten, daß er bei den ersten Nachkriegswahlen in Deutschland als einer der Wortführer des sozialistischen Flügels in den Reichstag einziehen würde. Seine *Glocke* erschien nach wie vor und rief Deutschland zum patriotischen Sozialismus auf. Sein persönlicher Reichtum wuchs unaufhaltsam, und das Kapital wurde in Aktienpaketen in fast allen neutralen Ländern untergebracht, aber auch in der Türkei und Bulgarien, wo er den Grundstein für seine Millionen gelegt hatte. Im vornehmsten Viertel von Kopenhagen besaß er eine von bissigen Hunden bewachte Villa, voll von den merkwürdigsten Luxusgegenständen, wie sie nur einen Neureichen begeistern können. Chauffieren ließ er sich in einem eleganten «Adler». Es gelang ihm, auf den Grafen Brockdorff auch weiterhin Einfluß auszuüben. Dabei prägte er seinem ständigen Gesprächspartner ein, wie ungeheuer kompliziert die revolutionäre Aufgabe und die Mechanismen eines solchen Unternehmens seien. Mit Hilfe Brockdorffs vermochte er auch, nicht ohne den nötigen Takt walten zu lassen, die erneuten Bemühungen Deutschlands um einen Separatfrieden mit Rußland zu torpedieren.

Man sollte glauben, daß die lange Reihe nicht enden wollender Erfolge ihn befriedigen würde – aber nein! Seltsamerweise blieb in ihm eine Unruhe, als hätte er seine Aufgabe noch nicht erfüllt. Sie quälte ihn, obwohl er in *jenes Land* doch nie mehr zurückkehren wollte. Bei den Diners mit dem preußischen Aristokraten verkündete er in verschiedenen Variationen, die jeweils dem deutschen Standpunkt angepaßt waren, sein politisches Testament – kein festes Programm, sondern ein nebelhaft visionäres Bild der Zukunft. Daß die Revolution, so wie einst die Große Französische, mit einem gewaltigen Auftakt beginnen müsse: mit der gerichtlichen Verfolgung des Zaren, seiner Verurteilung und schließlich seiner Hinrichtung. Dieses erste Opfer würde der ganzen Revolution unendliche Möglichkeiten eröffnen. Die Bauern müßten ermutigt werden, das Land unter sich aufzuteilen, und der Weg zur totalen Anarchie wäre frei. Und wenn die Anarchie ihren Höhepunkt und ihre weiteste Ausbreitung erreicht haben würde, dann wäre für Deutschland der Zeitpunkt gekommen, sich mit militärischer Kraft, mit den minimalsten Verlusten und den größten Vorteilen für immer von der ständig drohenden östlichen Gefahr ein für allemal zu befreien: die russische Flotte versenken, die Armee entwaffnen, die Befestigungen dem Boden gleichmachen, das Land für immer entmilitarisieren, die Rüstungsproduktion verbieten, oder noch besser, jegliche Industrie untersagen, und das Land durch Amputationen jeglicher Art bis zur Ohnmacht schwächen – kurzum, Tabula rasa machen, auf daß Rußland die zehn Jahrhunderte seiner Schmach vergißt und seine Geschichte noch einmal bei Null beginnen kann.

Parvus vergaß ein ihm zugefügtes Unrecht nie. Vorerst aber sah er nicht, was er darüber hinaus noch hätte tun können.

Und das deutsche Imperium dachte weiterhin an einen schändlichen Separatfrieden mit dieser noch unzerstörten Großmacht.

Der Gesundheitszustand des Staatssekretärs von Jagow ließ zu wünschen übrig, und im Spätherbst 1916 trat er in den Ruhestand. Seinen Posten übernahm der tüchtige Arthur Zimmermann, der keine altmodische Verachtung für Geheimagenten und politische Mittelsmänner, wie sein Vorgänger sie gezeigt hatte, empfand.

Jetzt konnte man neue Pläne schmieden! Und natürlich erwachte sogleich der alte Vorwurf gegen Lenin: Was ist los mit ihm? Was hat das alles zu bedeuten?

Die vier Füße des schweren Bettes hoben sich für einen Augenblick und krachten dann auf den Boden der Schuhmacherwohnung.

Parvus wurde hochgeschleudert und stand aufrecht auf seinen säulenförmigen Beinen. Schwerfällig streckte er sich und machte ein paar Schritte. Seinen verweichlichten Körper trug er wie einen schweren Sack.

Er ging um den Tisch herum und setzte sich an die gegenüberliegende Seite, ohne darauf zu achten, daß seine schneeweißen Manschetten an dem fleckigen Wachstuch schmutzig werden könnten.

Er lächelte Lenin zu, aber nicht, wie man einem Starken oder einem Gleichberechtigten zulächelt, sondern wie einem mitleiderregenden kleinen Tier, das sich in ein armseliges Loch verkrochen hat.

«Nun, sagen Sie mal ... Zimmerwald? Kienthal? Haben die Linken da wirklich korrekt abgestimmt? Und was hat die große Partei während der zwei Jahre im russischen Vaterland vollbracht? Weshalb brodelt es nicht an der Oberfläche?»

Lenin saß wortlos auf dem Bett, hielt den schweren Kopf gesenkt. Er wußte keine Antwort.

«Sie sagten doch, daß Sie kein Geld brauchen ...»

Lenin erwiderte kaum hörbar: «Das haben wir nie gesagt, Israel Lasarewitsch. Geld brauchen wir sehr, haben's sogar verteufelt nötig.»

«Aber ich hab es Ihnen doch angeboten! Und Sie lehnten ab.»

Lenin sagte mühsam, mit ausgetrockneter Kehle: «Wie meinen Sie das: Wir lehnten ab? Wir akzeptieren immer, wenn es sich um eine vernünftige und uneigennützige Zuwendung handelt. Gern sogar.»

«Das sind Kinderspiele, die Sie da in der Schweiz treiben –» Der Dicke wollte triumphieren, aber es gelang ihm nicht. Rußland hatte den Krieg noch nicht verloren, Deutschland hatte ihn noch nicht gewonnen, ihr gemeinsamer, wichtigster Verbündeter aber hatte den Kampf aufgegeben.

Lenin konnte kaum sprechen.

«Für entscheidende Spiele braucht man entscheidende Summen.»

Er sah krank aus.

Er öffnete die Augen weit, viel weiter als sonst – in seinen Augen war Schmerz, doch was er sagte, schien nur dazu angetan, von diesem Schmerz abzulenken:

«Aber auch Ihre Revolution, Israel Lasarewitsch, platzte wie eine Seifenblase! Es wäre naiv gewesen, etwas anderes zu erwarten.»

Der empörte Parvus schwankte auf seinen Beinen, und der Docht der Lampe schwankte mit und begann zu rußen.

«Fünfundvierzigtausend haben in Petersburg gestreikt! Und Sie ... hätten Sie hier in der Schweiz auch nur fünfundvierzig Leute aufbringen können?»

Er ließ Lenin nicht zu Worte kommen, sonst hätte dieser ihm gesagt, daß unter den Fünfundvierzigtausend auch *seine* Leute waren.

«Die Putilow-Arbeiter hatten den Termin verpaßt – aber dann waren sie großartig! Was für einen Krawall die geschlagen haben! In Nikolajew inszenierte ich einen herrlichen Streik! Zehntausend im Ausstand! Und mit unerfüllbaren Bedingungen, so daß der allgemeine Aufstand gesichert schien. Aber auch der Streik kam vier Tage zu spät! Aus der Entfernung läßt sich das alles schwerlich auf einen Tag koordinieren. Aber warum hat sich Moskau überhaupt nicht gerührt? Was war denn mit Ihren Moskauern los?»

(Lenin hätte es auch gern gewußt.)

Parvus war jetzt in voller Fahrt, er brüstete sich, prahlte, als sei es sein eigener Besitz, den er da an den Fingern aufzählte.

«Das Hüttenwerk in Jekaterinoslaw wurde von mir in Bewegung gesetzt! Und die Metallwarenfabriken in Tula! Und die Munitionsfabrik dort!»

Es stimmte. All diese Streiks hatten im Januar einen großen Wirbel verursacht – aber nicht schon am 9. Januar. Und wer hatte sie angestiftet, wer hatte sie geführt? Von hier aus konnte man es nicht feststellen und schon gar nicht beweisen. Jeder nahm es für sich in Anspruch, sogar die Menschewiki.

«Es blieb nicht mehr viel zu tun – aber wo waren denn die *Ihrigen*? Die *Meschrayonzy*-Gruppe half mir mit wirklicher Selbstaufgabe, fanatische Burschen sind das, aber nur eine Handvoll war gekommen. Und Sie spielen noch immer Ihre Spielchen mit den Menschewiki, was? Und mit wessen Flugblättern ist Rußland übersät – mit Ihren oder mit meinen? Und die ‹Kaiserin Maria›, die habe ich in die Luft gejagt – das haben Sie wohl gar nicht bemerkt?» schrie Parvus und starrte Lenin wild an. «Das Panzerschiff auf dem Schwarzen Meer – nichts davon gehört, was?»

Er warf seine gepflegten Hände in die Luft, als wollte er demonstrieren, wie er das Schiff mit eigenen Händen gesprengt hatte.

«Warum wollen Sie denn nicht mit uns zusammengehen, Wladimir Iljitsch? Wo sind *Ihre* Streiks? Wo sind *Ihre* Aufstände? Welche Fabriken können *Sie* an einem bestimmten Tag zum Stillstand bringen? Mit welchen nationalen Organisationen arbeiten *Sie* zusammen?»

Begriff dieser Lenin gar nichts mehr? Er, mit seinem scharfen Verstand? Wenn es so ist – dann ist meine Tarnung vollkommen! Dann muß ich so weitermachen!

Warum hat er damals nicht mitgemacht? Natürlich hätte er die Menschewiki irgendwie rumgekriegt. Und man hätte die Führung irgendwie teilen können (obwohl das natürlich das Schwierigste und Heikelste gewesen wäre!). Nur ...

Nur hat eben jeder seine begrenzten Möglichkeiten. Lenin schrieb Artikel. Broschüren. Hielt Vorlesungen. War ein Redner. Ein Agitator der jungen Linken. Er hatte die Opportunisten in ganz Europa geschlagen. Er kannte sich genau in den Fragen der Industrie, der Agrarwirtschaft und der Gewerkschaften aus. Jetzt, da er Clausewitz studiert hatte, war er auch ein Experte in Militärangelegenheiten. Er wußte genau, was ein Krieg war und wie man einen Soldatenaufstand inszeniert. Ja, das konnte er jedem klar und gründlich erklären.

Nur eines konnte er nicht – es *tun*. Einen Tank in die Luft sprengen – das konnte er nicht!

«Aber auch jetzt ist noch nicht alles verloren, Wladimir Iljitsch!» tröstete und ermutigte ihn Parvus über den Tisch hinweg. Er nahm die goldene Uhr aus der Westentasche und nickte beifällig. «So! Wir verlegen die Revolution auf den 9. Januar 1917! Aber diesmal machen wir es zusammen! Nur zusammen!»

Ja, warum auch nicht? Das konnte der so gescheite Parvus absolut nicht verstehen.

Lenin bekam das Gespräch einfach nicht unter Kontrolle. Er war um jede Antwort verlegen, denn in seiner fast aussichtslosen Lage – mochte auch kein anderer davon wissen – konnte er keine neuen Verbindungen eingehen. Er mußte vielmehr seine Würde wahren und darauf bedacht sein, die eigene Schwäche nicht merken zu lassen. Die Sache war nämlich die, daß er gar keine aktive Organisation in Rußland hatte und daß sein Untergrund gar nicht existierte ...

Wenn es dort so etwas gab, dann ohne sein Zutun, ohne seine Führung und ohne seinen Einfluß auf irgendwelche Vorgänge und Zeitpläne. Was es dort wirklich gab, wußte er nicht, er hatte keine ständige Verbindung mehr mit Rußland, es gab auch keine Möglichkeiten, Anweisungen zu geben oder Antworten von dort zu bekommen. Er war schon froh, wenn es Schljapnikow mal gelang, ein Paket mit Nummern des *Sozial-Demokrat* über die Grenze zu schmuggeln. Seiner Schwester Anja schrieb er Briefe mit Geheimtinte, aber auch das eigentlich schon lange nicht mehr. Wie konnte er unter diesen Umständen daran denken, die nationalen Minderheiten zu einem Aufstand anzustacheln? Er wäre zufrieden, wenn er nur einen kleinen Teil seiner Partei retten könnte ...

Und Parvus, der aus seinem knarrenden Sessel überquoll, fragte noch großmütig: «Wie kommen denn Ihre Mitarbeiter überhaupt über die Grenze? Etwa zu Fuß oder in einem kleinen Boot? Das ist doch anachronistisch, das ist doch neunzehntes Jahrhundert, das muß man jetzt vergessen! Aber bitte, wir können Ihren Mitarbeitern erstklassige Dokumente verschaffen, und sie werden erster Klasse fahren, genauso wie die meinen ...»

Parvus war für Frauen vielleicht nicht unbedingt attraktiv, und auf der Tribüne machte er nicht gerade eine gute Figur, aber seine farblos-wäßrigen Augen strahlten unbestreitbar Klugheit aus, und Klugheit wußte Lenin stets zu schätzen. Aber jetzt ... Wenn er ihnen nur ausweichen könnte, diesen Augen! Wenn sie ihn nur nicht durchschauen würden ...

Was Lenin nicht lag, war das *Tun*, das *Handeln*, die *Aktion* ... Alles andere konnte er. Den großen, den richtigen Augenblick auf sich zukommen lassen und dann handeln – das konnte er nicht.

Parvus dagegen mit seinen Millionen, wahrscheinlich auch mit

Waffen in den verschiedensten Häfen, mit Geheimorganisationen – Parvus, der so geschickt die Putilow-Werke besetzt hatte, klatschte jetzt in seine gepflegten Hände, die Hände eines Tatmenschen, und fuhr fort, unverschämte Fragen zu stellen: «Worauf warten Sie denn noch, Wladimir Iljitsch? Weshalb geben Sie kein Signal? Wie lange wollen Sie noch warten?»

Lenin wartete, daß irgend etwas geschehen sollte, daß irgendeine zufällig vorbeikommende Welle sein Schiffchen ans andere Ufer bringen würde – zu einer vollendeten Tatsache.

Als mokiere sich das Schicksal über ihn, konnten Lenins Ideen, für die er sein bisheriges Leben geopfert hatte, den Gang der Geschichte nicht ändern. Sie konnten den Krieg nicht in einen Bürgerkrieg verwandeln, und sie konnten Rußland nicht dazu zwingen, den Krieg zu verlieren.

Das Schiffchen lag wie ein vergessenes Spielzeug am Strand, aber keine Welle kam ...

Der auf grünem, teurem Papier geschriebene Brief lag immer noch auf dem Tisch und verlangte eine Antwort: «Was ist nun, Wladimir Iljitsch? Werden die Ihrigen mitmachen oder nicht? Wo sind Ihre geheimen Treffpunkte? Und Ihre Waffenempfänger? Also – *was haben Sie nun wirklich zu bieten*?»

Ja, was hatte er zu bieten? Eben darauf konnte Lenin nicht antworten. Denn er hatte nichts. Die Schweiz lag auf einem anderen Planeten als Rußland. Er hatte eine winzig kleine Gruppe, die sich Partei nannte, man wußte nicht genau, wie viele es waren ... Er hatte *Was tun?*, *Ein Schritt vorwärts, zwei Schritte zurück*, *Zwei Taktiken ...*, *Materialismus und Empiriokritizismus* und die *Imperialismus*-Schrift zu bieten. Er hatte einen Kopf, der fähig war, für eine zentralgeführte Organisation Entscheidungen zu treffen, Revolutionären genaue Instruktionen zu geben, den Massen mitreißende Losungen. Sonst aber hatte er nichts. Weder heute noch vor anderthalb Jahren. Und gerade deswegen konnte er nicht – aus taktischer Vorsicht und aus purem Stolz – sich bloßstellen und Parvus seine Schwäche zeigen ... weder heute noch vor anderthalb Jahren.

Parvus hing mit seinem Oberkörper über dem Tisch, schaute ihn mit spöttischen Fischaugen an, die Stirn vorgeneigt, die ebenso hoch und gerundet war wie Lenins, und wartete auf eine Antwort. Nein – er forderte sie!

Geschickt hatte er die Initiative ergriffen und stellte nun Fragen um Fragen. Er selbst brauchte keine Antworten zu geben. Natürlich hatte auch er seine Gründe, weshalb er anderthalb Jahre geschwiegen hatte und erst jetzt gekommen war.

Dem erstaunten Blick ausweichend, schüttelte Lenin den Kopf. Er suchte nach einem Weg, um seine Hilfe zu verweigern, gleichzeitig aber auch einen Verbündeten nicht zu verlieren – und sein Geheimnis zu bewahren sowie das seines Gegners zu erfahren. Er versuchte das, was im Brief stand, was schwarz auf weiß vor ihm lag, zu übergehen, und das, was nicht darin stand, zu ergründen.

Lenin konnte mit untrüglichem Instinkt die Schwächen eines anderen entdecken.

Im Brief stand nicht, weshalb Parvus sich jetzt wieder an ihn gewandt hatte. Und mit solcher Hartnäckigkeit. Sollte es etwa bedeuten, daß er selbst nicht genug Kraft hatte? Oder war es vielleicht das Geld? War seine Agentur in Schwierigkeiten? Oder zahlte die deutsche Regierung nicht mehr so viel wie früher? Ja, die Arbeit wird schwerer, wenn ein Fuß im Dreck steckengeblieben ist.

Wie gut war es, unabhängig zu sein! Ja, ja, wir haben noch nicht ausgespielt ... Ja, ja, wir sind noch nicht die Schwächsten ... Da gibt es noch ganz andere ...

Seine rechte Hand glitt rasch über das Papier des Briefes, machte Notizen für die Antworten: Striche, Wellen, Kringel, Fragezeichen, Ausrufungszeichen. Mit der linken strich er sich immer wieder über die Stirn, um die richtigen Argumente zu finden.

Trotzki hatte seinem früheren Lehrmeister Parvus einmal vorgeworfen, er sei unbeständig und leichtsinnig, außerdem verlasse er seine Freunde in der Not. Sentimentaler Quatsch! Das waren immer noch Untugenden, die verziehen werden konnten. Das vermochte einem Bund nicht zu schaden. Wenn Parvus nur keine politischen Fehler gemacht hätte! Wie konnte er auf das Trugbild einer Revolution hereinfallen und sich öffentlich so blamieren? Weshalb machte er aus der *Glocke* eine Kloake des deutschen Chauvinismus? Das Nilpferd hatte sich ungeniert im Hindenburgischen Schlamm gesuhlt – und sein guter Ruf war hin! Für den Sozialismus war Parvus für immer verloren!

Schade! Was für ein Sozialist war er doch gewesen! (Er war zwar verloren, aber streiten sollte man sich mit ihm doch nicht. Wer weiß, wie er einem noch helfen konnte!)

Ermutigt schaute Lenin vom Papier hoch – und auf seinen unermüdlichen Rivalen. Die Konturen seines Gegenübers, des unförmigen Kopfes und der schlaffen Schultern verschwammen plötzlich vor seinen Augen ... Es war, als zitterten sie vor unsagbarem Schmerz, weil er, Parvus, mit diesem Lenin partout nicht ins reine kommen konnte.

Dann verloren sich auch seine Gesichtszüge, wurden zu einer bläulichen Wolke. Der ganze Körper schien sich traurig aufzulösen, gleichsam durchs Fenster hinauszuschweben.

Aber bevor es zu spät war, schrie Lenin ihm noch nach – nicht aus Triumph, sondern um der Wahrheit willen: «Soll ich mich politisch fesseln lassen? Um keinen Preis! Sie haben sich gründlich geirrt, Israel Lasarewitsch! Von anderen etwas Nützliches annehmen? Ja. Aber mir die Hände binden lassen? Nie! Ich wäre doch verrückt, einen Bund einzugehen, bei dem ich an Händen und Füßen gefesselt werden soll!»

Alles verschwand in Rauch, keine Spur blieb von Sklarz und seinem Koffer. Auch sein Hut flog ihm nach.

Er, Lenin, hatte sich also doch als der Weitsichtigere erwiesen! Zwar hatte er keine Revolution gemacht, zwar war er hilflos und machtlos, aber er wußte, daß er recht hatte. Er hatte sich nicht von seinem Weg abbringen lassen. Ideen halten länger als Millionen. Ohne Millionen kann man auskommen. Ohne Ideen kaum.

Diese Konferenzen mit Weibern und Deserteuren werden sich noch bezahlt machen. Unter der roten Fahne der Internationale wird man warten können, wenn es sein muß, dreißig Jahre noch.

Er jedenfalls hatte seinen wertvollsten Schatz bewahrt – seine Sozialistenehre.

Nein, es ist noch zu früh aufzugeben! Es ist zu früh, die Schweiz zu verlassen. Noch ein paar Monate hartnäckiger Arbeit, und man wird die Schweizer Partei spalten können. Und dann werden wir die Revolution *hier* machen!

Von hier aus wird ganz Europa in Flammen aufgehen!

Der Winter war von dramatischen Auseinandersetzungen geprägt und hätte mit einer von der Schweiz ausgehenden, ganz Europa erfassenden proletarischen Revolution enden können, wäre nicht dieser niederträchtige Verrat der Führerclique gewesen, der die ganze Schweizer Partei diskreditierte, besudelte und irreführte. Am ekelhaftesten war dieser Schuft und Intrigant, dieser politische Dreigroschenjunge Grimm. Und die alte Ruine Greulich. Abgesehen von einer Reihe anderer Schurken.

Bei oberflächlicher Betrachtung, aus dem Blickwinkel des Philisters – und so schauen ja die meisten Menschen, auch Revolutionäre –, erkennt man nicht die schmalen Spalten und feinen Risse in einem riesigen Bergstock und begreift nicht, daß derjenige, der weiß, wie sich ein solcher Spalt ausweiten läßt, das ganze Massiv zum Einsturz zu bringen vermag. Der entsetzte Bürger, der das vom Krieg erschütterte Europa vor Augen hat, die nach Millionen zählenden Soldaten und zahllosen Waffen, kann sich nicht vorstellen, daß ein kleiner Haufen entschlossener Menschen den verheerenden Sturm aufhalten oder seine Richtung ändern könnte. Dazu braucht es selbstverständlich ein ungeheures Ereignis – eine Revolution, die Europa von einem Ende zum anderen überzieht. Doch eine Revolution in der kleinen, neutralen, dreisprachigen, im Herzen des Kontinents liegenden Schweiz kann vollkommen genügen, um eine gesamteuropäische Revolution auszulösen. Zu diesem Zweck müßten wir freilich die schweizerische Sozialdemokratische Partei in unsere Gewalt bringen oder, wenn das nicht gelingen sollte, sie zumindest spalten und sich der Kampffähigen versichern. Um eine solche Partei zu spalten, braucht man – die Opportunisten und auf die Theorie spezialisierten Bücherwürmer werden es nicht glauben! – nur fünf entschlossene Parteimitglieder und drei Ausländer, die den hiesigen Genossen ein Programm vorzulegen imstande sind. Dazu kommen natürlich Texte, Thesen und Broschüren.

Kurz – um ganz Europa auf den Kopf zu stellen, braucht man nicht mehr als zehn geschickte, unbeirrbare Sozialisten! Den Kegelklub ...

Im Herbst hatten sie sich im Kegelklub alles genau überlegt, und jetzt machten sie sich an die Arbeit. Nach der Niederlage auf dem

Parteitag im November verfaßte Lenin, gleichsam um die psychologische Schlappe wieder wettzumachen, für die jungen Linken eine Reihe realer, praktischer Instruktionen für ihre Aufgaben im Kampf.[47] Dabei kamen ihm die vielen Monate zugute, die er mit dem Lesen scheinbar unwichtiger schweizerischer Zeitungen zugebracht hatte.

Er veranstaltete Zusammenkünfte mit den Jungen, damit alle Fragen ausführlich besprochen werden konnten. Dann wurden die Instruktionen in der ganzen Schweiz verbreitet. Er glaubte ein Recht darauf zu haben, daß die sozialistische Presse seine Anweisungen veröffentliche, falls eine noch so kleine Fraktion sie vorher gebilligt hatte.

Man suchte Mittel und Wege, diese Instruktionen in Form von Flugblättern zu drucken, um sie zu Tausenden verschicken zu können, aber die Genossen waren allesamt nur hilflose Schwätzer; einige fühlten sich niedergeschlagen, andere taten nur so, auf jeden Fall wußte niemand, wie man es anstellen sollte.

Sollte er vielleicht zulassen, daß jede Gruppe sich ihre Flugblätter selbst herstellte? Seine Hauptstütze, Willi Münzenberg, der Führer der Jugend, brummte: «Wir haben Literatur im Überfluß!» (Als ob es *so eine Literatur* bei ihnen jemals gegeben hätte!) Die Schweizer Linken waren eben verdammt schwach.

Der ungeduldige Blick des Revolutionärs erspähte eine andere Spalte, die mehr versprach: Für Anfang Februar war ein Kongreß der Schweizer Sozialdemokraten vorgesehen, der sich ausschließlich mit der Einstellung der Partei zum Krieg beschäftigen sollte, das hatten die Vorsitzenden versprechen müssen. Es würde sich eine ausgezeichnete Gelegenheit ergeben, die opportunistischen Führer mal tüchtig durchzurütteln und sie vor den Schweizer Massen mit lebenswichtigen, unausweichlichen Fragen zu konfrontieren: War es zulässig, die Schweiz an den Rand des Krieges zu treiben? Sollten die Nachkommen Wilhelm Tells wirklich für die internationalen Banken ihren Kopf hinhalten? Sollten ... sollten ... sollten ... Es gab unendlich viele Fragen dieser Art.

Die Konferenz konnte für die Opportunisten auch deshalb gefährlich werden, weil im September 1917 die Wahlen zur Bundesversammlung bevorstanden. Welche Stellung sie jetzt auch einnehmen würden – *für* oder *gegen* das Vaterland –, bei der Wahl würde sich die Partei auf jeden Fall spalten, vielleicht würde sie sogar aufhören zu existieren. (Und genau das wollen wir ja!)

Die Opportunisten durchschauten jedoch das Ganze. Ein geschicktes Manövrieren begann. Sollte man den etwas voreilig beschlossenen Kongreß nicht lieber verschieben? War es nicht verfrüht, über Kriegsfragen zu diskutieren, solange sich die Schweiz noch nicht im Kriegszustand befand? Sollte man diese Diskussion nicht überhaupt auf eine Zeit verschieben, in der es gar keine Kriege mehr geben würde?

Dabei wußten sie noch nicht einmal, *wie* der Schlag gegen sie geführt werden und *wie* die Fragestellung lauten würde. Es würde nicht einfach heißen «für das Vaterland!» oder «gegen den Militarismus!», sondern mit mitleidloser Entschiedenheit: *Gegen den Krieg kann man nur durch eine sozialistische Revolution ankämpfen!*

Nicht über das Thema «Krieg» sollte abgestimmt werden, sondern für oder gegen die sofortige Einnahme der Banken und der Großbetriebe!

Im Kegelklub wurde unterdessen schon eine Resolution für den Kongreß vorbereitet. Platten schrieb einen schwachen Entwurf, Lenin schrieb ihn, in Plattens Namen, um. (Keine leichte, dafür aber eine lohnende Arbeit. Man mußte den Schweizer Linken jetzt mit allen Mitteln helfen.) Der Kampf mußte nach allen Seiten verstärkt werden: Gefordert wird eine sofortige Demobilisation der Schweizer Armee! Die Behauptung, man müsse die Schweiz verteidigen, ist eine heuchlerische Phrase! Die schweizerische Friedenspolitik ist verbrecherisch! Der Erfolg einer solchen Resolution konnte kolossal sein: Sie würde die enthusiastische Unterstützung der Arbeiterklasse aller zivilisierten Länder finden!

Aber die Opportunisten rührten sich ebenfalls. Man erfuhr auf vertraulichem Wege, daß die Vorsitzenden den Parteitag tatsächlich verschieben wollten. Eine Frechheit! In solchen Fällen gibt es nur eines – einen Präventivschlag! Die Initiative ergreifen!

Bronski erhielt den Auftrag, auf einer Versammlung der Zürcher Sozialdemokratischen Partei eine Resolution einzubringen, die «die heimliche, hinter den Kulissen schleichende Agitation für die Verschiebung des Parteitages» verurteilte und diesen Versuch «als ein Zeichen des sich vorbereitenden Umfalles der Sozialdemokratie zum Sozialchauvinismus» anprangerte.

Es gelang, einige zusätzliche Stimmen zu gewinnen, und die Resolution wurde angenommen. Ein ausgezeichneter Schlag gegen die Zentristen! Den Ruf, als Chauvinisten dazustehen, hatten sie schon immer gefürchtet.

Aber die Bande war so frech geworden, daß auch dies sie nicht abschreckte. Einen Tag später tagte das Präsidium der Partei, und man ließ die Masken fallen. Anwesend waren auch Platten, Nobs und Münzenberg, die alles glaubwürdig bestätigen konnten. Der alte Greulich bekam es fertig, die ganze Zürcher Parteigruppe zu verleumden: Es gäbe zu viele Deserteure. Wir, die Partei, hätten für sie gebürgt, gerade in der Verteidigung des Vaterlandes sollte man aber doch erwarten ... Ein anderer schrie: «Wenn die Partei weiter so versaut werden soll, dann ist es schade um unser Geld, dann verzichten wir Sankt Galler auf die Mitgliedschaft bei der Partei ... Diese Genossen scheinen eine sehr schlechte Meinung von den Schweizer Arbeitern zu haben» (womit er zum Ausdruck bringen wollte, daß die Ausländer den ganzen Schmutz aufgewühlt hätten).

Ein Dritter bekam einen hysterischen Anfall von Chauvinismus: «Gehen Sie mir weg mit internationalen Kongreßformeln! Die sind jetzt, da es brennt, nutzlos ... Die schweizerische Arbeiterschaft wird zum Lande stehen, wenn ihm Gefahr droht. Jedes Volk wird in solchen Momenten zu einer Schicksalsgemeinschaft ... Wollen wir die Armee demobilisieren, die zum Grenzschutz absolut nötig ist? Machen wir doch keine Komödie!» (Hört! Hört!)

Am schamlosesten benahm sich Grimm. Er, der Vorsitzende der Zimmerwalder und Kienthaler Konferenzen, erwies sich wieder einmal als politischer Scharlatan. «Will die Partei, wenn morgen der Krieg ausbrechen sollte, den Aufstand, die Revolution proklamieren?» rief er und fuhr fort, abfällige Bemerkungen über die Ausländer und die Jungen zu machen. Er tat sich mit den Chauvinisten zusammen und siegte mit einer unbedeutenden Mehrheit von sieben zu fünf: Man beschloß, den Kongreß auf *unbestimmte Zeit* zu verschieben, das hieß praktisch, bis zur Beendigung des Krieges. Ein schändlicher Beschluß! Der Gipfel des Verrats! Ein Schuft, dieser Grimm, ein Schweinehund, ein Überläufer! Es war, um aus der Haut zu fahren.

Jetzt mußte der Kampf innerhalb der Partei um so mehr forciert werden. Es blieb nichts anderes übrig, als Grimm vollständig aus dem Feld zu schlagen, ihm den Boden unter den Füßen wegzuziehen, ihn zu verteufeln, ihn bloßzustellen! Es mußte sein. Er war immerhin einer der Wortführer der Partei.

So wie man bei einer Schlägerei nach dem erstbesten Gegenstand greift, um den Gegner unschädlich zu machen, so arbeitet das Gehirn eines politischen Kämpfers fieberhaft und sondiert mit Blitzesschnelle alle Möglichkeiten der Strategie. Lenins erster Gedanke war: Naine! Es war ungewöhnlich, daß Charles Naine, nicht gerade ein Linker, dennoch mit den Linken gestimmt hatte. Das bedeutete, daß man durch diesen Naine Grimm am ehesten erledigen konnte. Aber wie? Einen offenen Brief an Naines Zeitung schicken, Grimm als Schurken bloßstellen, klarmachen, daß man mit so einem nicht zusammenarbeiten kann? Nein, das genügt nicht! *Alle* müssen offene Briefe an Naines Zeitung schicken, alle, die man nur auftreiben kann ... und unter dieser Lawine von Protesten wird Grimm erstikken! Jede Minute ist kostbar. Man muß alle Linken zusammentrommeln. Man muß sie gegen Grimm hetzen.

Was für ein dramatischer Augenblick! In La Chaux-de-Fonds stellte sich der treue Abramowitsch auf ihre Seite. In Genf waren Brillant und Guilbeaux noch unschlüssig. In Zürich trafen sich die Linken und die Jungen jeden Abend, um die erfolgversprechendste Strategie, den besten Angriffsplan auszuhecken. Aber es kamen nicht genug Briefe zusammen. Man mußte anders vorgehen: *Es mußte ein politischer Mord geschehen.*

Gesagt, getan: Lenin, Nadja Krupskaja, Sinowjew, Radek und Levi begaben sich unverzüglich zu Münzenbergs Wohnung. Als alle versammelt waren, rief Willi bei Platten an und bat ihn, ohne einen Grund anzugeben, sofort herzukommen. Er mußte in die Falle gelockt und überrumpelt werden. In letzter Zeit hatte er sowieso Angst gehabt: vor Grimm, vor einer Spaltung, er wollte einfach nicht aus den internationalen Erfahrungen lernen, kurzum, er führte sich als der sture Schweizer auf, der er war. Genauso wie Nobs. (Wenn man bedenkt, woher sie gekommen waren! In Zimmerwald hatten sie sich einfach als «Linke» eingeschrieben ...) Platten mußte überrascht werden – und dann bei der Gurgel gepackt.

Er trat ins Zimmer und sah sich in dem kleinen Raum nicht nur Münzenberg, sondern sechs Leuten gegenüber; drei saßen auf dem Bett, drei standen, und alle starrten ihn regungslos und merkwürdig finster an. Auf Plattens offenem Gesicht mit der großen Stirn zeigte sich Verwirrung und Unruhe. Seine Augen suchten einen Verbündeten – und fanden keinen.

Sie setzten ihn auf einen Stuhl und rückten ganz nah an ihn heran. Noch hatte niemand etwas gesagt. Noch schwiegen sie. Ihm wurde unheimlich. Dann sagte Münzenberg – so hatten sie es vorher vereinbart – mit seiner hellen, frechen Stimme, die hier Anwesenden hätten beschlossen, mit Grimm zu brechen. Pause. Sie hätten ferner beschlossen, ihn vor der ganzen Welt zu diskreditieren. Platten habe nun die Wahl: mit ihnen oder mit Grimm. Platten sah sich um. Er hatte Angst. Er suchte in den Gesichtern – sie schienen ausdruckslos. Sogar Nadja saß da wie eine steinerne Hexe. Platten wischte sich die Stirn. Mit schwacher Stimme bat er um Bedenkzeit. Niemand antwortete. Doch sie schauten allesamt drohend drein. (Das hatte sich Radek ausgedacht!)

Platten murmelte: «Man kann doch nicht ... Man muß Grimm doch erst mal warnen ... Es ist so plötzlich ...»

Nichts mehr zu machen. Die Sache war entschieden, und Platten hatte nur zu wählen: «Mit uns oder mit ihm, diesem Verräter!»

Er griff sich an den Kopf, saß eine Weile zusammengekauert da, schaute niemanden an. Dann gab er sich geschlagen.

Hier, gleich auf der Stelle, wurde Radek beauftragt, eine Schmähschrift gegen Grimm zu verfassen. Sie wußten, daß er es in einer Nacht, in einer Pfeifenlänge schaffen konnte.

Aber der faule Kerl tat nichts. Lenin ging am nächsten Tag mit ihm stundenlang durch die Straßen von Zürich, redete auf ihn ein, schmeichelte ihm, er sei der beste Journalist von allen! Es nützte nichts.

Der nächste Plan war, Grimm auf einer Sitzung der Internationalen Sozialistischen Kommission direkt anzugreifen. Lenin selbst nahm nicht teil, er wollte nicht auffallen, aber Sinowjew, Radek, Münzenberg und Levi waren da und beschuldigten Grimm öffentlich des Verrats. Was er da treibe, sei ein Verbrechen, eine Schande, ja, mehr – es sei Päderastie! Die Konsequenz war klar: Er, Grimm, muß aus der Zimmerwalder Führung ausgeschlossen werden! Dann ging die «Jugendinternationale» unter Münzenberg zur Attacke über. Schließlich sollte ein Referendum durchgepeitscht werden mit dem Ziel, den auf unbestimmte Zeit verschobenen Kongreß schon im März stattfinden zu lassen. Die Motivation für das Referendum – Lenin selbst hatte es geschrieben – war das beste an dem ganzen Manöver, nämlich, daß die weitere Verschiebung des Kongresses eine *Niederlage des Sozialismus* bedeuten würde.

Daraufhin große Erregung! Tumult! Die Parteivorsitzenden heulten auf vor Entrüstung und sprudelten Dementis hervor – denn wer in der sozialistischen Partei kann schon scharfe und prinzipielle Vorwürfe von links auf sich beruhen lassen?! Eine einzige anklagende Stimme kann tausend Opportunisten abtrünnig werden lassen.

Wundervoll! Es hat geklappt! Genau das war nötig!

Auf dem kantonalen Parteitag gelang es, ein Sechstel der Stimmen für die Resolution der Linken zu gewinnen – ein großer Sieg!

Es war der Höhepunkt. Danach ging es bergab.

Grimm stürzte sich wie ein Wilder auf das Referendum – und jagte den Jungen Angst ein.

Nobs, der vorsichtige Fuchs, sagte sich öffentlich von dem Referendum los.

Und Platten ... Platten, der Schwächling, schwieg. Und auf den wollten wir bauen! Nein, er ist wirklich ein hoffnungsloser Fall. Er will und will nicht lernen, wie man eine revolutionäre Partei organisiert.

Außerdem fand sich niemand, der Radeks Broschüre drucken wollte. «Wenn wir das veröffentlichen, schmeißt man uns aus der Partei raus!» hieß es. Und das wollen Linke sein! Das sind mir Kämpfer! dachte Lenin bekümmert.

Grimm, der diese Schwäche spürte, arrangierte ein privates Treffen und lud auch die Linken dazu ein. Münzenberg und Bronski gingen natürlich nicht hin. Aber Nobs und Platten krochen hin wie die Hunde zum Herrchen.

Die Linken in der Schweiz waren auf den besten Weg zum Sozialpatriotismus und allesamt ein charakterloses Pack.

Statt die Meinungsverschiedenheiten auf die Spitze zu treiben, vertuschten und überspielten sie sie – diese dummen Kreaturen!

Hinzu kam die skandalöse Affäre um Bronski. Auf einer Generalversammlung der Zürcher Sozialdemokraten hatten einige Mitglieder des städtischen Parteivorstandes auf ihre Wiederwahl verzichtet, wodurch Bronski dank eines guten Listenplatzes das Glück hatte, gewählt zu werden. Nun aber erklärten die frech gewordenen Rechten, sie könnten mit Bronski nicht zusammenarbeiten. Nobs, als Vorsitzender, war damit einverstanden, die Wahl zu annullieren.

Platten steckte die Ohrfeige einfach ein ...

Lenin saß schweigend da. Er war außer sich.

Die nächste Nacht fand er keinen Schlaf. Von den tagtäglichen Sitzungen waren seine Nerven ohnehin überanstrengt, er hatte dauernd Kopfschmerzen, die ihn nicht schlafen ließen.

Er hatte erkannt, daß die Schweizer Partei durch und durch opportunistisch war, eine philanthropische Institution für spießbürgerliche Beamte und solche, die es werden wollten, und solche, die sich von Beamten unter Druck setzen ließen.

Die Linken wollten sich von Lenin nicht helfen lassen. Sie flohen ihn sogar. In Zürich genauso wie in Bern. Nur Abramowitsch machte sich gut, er war nur zu weit weg. Guilbeaux und Brillant waren nach wie vor unentschlossen. Sogar der Führer der Jungen, der scharfe, schroffe, unbeugsame Münzenberg, war zu Kompromissen bereit und lehnte Radeks Pamphlet ab! (Radek war zur Kur nach Davos gefahren, auch er war verdammt müde!)

Das Ganze wäre lächerlich, wenn es nicht so traurig wäre. Seine Bemühungen um die Zürcher Linken gingen, wie es schien, dem Ende entgegen. Lenin wußte schon lange, daß die sozialistischen Parteien in Fäulnis geraten waren. Jetzt hatte er es in der Praxis erlebt. Nein, es sollte einem leid tun – was er getan hatte, würde nicht spurlos vergehen. Unsere Nachfolger werden in der Schweiz eine neue linke Partei schaffen!

Am 8. März sollte ein Treffen der Linken stattfinden – niemand kam. Lenin hatte die Absicht, einen Vortrag zu halten – es wurde nichts daraus. Er raste vor Wut.

In solchen Augenblicken beneidete er Inessa und Grischka Sinowjew, die im Land herumfuhren und Vorträge hielten; nicht vor verspießerten Sozialisten, sondern vor «frischen Menschen». Es waren Arbeiter, es war die Masse, auf sie konnte man noch einwirken.

Mit den Sozialisten aber kam es dauernd zu neuen Unannehmlichkeiten. Seine Beziehung zu Radek: ein beständiger Wechsel zwischen Freundschaft und Streit; Radek war unerträglich, wenn er sich ins Akademische flüchtete. Inessa und Grischka machten sich darüber Sorgen. Dann die Auseinandersetzung mit Ussijewitsch. Mit Bucharin kam man aus dem Streiten überhaupt nicht mehr heraus. Ein Glück, daß nichts davon in die Öffentlichkeit durchsickerte. Dann die Sache mit Schklowski: Er unterschlug Parteigelder. Dann hatte Inessa plötzlich die Idee, man müsse das Problem der Vaterlandsverteidigung noch einmal «überdenken». Lenin wandte seine ganze Überredungskunst auf, um sie davon abzubringen. Aber nur in Briefen hatte er dazu Gelegenheit. Denn sie war kein einziges Mal nach Zürich gekommen. Fast ein ganzes Jahr nicht mehr ...

Mit einemmal wurden Gerüchte verbreitet, die Schweiz werde in Kürze in den Krieg eintreten. Es mußte rasch überlegt werden. Er und Nadja würden in der deutschen Okkupationszone bleiben, Inessa müßte nach Genf fahren, dort wäre sie unter französischer Herrschaft – auf diese Weise konnte man die Verbindung mit Rußland aufrechterhalten. Zu seiner Erleichterung erwiesen sich die Gerüchte jedoch als falsch. Die Schweiz blieb neutral.

Um die gleiche Zeit wurde Nadja krank, sie hatte sich eine Bronchitis geholt, Lenin lief einen Arzt holen, sein Tagesablauf geriet in Unordnung.

Aber er konnte nicht tatenlos dasitzen. Wäre es nicht vielleicht möglich, dachte er, die Schweizer Armee ohne Mithilfe der hiesigen Sozialisten in Aufruhr zu versetzen? Der Gedanke ließ ihn nicht los, wurde immer mächtiger. Als erstes ein Flugblatt verbreiten: «Unsere revolutionäre Propaganda wird sich wie ein Lauffeuer in der Armee verbreiten! Wir werden den leidigen bürgerlichen Frieden in revolutionäre Klassenkämpfe verwandeln!» Natürlich unter strenger Geheimhaltung des Verfasssers; wenn sie dahinterkämen, stünde uns eine schwere Strafe und die Ausweisung aus der Schweiz bevor. Die Unterschrift würde lauten: «Die schweizerische Gruppe der Zimmerwalder Linken.» Man soll ruhig glauben, es sei einer von ihnen, am besten Platten. Die Flugblätter würde man von verschiedenen schweizerischen Gruppen verteilen lassen, damit die Quelle geheim blieb. Inessa sollte den Text ins Französische übersetzen und die Vorlage sofort verbrennen. (Ihre Briefe wurden von der Post nicht geöffnet, davon hatten sie sich überzeugt.)

Er machte sich an die Arbeit. Dabei kam ihm eine neue Idee: Wie wär's, wenn sie mit einer anderen Unterschrift folgendes Flugblatt verbreiten würden: «Das ganze europäische Proletariat wird aufgefordert, am 1. Mai in den Streik zu treten!» Warum nicht? War es denkbar, daß das Proletariat darauf nicht reagieren würde? Was für eine Wirkung das hätte – jetzt, mitten im Krieg! Und durch den Streik kämen andere revolutionäre Massenaktionen dann wie von selbst zustande! Genau so würde es sein: Ein gutes Flugblatt, und ganz Europa ist in Aufruhr. Aber man mußte sich beeilen. Bis zum 1. Mai war nur noch wenig Zeit, also schnell übersetzen, schnell drucken, schnell hinausschicken ... (Und das alles unter strenger Geheimhaltung!)

Plötzlich kam ein Brief von der Kollontai, die sich nach ihrer Amerikareise wieder aus Skandinavien meldete. Eine bessere Nachricht hatte er schon lange nicht mehr bekommen. Die schwedische Partei hatte sich auf ihrem Landeskongreß gespalten! Welch unerwartetes Glück! Was für eine teuflische Verwirrung mußte in den schwedischen Köpfen herrschen!

Wie konnte er sie jetzt für sich gewinnen? Und wie konnte man ihnen helfen? Plötzlich hatte er die Lösung: Dies war die große Aufgabe, der lang erwartete Augenblick, auf den er so lange gewartet hatte: Nicht von der Schweiz, sondern von Schweden wird die Revolution ausgehen. Dort wird man anfangen!

Weiter schrieb die Kollontai, die jungen Schweden hätten eine Konferenz für den 12. Mai einberufen, um eine neue Partei zu gründen, und zwar nach den Prinzipien von Zimmerwald. Oh, ihr unerfahrenen, braven Grünschnäbel – wer bringt es übers Herz, euch zu erklären, daß die Zimmerwalder und Kienthaler Prinzipien längst verraten sind, in den Schmutz getreten von fast allen europäischen

Parteien! Zimmerwald ist tot, tot und bankrott! Ihr aber seid ehrlich und sauber, man muß euch vor dem Kongreß beistehen, damit ihr die ganze Niedertracht der Kautsky-Anhänger und die Gemeinheit der Zimmerwalder noch rechtzeitig begreift. Ach, könnte ich jetzt doch bei euch sein! Die Zeit ist gekommen, Brantings Klauen zu stutzen! Ich werde euch sofort meine Thesen schicken! Wir alle sind für euch moralisch und politisch verantwortlich. Das ist der entscheidende Augenblick in der Geschichte der skandinavischen Arbeiterbewegung!

Der Pessimismus und die Hilflosigkeit, die ihn nach den Mißerfolgen mit den charakterlosen, unzuverlässigen, unbrauchbaren Schweizer Linken niedergedrückt hatten, wurden von einer freudigen Ungeduld abgelöst – *Europa vom Norden aus anzuzünden*! Dabei drängte die Zeit, es gab unendlich viel zu tun, und es wurde immer schwieriger, Briefe durch Deutschland zu schicken. Dafür hatte ein energischer, sinnvoller, aussichtsreicher Kampf begonnen. Man lebte auf! Ein neues Licht erhellte die düsteren Lesesaalgewölbe in der alten Zürcher Kirche, die Zeitungsstapel und die rauhen Broschüren der Zentralstelle für sozialistische Literatur! Zum 1. Mai ein Flugblatt! Zum 12. Mai Thesen und einen fertigen Plan! Alle Kräfte müssen auf den europäischen Generalstreik und die schwedische Spaltung konzentriert werden! Nur mit der Jugend lohnt es sich zu arbeiten! *Wir* werden nie etwas tun können, nie etwas sehen können – aber *sie*, die Jungen, werden die rote Sonne der Revolution aufgehen sehen.

Am 15. März, als Lenin gerade beim Mittagessen saß, klopfte es an der Tür. Es war Bronski. Nach der unglückseligen Kontroverse mit den Linken, bei der man so sehr auf Bronski gesetzt hatte, und nach dem Fiasko bei der Wahl in den Zürcher Parteivorstand war Bronskis Anblick für Lenin nicht gerade erfreulich. Außerdem hatte man Bronski nicht in die neuen Pläne eingeweiht.

Er kam herein, stand da, wollte sich nicht setzen und sagte in seiner gewohnten, lässig-melancholischen Art:

«Wissen Sie schon?»

«Was soll ich wissen?»

«Man sagt ... in Rußland sei Revolution ... so schreibt man ...»

Er hatte die Gewohnheit, seine Stimme nie zu heben und die Worte übermäßig in die Länge zu ziehen. Vielleicht aus Unsicherheit.

Lenin schaute von seinem Teller mit gekochtem Fleisch auf, sah sich den sanften Bronski genauer an – und tat dabei so, als hätte er soeben nur erfahren, daß das Kilo Fleisch um fünf Rappen billiger geworden sei. In Rußland – eine Revolution?

«Unsinn. Woher haben Sie das?»

Er aß weiter, schnitt das Fleisch in der Mitte durch und ließ das Fett am Rande dran.

So ein Blödsinn! Was die Menschen alles zusammenschwatzen ... Er tunkte die Fleischstückchen in den Senf. Er liebte es nicht, beim Essen gestört zu werden.

Aber Bronski blieb stehen, legte den Mantel nicht ab, knetete nur seinen Filzhut, auf den er so stolz war – bei ihm ein Zeichen großer Aufregung.

Nadja fuhr sich mit den Händen über das graukarierte Kleid, als wollte sie sie abtrocknen.

«Also nun mal raus mit der Sprache, Moissej! In welcher Zeitung soll das denn gestanden haben? Wo haben Sie's gelesen?»

«Depeschenmeldungen. In deutschen Zeitungen.»

«Na, ja! Die Deutschen über Rußland! Die lügen doch.»

Lenin aß ruhig weiter.

In den europäischen Zeitungen wurde wenig über Rußland geschrieben, und wenn, dann entstellt. Die Wahrheit konnte man sehr schwer herausfinden, wenn man keine direkten Nachrichten von dort hatte. Aber Briefe kamen nur noch ganz selten aus Rußland.

Vor kurzem waren zwei Russen angekommen, die aus deutscher Gefangenschaft geflüchtet waren. Natürlich lief Lenin sofort zu ihnen, um sich erzählen zu lassen. (Er erwähnte Rußland manchmal in seinen Vorträgen, aber er erwähnte es nicht öfter als die Pariser Kommune.)

«Was genau schreiben denn die Zeitungen?» fragte er jetzt.

Bronski versuchte es zu wiederholen! Aber so wie die meisten Menschen, konnte auch er nicht präzise wiedergeben, was er gelesen oder gehört hatte, weder die wichtigsten Sätze noch den genauen Sachverhalt. Als Berufsrevolutionär sollte er sich schämen!

«In Petersburg ... Unruhen ... Massen auf den Straßen ... Polizei ... die Revolution hat gesiegt ...» murmelte er.

«Was heißt: ‹hat gesiegt›?»

«Die Minister ... sind zurückgetreten oder so was, ich weiß nicht genau ...»

«Aber Sie haben's doch selbst gelesen – oder? Und der Zar?»

«Vom Zar ... nichts ...»

«Vom Zar nichts? Aber worin besteht denn dann der Sieg?»

Blödsinn. Vielleicht konnte Bronski nichts dafür, und die Nachricht war wirklich so ungenau.

Nadja zupfte nervös an ihrem Kleid, das im halbdunklen Zimmer noch abgetragener aussah. Draußen regnete es.

«Vielleicht ist doch etwas dran, Wolodja. Woher sollten die es sonst haben?»

Woher? Eine gewöhnliche Zeitungsente der bürgerlichen Presse! Die geringste Niederlage des Gegners wird groß aufgebauscht! Wie oft war das im Laufe dieses Krieges schon geschehen!

«Glaubst du, daß man von Revolutionen auf diese Weise erfährt? Erinnere dich lieber an Genf und die Lunatscharskis.»

Er war damals an jenem Winterabend 1905 mit Nadja spazierengegangen, als ihnen die Lunatscharskis strahlend entgegenkamen: «Gestern haben die Soldaten in Petersburg auf eine Volksmenge geschossen. Es gab viele Tote!»

Wie könnte man ihn vergessen, diesen Abend der triumphierenden Freude aller russischer Emigranten! Sie liefen sofort ins russische Restaurant, wo man sich immer traf, da waren sie schon alle versammelt und sangen aus voller Kehle. Wie jung sie sich plötzlich fühlten, so kräftig wie neugeboren ... Der Hüne Trotzki schwenkte seine langen Arme, trank jedem zu, gratulierte allen und erzählte, er würde unverzüglich nach Rußland fahren – was er auch tat.

«Schon gut, bring mal den Tee», sagte Lenin zu Nadja.

Oder sollte er der Sache doch nachgehen? Jetzt in die Bibliothek zurück und weiterarbeiten ... Nein, er mußte sich zuerst Klarheit verschaffen. Vielleicht kam tatsächlich etwas auf ihn zu, was alle seine Pläne zunichte machen konnte.

Aber die Zeitungen von heute kamen erst morgen in die Lesesäle. Am Bellevue-Platz hatte die *Neue Zürcher Zeitung* einen Schaukasten mit den letzten Meldungen.

Gut, man würde hingehen.

Nadja hatte sich noch nicht von ihrer Krankheit erholt und blieb zu Hause. Iljitsch nahm seinen schweren, geflickten Mantel, setzte die alte Melone auf und machte sich mit Bronski auf den Weg.

«Hier starb der Dichter Georg Büchner» stand an dem Nachbarhaus. Sie gingen durch eine schmale Straße, wo der schwere, nasse Schnee entlang den Hausmauern immer noch nicht geschmolzen war, und dann steil hinauf, direkt zum Bellevue.

Wie gewöhnlich trugen alle Passanten Schirme; in den Gäßchen konnten sie kaum aneinander vorbei, ohne sich gegenseitig die Augen auszustechen. Lenin lief nie mit einem Schirm herum, er liebte es nicht, außerdem waren seine Sachen sowieso alt. Auch Bronski hatte keinen bei sich.

Beim Zeitungsaushang angekommen, lasen sie, daß die Minister der Zarenregierung angeblich verhaftet worden seien und die Mitglieder der Duma an der Macht. Und der Zar? Kein Wort über den Zaren! Das schien zu bedeuten, daß der Zar noch in Freiheit war, bei seinen Truppen, und daß es bald ein Blutbad geben würde.

Falls nicht überhaupt alles erlogen war.

Denn *so etwas* war im heutigen Rußland doch eigentlich unmöglich.

Vor dem Schaukasten stand niemand außer ihnen. Es war für die Schweizer also keine Sensation.

Nieselregen fiel auf den Platz und auf den See. Der Himmel war bedeckt und der Ütliberg auf der anderen Seite des Sees in einen milchigen Schleier gehüllt. Geschlossene Droschken fuhren vorbei, dunkle Schirme bewegten sich in gleichmäßigem Rhythmus ... Ach wo, es gab keine Revolution!

Andererseits: Man mußte sich vollkommene Klarheit verschaffen!

Sie gingen zum Heimplatz, wo es einen Kiosk gab. Lenin kaufte sonst nie Zeitungen, aber in diesem Fall würde es die Parteikasse zahlen. Der gutmütige Kioskinhaber sagte ihnen, er hätte nichts dergleichen gelesen, und sie kauften doch keine Zeitung.

Er mußte diesem Unsinn ein Ende bereiten, in die Bibliothek gehen und arbeiten. Bronski, verwirrt und erschüttert, wollte unbedingt auf die nächsten Depeschen warten und inzwischen im Strom der Fußgänger durch die Stadt schlendern. Lenin verabschiedete sich. Und wie stets ging er durch die tausendmal durchschrittenen Gäßchen und sah weder Häuser noch Schaufenster noch Menschen. Er gegab sich geradewegs in die Bibliothek.

Dort angelangt, blieb er plötzlich stehen. Etwas hielt ihn zurück. Er hatte das Gefühl, er würde durch die Tür nicht gehen können, er würde in ihr steckenbleiben. Es war, als sei in dieser letzten halben Stunde etwas in seinem Innern gewachsen – und jetzt ließ es ihn nicht mehr los.

Der Regen hatte aufgehört. Natürlich hätte er sich zwingen können, bis zum Abend in der Bibliothek zu sitzen. Eine klare, dringliche Arbeit lag vor ihm – für die Schweden ... Deshalb kam ihm diese Ablenkung auch ganz ungelegen. Und schließlich seine Notizen für *Die Stellung des Marxismus zum Staat* ... Aber er konnte einfach nicht hineingehen.

Obendrein kam ihm ein ganz seltsamer, ja, verbrecherischer Gedanke: in den russischen Lesesaal zu gehen, diese Hochburg der Sozialrevolutionäre, Anarchisten, Menschewiki und Treffpunkt von allerlei russischem Gesindel.

Er hatte diesen Lesesaal stets gemieden, als wäre er ein Schlangennest, er mochte nicht einmal durch die Culmannstraße gehen, er wollte niemanden von denen dort treffen, niemanden sehen. Aber jetzt dachte er: Dort versammeln sie sich, dort trifft man sie ... Ob sie Bescheid wissen oder nicht, sie sprechen zumindest darüber ... Man wird etwas zu hören bekommen. Er selbst wird sich nicht äußern, aber die anderen ausfragen.

Er brach mit allen Gesetzen, die für ihn galten – und begab sich zu diesem ekelhaften Ort, es zog ihn jetzt sogar unwiderstehlich zu ihm hin.

Die Culmannstraße lag nicht gerade nahe, er mußte ein ganzes Stück bergauf gehen. Aber er ging.

Wie erwartet, hatten sich in dem kleinen, überheizten Raum etwa zwei Dutzend Menschen versammelt, die aus der nassen Kälte in ihren nassen Kleidern hierhergeflüchtet waren, jetzt herumstanden oder -saßen und laut und aufgeregt durcheinandersprachen. Kein Wunder, der Russe liebt es, sich die Seele aus dem Leibe zu reden.

Nur in einem hatte er sich geirrt: Er hatte angenommen, man würde ihn verwundert oder feindselig empfangen, doch dem war keineswegs so. Einige bemerkten ihn gar nicht, und die anderen fanden es ganz natürlich, daß er gekommen war.

Lenin erwiderte irgend jemandem irgend etwas, ohne wirklich eine Antwort zu geben. So direkt fragte er selbst auch niemanden. Er setzte sich ans Ende einer Bank in eine Ecke, nahm den Hut ab und saß nun da und hörte zu, wie nur er zuhören konnte: Er achtete besonders auf das Nichtgesagte, Beiläufige, leise Verdächtige, auf das, was die anderen nicht herauszuhören vermochten.

Es stellte sich heraus, daß niemand mehr wußte, als in den wortkargen Depeschen gestanden hatte. Höchstens, daß der Sieg «nach dreitägigen Kämpfen» errungen worden sei. Dieses «nach drei Tagen» war die einzige zusätzliche Neuigkeit, und sie verlieh dem Ganzen den Stempel des Authentischen – die Leute sagten es sich vor, seufzten, glaubten daran. Lenin hielt es nicht für nötig, ihnen zu widersprechen oder zu fragen, weshalb man denn nicht schon während der «drei Tage» etwas gehört hatte. Niemand wußte etwas Genaues, aber man überspielte es mit einem Wortschwall.

Einer, den er noch nie gesehen hatte, mit einer nach unten gerutschten Krawatte, lief von einem zum anderen, fächerte mit den Armen wie ein Hahn mit den Flügeln, murmelte einen halben undeutlichen Satz und lief dann weiter. Eine hochgewachsene Frau stand da und roch unaufhörlich an einem kleinen Strauß Schneeglöckchen. Wenn jemand zu ihr sprach, schüttelte sie verwundert den Kopf und schnüffelte weiter.

Lenin spürte nur Verachtung für das hochtrabende Geschwätz dieser vermeintlichen Revolutionäre, die da mit erhobener Stimme von Freiheit und Revolution sprachen, ohne die sehr verschiedenartigen möglichen Schachzüge der Feinde in Betracht zu ziehen, die solche Situationen geschickt für ihre Zwecke zu nutzen wissen. Sie aber redeten so, als sei es schon Zeit für das große Siegesfest, als wäre alles schon geschehen. Aber was *war* denn geschehen? Und was *sollte* geschehen? Was machte der Zar? Und was für eine konterrevolutionäre Armee marschierte auf Petersburg zu? Wie Lenin die Duma kannte, hatte sie es mit der Angst bekommen und sich eilig mit den reaktionären Kräften zusammengetan. Die proletarischen Kräfte waren doch schwach und unorganisiert! Aber darüber hatten diese Leute hier nicht nachgedacht. Mit einemmal schienen sie alle wieder einträchtig, aller Parteienstreit war vergessen, und die erregten Damen mit den bändergeschmückten Hütchen schwatzten irgendeinen fröhlichen Unsinn. In diesen zwei Stunden hatten alle aufgehört, sich als unfreiwillige Gäste der Schweiz zu fühlen, und waren «einfach nur noch Russen». Und sie stellten auch rein russische, unfundierte Vermutungen an, wie man jetzt so schnell wie möglich und gemeinsam nach Rußland gelangen konnte.

Aber, aber ...

Lenin wurde von Plänemachern, die sogleich phantastische Projekte parat hatten, ins Gespräch gezogen, man setzte sich zu ihm; manche kannten ihn, andere aber auch nicht, denn auch hier gab es politisch uninteressierte Menschen. Er schaute sie sich mit zusammengekniffenen Augen an, all diese wild gestikulierenden, auch ohne Alkohol Betrunkenen, diese zwitschernden Damen – er antwortete ihnen nicht schroff, vielmehr antwortete er überhaupt nicht.

Sie hatten sich folgendes ausgedacht: Alle Emigranten sollten sich jetzt, ungeachtet der Parteizugehörigkeit, vereinigen (was für eine Spießermentalität, was für Hohlköpfe!) und ein «Zentralkomitee zur Heimreise der in der Schweiz weilenden politischen Flüchtlinge aus Rußland» gründen. Nur – ob und wie man zurückkehren konnte, das wußte keiner. Vorschläge gab es in Hülle und Fülle. Sie wollten sogar jetzt gleich, an diesem Abend, eine vorbereitende Kommission zusammentrommeln!

Zurückfahren, wenn man doch gar nicht wußte, wie es dort aussah! Vielleicht waren die Revolutionäre inzwischen längst an die Wand gestellt worden.

Es kamen immer mehr Leute, aber nicht mehr Ideen. Wieder wurden Nachrichten ausgetauscht und verglichen, aber niemand konnte etwas Neues hinzufügen. Schließlich verließ Lenin diese Stätte leeren Geschwätzes ebenso unbemerkt, wie er gekommen war.

Die Regenwolken hatten sich verzogen, es war heller geworden, aber immer noch sehr kalt. Seine Beine wollten ihn zur Bibliothek tragen. Richtiger wäre es vielleicht, sogleich nach Hause zu gehen. Im Grunde wußte er jetzt überhaupt nicht, wohin er gehen sollte.

Er blieb stehen. Erst vor zwei Stunden, beim Mittagessen, war noch alles so klar gewesen: Man mußte die schwedische Partei spalten, und er wußte genau, was er dazu lesen und schreiben und tun mußte. Aber da trat von irgendeiner Seite her ein unbestätigtes, unglaubliches, unnötiges Ereignis ein, von dem er anfangs glaubte, daß es ihn nicht weiter irritieren könnte, nicht getroffen hätte – und es traf ihn doch. Schon störte es die gewohnte Ordnung und lenkte ihn ab.

Jetzt war es unmöglich, in die Bibliothek zu gehen wie sonst. Aber auch nicht nach Hause. Irgendwie war es im letzten Jahr langweilig geworden, mit Nadja zu diskutieren. Langsam und feierlich gab sie ihre Antworten, die er schon im voraus wußte und eigentlich gar nicht erst abzuwarten brauchte. Nie hörte er von ihr eine frische, originelle Antwort, die ihn weitergebracht hätte.

Er hatte Lust, einfach so ein bißchen herumzulaufen. Aber nicht durch die Straßen hier, die mochte er nicht mehr sehen. Vielleicht sollte er auf den Zürichberg gehen ... Er war nicht weit. Ein kalter, aber nicht heftiger Wind wehte. Es wurde immer heller, vom Regen keine Spur mehr. Sein Mantel war im russischen Lesesaal getrocknet. Er stieg jetzt die steile Straße hinauf. Das Bergaufgehen ist eine gute Sache, die Beine werden locker und die Gedanken stabil; man begreift plötzlich Dinge, die man zuvor nicht verstanden hat.

Je steiler der Weg, desto kürzer ist er – und desto schneller kommt man zum Gipfel. Seine Beine waren so kräftig wie bei einem jungen Mann. Schüler auf dem Heimweg aus der Schule wollten an ihm vorbei, doch Lenin blieb hinter ihnen nicht zurück. Sein Atem ging regelmäßig, sein Herz schlug stark und gesund.

Soweit war alles in Ordnung. Nur sein Kopf ... Seinen Kopf hütete Lenin wie etwas Kostbares und Empfindliches. Dieser Apparat, um rasche und fehlerlose Entschlüsse zu fassen, um zwingende Argumente zu finden – dieser Apparat war durch einen gemeinen Racheakt der Natur kränklich und, kompliziert, wie er nun mal ist, an immer neuen Stellen nicht intakt. Lenin mußte an eine Art Schimmel denken, der an einem Stück lebendiger Substanz, wie Brot, Fleisch und Pilzen, keimt – ein dünner, grünlicher Belag mit tief nach innen dringenden Wurzeln: Die ganze Masse war scheinbar gesund und gleichzeitig unausrottbar infiziert, und wenn er Kopfschmerzen hatte, dann fühlte er den Schmerz nicht im ganzen Kopf, sondern an einzelnen Stellen, miteinander verbunden durch dünne Fäden, die den Schädel durchzogen. Er konnte sich selbst einreden, daß es gewöhnliche Kopfschmerzen seien, wie alle sie kennen, und daß sie nach Einnahme eines Pulvers verschwinden würden. Wenn er aber daran dachte, daß es ein ganz anderer, ein ungewöhnlicher Kopfschmerz war und wahrscheinlich unheilbar, daß ein Pulver nur Betäubung für ein paar Stunden verschaffen konnte, dann erfaßte ihn ein so unsagbares Grauen wie damals in der Gefängniszelle von Nowy Targ, als ihn die Vorstellung quälte, daß er nie, nie wieder frei sein würde. So würde er nie, nie mehr von diesem Kopf befreit werden! Die ganze Welt wartet auf dein Urteil und deine Entscheidungen. Dein Wille könnte die ganze Welt regieren! Aber du selbst bist eingeklemmt, gefangen – und kannst dich nicht befreien.

Das Herz, die Lunge, die Leber, der Magen, die Arme, die Beine, die Zähne, die Augen, die Ohren – alles war gesund ... ein Inventar, auf das man stolz sein konnte. Aber die Natur wacht wie ein scharfäugiger, mitleidloser Richter und merkt, daß du auf deiner Liste etwas ausgelassen hast – man kann ja nicht alles aufzählen –, und die Krankheit hat es sich sofort gemerkt und kommt angekrochen durch die geheimen Kanäle der Zerstörung. Eine einzige wurmstichige Stelle genügt, um das ganze Gebäude der Gesundheit zu zerstören.

Solche Gedanken lenkten ihn ab vom Kummer über die Mißverständnisse und die Streitigkeiten zwischen Inessa und ihm, die immer schlimmer geworden waren, je mehr man versucht hatte, sich wieder näherzukommen. In einem Jahr kann man lernen, ohne den anderen zu leben. Aber er brauchte sie, brauchte sie unbedingt. Brauchte auch sie ihn?

So nah – und sie war ein ganzes Jahr nicht ein einziges Mal gekommen, um ihn zu sehen.

Natürlich, sie war ja mit einem anderen zusammen.

Eine schützende und doch fast tödliche Resignation befiel ihn.

Vom Kantonsspital ging es bergauf durch gewundene, steile Straßen, wo die reichen Schweizer Bürger hoch über der Stadt, näher zum Wald und zum Himmel, mit der Aussicht auf den See, sich Villen gebaut hatten, kleine Schlösser der Bourgeoisie. Jeder versuchte sein Haus besonders zu verschönern – entweder durch Ornamente im Mauerwerk oder durch ein spitzes Türmchen, ein großes Portal, eine Veranda, eine Wagenremise, einen Springbrunnen, oder aber man gab dem Haus Namen wie «Alpenrose», «Gordevia», «Nisetta». Dünne Rauchschwaden kamen aus den Schornsteinen – man heizte allein schon der Gemütlichkeit wegen.

Die sorgfältige Kombination von Ästhetik und Bequemlichkeit, die Abgeschirmtheit von der Welt durch Zäune, Gitter, Besitzurkunden und die beruhigenden Schweizer Gesetze, getrennt von der Herde da unten, erfüllte ihn mit einer glühenden Wut. Was für ein Vergnügen wäre es, mit einer Volksmenge hier angestürmt zu kommen und diese Portale, Fenster, Türen, Blumenbeete mit Steinen, Stöcken, Stiefelabsätzen, Gewehrkolben zu bearbeiten! Was könnte besser, lustiger sein? Waren die elenden Massen so demoralisiert, so tief im Dreck versunken, daß sie nicht mehr imstande waren zu rebellieren? Hatten sie Marats feurige Worte vergessen: «Der Mensch hat das Recht, sich nicht nur das Überschüssige des anderen anzueignen, sondern auch das Notwendige. Um sein eigenes Leben zu retten, hat er das Recht, den anderen zu schlachten und seinen noch zuckenden Körper zu verschlingen!»

Dieses herrliche jakobinische Weltempfinden kann im Proletariat der Lakaienrepublik nicht neu geweckt werden, denn es fallen genug Krumen von der Herren Tische. Und die Grimmschen Opportunisten haben das Proletariat mit einem Spinnennetz umgarnt.

Und in Schweden?

Und was ging jetzt in Rußland vor?

Vieles könnte in Rußland geschehen, aber es ist niemand da, um die Menschen zu führen. Sicher ist dort schon alles verloren, man ertrinkt in Blut. Und hier wird man es erst zwei Tage später erfahren.

Es wurde immer heller, nicht, weil er höher gestiegen war, sondern weil der Himmel nun ganz blau war. Die sauberen, nie staubigen, nie schmutzigen Steinchen des Bürgersteigs und des Fahrdamms waren schon trocken. Wenn auch die Räder einer vorbeifahrenden Kutsche einen mal mit Wasser bespritzten, so war es doch klares Wasser. An beiden Seiten der steilen Straßen standen Bäume, etwas höher gab es ein Wäldchen und noch höher einen richtigen Wald.

Hier gingen die Leute immer nur spazieren. Sie gingen nicht zur Arbeit, und sie kamen nicht von der Arbeit. Ein würdevoll langsam schreitendes Bourgeois-Ehepaar ging an Lenin vorbei, dann ein zweites, mit einem Hündchen an der Leine. Alle trugen zusammengerollte Schirme. Jetzt kamen zwei alte Damen, die sich nach Schweizer Art laut und selbstzufrieden unterhielten. Dann noch jemand. Sie alle genossen sichtlich den Luxus, in einem solchen Viertel wohnen zu dürfen. Dann kamen immer weniger Menschen – und immer weniger Anzeichen von Leben.

Am Rande des Waldes lief eine gerade Straße am Berg entlang. Sie führte zu einem Aussichtsplateau, von dem aus man – und das wurde von einem erwartet – den Blick auf den See und die ganze Stadt im blaugrauen Dunst genießen sollte, auf die Kirchtürme, die Schornsteine, die blauen Straßenbahnen, wenn sie über eine der Brücken fuhren. Dazu vernahm man das kalte, mechanische, metallische Läuten der Glocken, das von den monoton grauen Kirchen kam. Hier führte auch eine kiesbestreute Allee mit hohen Bäumen und mit Bänken entlang, wenn auch nur ein Dutzend Schritte weit bis zu einem Grabmal. Wenn er mit Nadja am Zürichberg Spaziergänge gemacht hatte, waren sie nie so weit gekommen. Jetzt aber ging er dort hinauf.

Ein hüfthoher, zerklüfteter Stein trug eine Metallplatte mit der Inschrift: «Zum Gedächtnis an den Dichter von ‹Dantons Tod› – Georg Büchner.»

Zuerst wollte ihm nicht einfallen, wo ihm der Name Georg Büchner schon einmal begegnet war. Die Namen, die er am besten kannte, waren die von Sozialdemokraten und anderen Politikern. Doch ein Dichter?

Es gab ihm einen Stich. Er war ja sein Nachbar gewesen! Er hatte in der Spiegelgasse 12 gewohnt, neben ihm. Wand an Wand, drei Schritte von einer Tür zur andern. Auch ein Emigrant. Lebte da – und starb. Und hatte den Tod Dantons bedichtet? Warum? Was für ein Unsinn! Danton war ein Opportunist, Danton war nicht Marat, Danton hat einem nicht leid zu tun. Aber es geht hier nicht um ihn. Sondern hier liegt ein Nachbar. Wahrscheinlich wollte auch er aus diesem verfluchten, kleinen, eingezwängten Land fort. Aber er starb in Zürich. Im Kantonsspital – oder vielleicht in der Spiegelgasse? Es steht nicht geschrieben, woran er starb, vielleicht tat auch ihm ständig der Kopf weh ...

Was sollte er mit diesem Kopf tun? Und was gegen seine Schlaflosigkeit, seine Nervosität? Und wie wird es überhaupt weitergehen? Ein Mensch allein kann nicht gegen alle kämfen, nicht alle ändern, nicht alle in eine neue Richtung lenken ...

Ganz Zürich, wahrscheinlich eine Viertelmillion Menschen aus ganz Europa, Schweizer und Ausländer, drängten sich da unten, arbeiteten, machten Geschäfte, tauschten Geld, kauften und verkauften, aßen in Restaurants, gingen zu Versammlungen, fuhren, gingen zu Fuß, alle in verschiedene Richtungen, jeder hatte den Kopf voll undisziplinierter, zielloser Gedanken. Und er stand hier auf dem Berg – und wußte genau, wie er sie leiten und zu einem Ziel führen konnte.

Aber er konnte nicht, denn er hatte keine Macht in seinen Händen. Er konnte hier stehen und auf Zürich hinunterschauen, oder er konnte hier in diesem Grab liegen – ändern konnte er Zürich nicht. Er lebte hier seit mehr als einem Jahr, und es war alles umsonst gewesen, er hatte nichts erreicht.

Vor drei Wochen amüsierte sich die ganze Stadt bei der Fasnacht. Kapellen in skurrilen Verkleidungen zogen durch die Straßen, ganze Kompanien eifriger Trommler und ohrenbetäubender Trompeter, merkwürdige Gestalten auf Stelzen, Menschen mit ellenlangen Perücken, langnasige Hexen und kameltreibende Beduinen, Wagen mit sich drehenden Karussells darauf oder toten Riesen, rußschnaubenden Kanonen, Konfetti speienden Posaunen ... Wie viele Müßiggänger hatten ganze Nächte damit verbracht, um sich auf das Fest vorzubereiten, Kostüme zu nähen und sie anzuprobieren! Wieviel Menschenmaterial, wohlgenährt und frei von Kriegsangst, wurde hier vergeudet! Die Hälfte von ihnen hätte genügt, um einen Generalstreik in Gang zu bringen!

In einem Monat, gleich nach Ostern, kommt das Fest des Winterabschieds, das «Sechseläuten» – hier jagt ein Fest das andere –, noch ein Umzug, diesmal ohne Masken, aber in historischen Kostümen, der Zünfteaufmarsch: Wagen mit übergroßen Säcken, prallvoll mit Getreide, unförmige Werkbänke, Buchbindergeräte, Schleifsteine, Bügeleisen, sogar eine Eisenschmiede, in der man im Fahren den Ofen heizt und arbeitet: Hammer, Äxte, Mistgabeln, Dreschflegel. (Das rief unangenehme Erinnerungen in ihm hervor: Einst, in Alakajewka, wollte die Mutter einen Landwirt aus ihm machen. Seitdem haßt er Mistgabeln und Dreschflegel.) Männer mit Rudern über den Schultern, Fischen an langen Stangen, Schuhen an Zunftbannern, Kinder mit Brotlaiben und Brezeln – man könnte auf diese Zeugnisse des Fleißes stolz sein, wenn diese Zurschaustellung nicht in bourgeoise Dekadenz ausgeartet wäre und so deutlich den Konservatismus der Leute bewiesen hätte. Wenn es kein krampfhaftes Festhalten an der Vergangenheit wäre, die man bis aufs letzte zerstören muß. Wenn hinter den Handwerkern mit Lederschürzen nicht Reiter in roten, weißen, hellblauen und silbernen historischen Waffenröcken, in lila Fräcken und in Dreispitzen aller Farben kämen, wenn hinter ihnen keine Kolonnen alter Männer schreiten würden, in altertümlichen Bratenröcken und mit riesigen roten Schirmen, weise Richter mit übergroßen Goldmedaillen und endlich auch Marquisen und Gräfinnen in Samtkleidern und weißen Perücken – die Guillotinen der Französischen Revolution hatten anscheinend nur halbe Arbeit geleistet!

Und wieder Hunderte von Bläsern und Dutzende von Kapellen und Musikanten zu Pferde, Reiter in Helmen und Kettenhemden, Hellebardiere und Infantristen aus dem Napoleonischen Krieg, dem letzten Krieg der Schweizer. Wie lustig sie Krieg spielen, solange sie nicht ins wirkliche Gemetzel müssen! Aber die verräterischen Sozialpatrioten fordern sie nicht auf, umzukehren und den Bürgerkrieg zu beginnen ...

Ja, was für eine Arbeiterklasse haben sie denn überhaupt? Lenins Wirtin in Bern, eine Glätterin, also eine Proletarierin, schmiß ihn und Nadja aus der Wohnung, nachdem sie erfahren hatte, daß seine Mutter im Krematorium verbrannt worden war, also «unchristlich» begraben wurde. Eine andere Wirtin kündigte ihnen, weil sie am Tag das elektrische Licht angeknipst hatten, um Schklowski zu zeigen, wie hell es leuchtete.

Nein, mit diesen Leuten war nichts anzufangen.

Was konnten also fünf Ausländer hier ausrichten, selbst wenn sie die besten Ideen der Welt hatten?

Lenin drehte der Allee den Rücken zu und ging zum Wald hinauf.

Am Himmel waren jetzt nur ganz wenige zarte, hellgelbe Wolken; man konnte erraten, wo die Abendsonne stand.

Der Wald kam ihm ungepflegt vor, doch ab und zu gab es gangbare Wege. Zwischen den Fichten standen Bäume mit weißgrauen Stämmen, aber es waren nicht Birken und nicht Espen. Die nasse Erde war mit altem Laub bedeckt, der Weg schmutzig und glatt, doch in seinen Bergstiefeln, die in der Stadt immer etwas lächerlich wirkten, fühlte er sich sehr wohl.

Der Pfad führte steil hinauf, das strengte die Beinmuskeln an. Er war allein. Die ordentlichen Paare spazierten nicht in diesem Schmutz und in dieser Feuchtigkeit herum.

Er blieb stehen, um zu verschnaufen.

An den nackten Bäumen zeichneten sich schwarz die noch leeren Vogelhäuser ab.

Es gibt keinen schwereren Aufstieg als den von der Illegalität zur Legalität. Das Wort «Untergrund» besagt alles: Man lebt im Verborgenen, in einem Kellerloch, anonym ... doch plötzlich soll man hinaus auf eine offene Anhöhe und laut ausrufen: «Ja, hier bin ich!

Nehmt eure Waffen, ich werde euch führen!» Deswegen tat er sich 1905 so schwer, während Trotzki und Parvus die ganze Revolution an sich rissen. Wie wichtig ist es doch, zum richtigen Zeitpunkt aufzutreten, gerade bei einer Revolution! Wenn man auch nur eine Woche zu spät kommt, ist alles verloren.

Was wird Parvus jetzt machen? Ach, ich hätte ihm freundlicher antworten sollen ...

Sollte man fahren? Wenn alle Gerüchte stimmen – einfach so nach Rußland fahren? Alles hinwerfen? Und durch die Luft fliegen?

Vom Gipfel der ersten Anhöhe ging es hinunter in einen feuchten, dunklen Fichtenwald, wieder auf aufgeweichtem, holprigem Pfad. Aber den Kamm konnte man trockenen Fußes entlanggehen, der Boden war mit Gras bedeckt und der Baumbestand ganz licht.

Von hier oben war die Aussicht noch besser. Man sah einen großen Teil des reglos bleiernen Sees und ganz Zürich unter einer Lufthülle, die nie von Artilleriegeschossen zerrissen worden, nie vom Geheul einer revolutionären Menge erfüllt war. Drüben hinter dem Ütliberg ging jetzt die Sonne unter.

Als erwachte er aus wohltuendem Vergessen, kam ihm wieder zu Bewußtsein, was ihn zu so ungewöhnlicher Zeit hierhergetrieben hatte, mitten an einem Arbeitstag, herauf in diese Nässe und auf diesen Berg: das Unbehagen, das er im russischen Lesesaal verspürt hatte, als diese Herde von Schafen blökte, die Revolution hätte begonnen!

Sie glaubten aber auch alles, diese Berufsrevolutionäre, jedes Ammenmärchen würden sie glauben!

Gerade jetzt war größte Vorsicht und größtes Mißtrauen angebracht.

Er ging weiter auf dem trockenen, weglosen Bergrücken entlang, über braunes Gras und abgestorbene Äste. Eichhörnchen liefen an Baumstämmen rauf und runter, ab und zu konnte man hier auch junge Rehe sehen, die nicht größer waren als ein Hund.

Auf dieser Höhe, in dieser Stille, in der reinen Luft gab der Druck des engen Reifens um den Kopf nach. Der Ärger, die irritierenden Menschen – alles fiel ab, wurde unbedeutend, blieb unten.

Es war ein schwerer Winter gewesen, er hatte ihn an den Rand der Erschöpfung gebracht. Mit so einer Anspannung kann man nicht lange leben; er mußte vorsichtiger mit sich selbst umgehen. Aber wozu sich schonen, wenn man nicht weiß wofür? Er würde sowieso nicht lange leben. Sein Kopf war nicht in Ordnung. Ganz und gar nicht.

Der Bergrücken war plötzlich zu Ende. Ein gepflasterter Weg führte von unten herauf, und er wußte, wohin – zum Obelisk. Ein Mahnmal für die zwei Schlachten um Zürich im Jahre 1799, zwischen den französischen Revolutionstruppen und den österreichisch-russischen Reaktionären.

Lenin setzte sich auf eine Bank gegenüber dem Obelisk.

Er war müde.

Tatsächlich. Hier oben war einmal gekämpft worden. Und russische Soldaten waren dabei – ein unheimlicher Gedanke! Bis hierher hatten die Krallen des Zaren gereicht!

Plötzlich hörte er das regelmäßige Klappern von Pferdehufen, das von oben kam, wo der Weg eine Biegung machte. Aus dem dunklen Wald hob sich im Zwielicht der Dämmerung ein heller Frauenhut ab, von einem Band gehalten – dann die Frau selbst, ganz in Rot gekleidet, dann ein fahlbraunes Pferd. Der Falbe schritt langsam, die Frau saß kerzengerade, und etwas an ihr, etwas an der Haltung des Kopfes erinnerte ihn an Inessa ...

Er zuckte zusammen, sah sie an, glaubte es – obwohl es doch ganz unmöglich war! Sie kam näher – nein, natürlich, nein, sie war es nicht. Aber irgendwie sah sie ihr ähnlich. Die Art, wie sie sich hielt – als sei sie etwas Kostbares.

Sie kam aus dem dunklen Walddickicht, ganz in Rot, und ritt durch den feuchten, reinen, lautlosen Abend.

Aber die wirkliche Schönheit war das Pferd, und es schien das zu wissen. Fahlbraun, beinahe golden, glattgestriegelt, mit schmuckem Zügel, schritt es leicht und graziös auf den kleinen Hufen.

Seine Reiterin aber saß unbeweglich – oder traurig? – im Sattel, schaute nur auf den Weg, sah nicht den Obelisk, nicht den schäbig gekleideten, auf einer Bank zusammengekauerten Mann – oder war es nur ein Pilz? – mit seinem schwarzen, runden Hut.

Auch er saß unbeweglich da, schaute in ihr Gesicht und auf das Haar, das wie ein schwarzer Flügel unter ihrem Hut hervorschaute.

Wenn man sich mit einemmal von allen dringenden Aufgaben, von allen bedrückenden Gedanken befreien könnte ...

Was für eine schöne Frau! Ihre Schultern, ihre Hüften bewegten sich leicht, vom Rhythmus des Pferdes gehoben, und ihre schmalen Schuhspitzen wippten mit.

Sie ritt weiter, der Weg machte wieder eine Biegung, und nur noch das Schlagen der Hufe war zu hören.

Sie war verschwunden und hatte ein Stück von ihm mit sich fortgenommen.

Die zahlreichen geglückten oder mißlungenen Revolutionen der Geschichte hatten Lenin vieles gelehrt. Für die Revolution war er geboren worden, für sie lebte er und sie kannte er besser als alles andere. Er hatte seine Lieblingsrevolutionäre, seine bevorzugten Revolutionshöhepunkte, -taktiken und -ideen. Dabei hatte er selbst nur eine einzige Revolution mit eigenen Augen gesehen, und sie war nicht von ihm ausgelöst worden. Nur einen Zipfel Revolution hatte er miterlebt, nicht ihre entscheidenden Augenblicke. Ja, genau genommen hatte er sich damit begnügen müssen, sie zu beobachten – um dann später seine Folgerungen und Rückschlüsse daraus zu ziehen.

Aber es hatte eine andere Revolution gegeben, in einem anderen Land, als er noch ein kleines Kind war, und mit dieser fühlte er sich schicksalhaft verbunden. Wenn er an sie dachte, schlug sein Herz schneller, wie wenn man den Namen der Geliebten nennt. Es war eine unbezwingbare Leidenschaft, zusammengesetzt aus Liebe und Schmerz, derart, daß ihm die Fehler und Mängel dieser Revolution noch schmerzlicher erschienen als seine eigenen. Die einundsiebzig Tage, die ihr beschieden waren, erschienen ihm wie die großen entscheidenden Tage seines eigenen Lebens; er hatte auf jeden Herzton gelauscht, ihn geprüft, einen nach dem anderen. Stets war ihr Name auf seinen Lippen: die Pariser Kommune!

Sooft man im Westen Stellungnahmen von ihm wünschte, seine Meinung für maßgeblich hielt, betraf es immer die russische Revolution von 1905. Deshalb beging er ihren Jahrestag jedesmal feierlich, auf die eine oder andere Art, meistens am 22. Januar, dem für westliches Denken bemerkenswertesten Datum[48]. Gerade lag eine solche Erinnerungsfeier wieder einmal hinter ihm. Im Zürcher Volkshaus hatte er seinem Publikum zugerufen: «Europa ist schwanger mit der Revolution!» (Er dachte dabei an die Schweiz.) Aber im Grunde langweilte es ihn, von jener Revolution zu reden, um die man ihn betrogen hatte. Was die rigorosen Schlußfolgerungen betraf, zu welchen ihn die Kritik an Parvus und Trotzki geführt hatte, so schien es ihm ratsam, sie noch für sich zu behalten. Niemand fragte ihn nach seiner Meinung über die Pariser Kommune; es gab genug fähige Köpfe, die darüber authentischere Darstellungen liefern und besser über sie sprechen konnten als er, aber irgend etwas zwang ihn, sich an ihr festzukleben, ihre offene Wunde gegen seine offene Wunde gepreßt. Riß gegen Riß, wie wenn er auf diese Weise Heilung zu finden hoffte. Als damals sowohl diejenigen, die an der Revolution von 1905 teilgenommen als auch diejenigen, die sich nicht aktiv beteiligt hatten, aus dem verlorenen Rußland fliehen mußten, da hatte er sich, entmutigt und zerstritten mit all seinen Genossen, bis zum äußersten wütend und verzweifelt, zur Aufgabe gestellt, in Genf, während dieses versauten Winters von 1908, die Lehren aus der Zeit der Pariser Kommune zu ziehen.

In diesem ebenfalls unruhigen Winter von 1917 nun, als ihn die Intrigen und Tuscheleien der verschiedenen Kegelklub-Cliquen entnervten, war Lenin von Abramowitsch eingeladen worden, in La Chaux-de-Fonds auf einer Gedenkfeier anläßlich der Erhebung der Pariser Kommune am 18. März 1871 zu sprechen. Zur Zeit der Religionskriege hatten sich viele französische Hugenotten in die Schweiz geflüchtet und in der Gegend von La Chaux-de-Fonds niedergelassen; Überlebende der Pariser Kommune gesellten sich zu ihnen, und ihre Nachfahren hatten sich untereinander vermischt.

Lenin, der sonst Angstzustände bekam bei dem Gedanken, vor vollem Saal sprechen zu müssen, Aug' in Aug' mit einer großen Menschenmenge, hatte die Einladung soeben mit dem allergrößten Vergnügen angenommen. Und nun war ihm die Nachricht auf den Tisch geflattert, daß in Rußland eine Revolution ausgebrochen sei, und es schien, as breite sie sich von Tag zu Tag mehr aus. Es waren keine drei Tage her, seit ihn die erste, noch unüberprüfbar vage Meldung erreicht hatte ... Ja, drei Tage und drei Nächte waren vergangen, ohne daß er ein Auge geschlossen hatte. Und trotzdem – sein Kopfweh war verschwunden! Unglaublich! Keine Spur mehr von den üblichen Schmerzen. Plötzlich verspürte er einen nie gekannten Zustrom neuer Kräfte. Eine Unmenge Ideen und Gedanken fuhren durch sein Gehirn und sein Herz wie durch die Esse eines riesigen Ofens. Er wußte wenig von den Vorgängen in Rußland, aber indem er Partikel für Partikel der bruchstückhaften Nachrichten zusammenfügte, konnte er sich ein Gesamtbild von der Lage dort machen. Für jede mögliche Variante traf er seine Vorkehrungen, und dank seiner großen theoretischen Erfahrungen waren seine Schlüsse völlig richtig. Dennoch blieb die Einschätzung der Situation Täuschungen unterworfen; jede neu eintreffende Depesche korrigierte oder dementierte die vorangegangene. Er hatte keine *persönliche* Informationsquelle, auf die Verlaß war, und konnte auch nicht hoffen, daß sich das ändern würde.

Aber mit den Jahren lernt man sich selbst kennen. Auch wenn man sich nicht ausgesprochen der Selbstbeobachtung hingibt wie die Intelligentsia[49], kommt man doch nicht umhin, bestimmte angeborene Tendenzen und natürliche Entwicklungen seines eigenen Ichs festzustellen, zum Beispiel sein Verhältnis zum Trägheitsgesetz. Mit siebenundvierzig Jahren wollen einem die großen Sprünge vorwärts nicht mehr so leicht gelingen. Sieht man auch die notwendigen politischen Initiativen voraus, so benötigt man doch eine gewisse Zeit, um so richtig in Schwung zu kommen. Wirkt diese Schwungkraft dann aber, ist es ebenso schwierig, wieder zum Stehen zu kommen.

Dieser Donnerschlag aus Rußland hatte nicht vermocht, ihn sofort aus dem Gleis zu bringen. Lenin fühlte sich nicht von Anfang an enthusiasmiert, nein, das entwickelte sich langsam, Schritt für Schritt, jede Minute ein bißchen mehr. Die erste Nacht hatte er mit der qualvollen Erkenntnis eines Fehlers verbracht: Warum, warum nur war er nicht anderthalb Jahre zuvor nach Schweden gefahren? Damals als Schljapnikow ihn einlud. Warum hatte er Parvus' Ratschlag nicht befolgt? Wie hatte er der Schweiz, diesem spießigen, hoffnungslos engen und abgestumpften Land den Vorzug geben können? Seit Beginn des Krieges hatte er es für selbstverständlich gehalten, die Schweiz nicht verlassen zu können, dort abwarten zu müssen, bis alles wieder zur Ruhe gekommen war. Nun entdeckte er eine andere Tatsache: Er hätte die Schweiz schon längst verlassen sollen! Ob nun wegen der Spaltung der schwedischen Partei oder wegen der Nähe zu Rußland – es gab nur Stockholm! Dorthin konnte man jeden ihrer Leute kommen lassen, sogar die Abgeordneten der Duma, wenn sie jemals aus Sibirien zurückkehren sollten.[50]

Wenn er sich zur rechten Zeit auf den Weg gemacht hätte, wäre er ohne Schwierigkeiten und ohne Aufsehen nach Schweden gelangt. Über Deutschland natürlich, das war ja die einzig denkbare Route. Jetzt indessen, bei all dem Wirbel, der fiebrigen Nervosität, in dieser Atmosphäre der Wortklauberei, wo jeder hinter jedem Wort eine geheime, andere Bedeutung suchte, war – verdammt noch mal! – es nicht mehr möglich, sich im stillen davonzumachen.

Also los, es bleibt kein Augenblick mehr für müßige Überlegungen: Erfolg hin, Mißerfolg her – jetzt heißt es handeln!

Und so schickte Lenin, kaum erwacht, am Morgen des 16. März durch einen bewährten Mittelsmann eine Fotografie von sich an Hanecki in Stockholm, um sich einen Transitpaß ausstellen zu lassen. (Der arme Kuba, der hatte auch viel Pech gehabt: Im Januar war er wegen illegalen Handels festgenommen und aus Dänemark ausgewiesen worden.) Dann gab er noch ein Telegramm mit folgendem Inhalt auf: «Sofort Fotografie weiterleiten an Sklarz – Berlin – Tiergartenstraße 9 – Onkel.» Das hätten sie wohl auch von allein wissen können! Dumm! Das war verkehrt – wieder mal die überanstrengten Nerven ...

Er mußte sich sofort mit der ganzen Bande aussöhnen, niemand sonst würde ihm helfen können, aus der Schweiz herauszukommen.

Dieser Märzmorgen brachte noch andere Neuigkeiten: Der Zar hatte angeblich abgedankt! (So plötzlich und überstürzt? Ohne den geringsten Widerstand? Was kann ihn bloß dazu bewogen haben? Da stimmt was nicht, das riecht nach Verrat. Und wer sitzt jetzt auf dem Thron? Wenn nicht mehr Nikolaus, dann eben ein anderer, einer, der womöglich noch hinterhältiger ist.) Es heißt, sie haben eine provisorische Regierung gebildet (die Minister des Zaren sitzen hoffentlich alle hinter Schloß und Riegel!) mit Gutschkow, Miljukow und sogar mit Kerenski. Lauter kleine Louis Blancs, die keinen Schuß Pulver wert sind! Wie gern es sich doch all diese Pseudosozialisten auf den Polstersesseln der Bourgeoisie bequem machen!

Und diese Begeisterung unserer geschwätzig plappernden Emigranten! Kein Mund steht still, weder bei Tag noch bei Nacht! Ein ununterbrochenes freudiges Blöken! Bei genauem Hinsehen aber erkennt man: Petersburg ertrinkt seit acht Tagen im Blut der Arbeiter, und genau wie 1830, wie Anno 48, wie es im Verlauf der europäischen Geschichte immer wieder der Fall war, ist das Volk – o du unsterbliche Gutgläubigkeit der Massen! – zu der bürgerlichen Verbrecherbande, zu den Schingarews und Miljukows hingelaufen, um denen die neue, taufrische Macht anzutragen. Ewige Wiederholung der Geschichte!

Lassen wir die Emigranten in ihrem Lesesaal palavern und vor Bewunderung überfließen. Die wirklichen Revolutionäre sind auf der Hut und warten ab, die Muskeln gespannt, sprungbereit, in wacher Aufmerksamkeit. Lassen wir die anderen Dummheiten begehen. Durch ihre naive, pfaffenhafte Gutmütigkeit werden sie sich alles wieder aus den Händen nehmen lassen. Denn keiner von ihnen besitzt den Scharfblick eines Strategen.

Dennoch konnte es Lenin kaum erwarten, dort zu sein, sich hineinzustürzen in die Revolution und den Lauf der Dinge in die von ihm gewollte Richtung zu lenken.

Seit dem Winter hatte er nicht mehr an die Kollontai gedacht, doch seit ein paar Tagen war sie zu einem seiner wichtigsten Korrespondenten geworden: Das Zentrum des Geschehens hatte sich nach Norden verschoben. Gleich nachdem er seine Fotografie an Hanecki geschickt hatte, schrieb er an Alexandra Michailowna: Was *wir* jetzt tun werden? Alle unsere Losungen bleiben dieselben: Verwandelt den imperialistischen Krieg in einen Bürgerkrieg! Und wenn sich die «Kadetten» der Führung bemächtigt haben – diese unfähigen Dummköpfe –, so ist das am Ende nur gut, sehr, sehr gut!! Soll diese überaus charmante Gesellschaft dem Volk mal all das verschaffen, was es ihm versprochen hat. Nämlich Brot, Frieden und Freiheit! Wir werden ja sehen! Für uns gilt *bewaffnetes Abwarten, bewaffnete Vorbereitung einer breiteren Basis für eine höhere Etappe.* Den sozialistischen Zentristen darf kein Vertrauen entgegengebracht werden, kein Fünkchen Vertrauen für Tschcheidse! Nie sich mit ihnen zusammenschließen! *Wir stehen für uns! Wir handeln stets allein!* Wir laufen nicht in die Falle der Wiedervereinigungsmanöver, wir lassen uns keinen Sand in die Augen streuen! Man muß begreifen, daß das Schlimmste für uns eine legale Zulassung einer Arbeiterpartei durch die Kadettenregierung wäre; dies würde einen beträchtlichen Kräfteverlust für uns bedeuten. Hoffen wir, daß wir weiterhin illegal bleiben! Sollte man uns die Legalität aufzwingen, müssen wir unsere Untergrundarbeit unbedingt beibehalten: Denn unsere Stärke liegt im Untergrund, wir dürfen darauf nicht vollständig verzichten. Folgendes ist zu tun: Diesem Schurkenpack von Kadettenregierung muß die Macht entrissen werden. Erst dann wird man von einer *ruhmreichen Revolution* sprechen können! ... Ich bin außer mir, daß ich nicht sofort nach Skandinavien fahren kann!

17. März, morgens – neue Überraschung: Die Kadettenregierung ist weit davon entfernt, sich durchgesetzt zu haben, der Zar hat überhaupt nicht abgedankt, er befindet sich auf der Flucht, und man weiß nicht, wohin er sich gewandt hat. Und die Ereignisse scheinen wieder einmal nach der Schablone aller europäischen Revolutionen abzulaufen: Irgendwo versammelt der Zar seinen konterrevolutionären Haufen um sich, bereitet sein Koblenz[51] vor. Und wenn er keinen Erfolg damit hat? Auf was für einen Dreh wird er dann verfallen? Hat er dann noch einen anderen Trick in petto? Aber ja, natürlich: Er kann ins Ausland flüchten und ein Manifest veröffentlichen, in dem er einen Separatfrieden mit Deutschland anbietet. Nichts einfacher als das! Diese Romanows sind nicht umsonst mit allen Wassern gewaschen! Übrigens, an dem Punkt, wo der Zar angelangt ist, ist dies tatsächlich das einzige, was ihm zu tun übrigbleibt. Was für ein brillanter Schachzug: der Zar als Friedensstifter!

Als Vater der Muschiks! Und schon hat er die Sympathie des ganzen Volks auf seiner Seite; die Kadettenregierung verliert den Kopf und flieht. Und Deutschland? Ja, Deutschland ist dann nicht mehr der Verbündete unserer Revolutionspartei, denn wir sind Deutschland zu nichts mehr nutze ... (Oho, deshalb also müssen wir mit unserer Abreise und unserer Rückkehr nach Rußland noch ein bißchen warten, noch ist unser Platz nicht *dort*! Warum habe ich nur dieses Telegramm an Hanecki geschickt!? Das war wirklich nicht sehr schlau! Da ist nun eine Spur, die leicht zurückverfolgt werden kann.)

Alexandra Michailowna, wir fürchten, daß es uns nicht so schnell gelingen wird, aus der verfluchten Schweiz herauszukommen. Das Problem ist schwer zu lösen. Der beste Weg, euch zu helfen, ist immer noch der, euch regelmäßig unsere Direktiven zu schicken – von hier aus.

Ja, genau das: Für die Genossen, die Stockholm verlassen, um nach Rußland zu gehen, muß ein genauer, strategischer Plan ausgearbeitet werden! Warum eigentlich nicht in der bewährten Form von Thesen? Und schon ist Lenin dabei, sie zu formulieren.[52] Für das Proletariat ist es das wichtigste, sich zu bewaffnen; das ist stets nützlich, wie kompliziert auch immer die Umstände sein mögen. Zuerst ist die Niederwerfung der Monarchie das Ziel, dann müssen die imperialistischen Kadetten zermalmt werden ...

«Ach, du bist es, Grischka! Komm her, setz dich und hilf mir ...»

Die neue Regierung wird nicht imstande sein, dem Volk Brot zu geben, und ohne Brot nützt dem Volk die Freiheit gar nichts. Die Kapitalisten und die Gutsbesitzer werden das Korn erst dann herausgeben, wenn man es ihnen mit Gewalt fortnimmt. Und das kann nur eine Arbeiterregierung tun. *Nur wir, einzig und allein wir!*

Ich muß der Kollontai schreiben, sie soll diese Thesen Pjatakow und Jewgenija Bosch zeigen. In dem Stadium, in dem wir uns augenblicklich befinden, können die unbedeutendsten Leute für uns wichtig werden, es wäre falsch, irgend jemanden zu übergehen. Malinowski zum Beispiel, der wäre uns jetzt von Nutzen! Oh, sie haben ihn dermaßen mit Schmutz beworfen, daß es schwer sein wird, ihn zu rehabilitieren. Und dennoch, er leistet in den Gefangenenlagern ausgezeichnete Arbeit. Im Januar gab es eine neue Ehrenerklärung für ihn ... Wir müssen ihn retten, ihn wieder integrieren.

Was wollte ich dann noch schreiben? ... Ach ja, ein wichtiger Gedanke: Man darf nicht versäumen, die unbedarften Lohnarbeiter gegen ihre Arbeitgeber aufzubringen; das wird viel dazu beitragen, die Macht der Sowjets zu festigen. Heute besteht die wahre Freiheit worin? Erst mal und vor allem in der Wahl der Offiziere durch die Soldaten. Und dann, weiter im großen gesehen, in Volksversammlungen und überall stattfindenden Wahlen für die Neubesetzung sämtlicher Ämter. Danach folgt die Befreiung der Schule von bürokratischer Bevormundung, die Befreiung vom Konfessionszwang, die Befreiung von ... Wenn auch in Rußland Freiheit zur Zeit ein relativer Begriff ist, so muß man sie doch richtig einzusetzen wissen, um zur nächsthöheren Stufe der Revolution übergehen zu können. Weder Kerenski noch Gwosdew können der Arbeiterklasse einen Ausweg bieten! Gut, die Post schließt gleich, ich muß los, das Geschriebene aufgeben.

«Grischka, hast du das gesehen? Sie haben eine Amnestie proklamiert, eine allgemeine Amnestie! Soll das Handlungsfreiheit für alle Parteien der Linken bedeuten? Wie konnten sie sich nur dazu entschließen? Schade, wirklich schade! Jetzt haben der legale Tschcheidse und seine Menschewiki freie Bahn, sie werden alle Machtpositionen besetzen. Vor uns! Werden wir also wieder einmal kurz vor dem Ziel überholt?

Nein! Wir werden nicht brav sitzen bleiben und Däumchen drehen. Wir müssen etwas vorbereiten, und zwar schnell! Ob wir nun hinfahren oder nicht, die Revolution kann wieder abklingen – wie oft ist das nicht schon so gewesen! –, und aus diesem Grund müssen wir etwas vorbereiten für die Zukunft, für alle Fälle. Weißt du, jetzt hab ich's, was wir tun werden ... Heute ist Samstag, nicht wahr? Das ist schade. Na ja, macht nichts. Du machst dich auf den Weg nach Bern, aber ja, natürlich, auf der Stelle fährst du. Du bist der einzige, der das übernehmen kann. Du versuchst, Zivin-Weiss zu erreichen, gewiß, noch heute abend, denn wer weiß, wo er morgen, am Sonntag, sein wird. Sag ihm, er soll schleunigst die Deutsche Gesandtschaft aufsuchen! Gleich am Montag! Wir müssen diese Umzingelung irgendwie durchbrechen. Warum rührt der Romberg sich nicht von selbst? Warum schickt er niemanden? Das ist wirklich unbegreiflich! Sie sollten dieser Angelegenheit doch noch mehr Bedeutung beimessen als wir. Was uns betrifft, wir könnten ja noch versuchen, über England zu reisen, wohingegen die Deutschen keinen anderen Weg haben, nach Rußland zu gelangen. Und mach Weiss klar, daß er nicht präzis von dir oder von mir sprechen soll. Er soll keinesfalls verlauten lassen, daß es sich um uns beide handelt. Denn es gibt alle möglichen Kandidaten für diese Reise – unter anderen auch uns zwei. Also du übernimmst diese Sondierung. Damit wir die verschiedenen Möglichkeiten ventilieren ... Was wir verlangen?

Nehmen wir mal an, die Deutschen erklären sich offiziell bereit, alle diejenigen durch Deutschland nach Rußland reisen zu lassen, die ..., na ja, sagen wir, die ihre Liebe zur Freiheit und zur Heimat – oder so ähnlich – dorthin zieht. Eine Erklärung dieser Art wäre für uns ein durchaus akzeptabler Ausgangspunkt für Verhandlungen.

Und noch etwas! Alle diese Diplomaten sind rechte Hohlköpfe. Von revolutionären Bewegungen verstehen sie nichts und können da auch nichts unterscheiden, weder Vorgänge noch Personen. Deshalb muß Weiss denen, für die er spricht, *Gewicht verleihen*, aus seinen vorsichtigen Worten muß man heraushören können, *daß die gesamte revolutionäre russische Bewegung in Rußland von der Schweiz aus geleitet wird*. Daß jede größere Aktion vorher in der Schweiz festgelegt wird. Ganz wörtlich sogar: In Rußland geschieht nichts Wesentliches, was nicht zuvor von uns beschlossen worden wäre. Deshalb und in Anbetracht der gegenwärtigen Umstände ... Hast du kapiert? Gut, dann geh! Ich gehe auch, ich muß morgen in aller Frühe nach La Chaux-de-Fonds fahren, zu einem Vortrag.»

Vor drei Tagen hatte ihn die Pariser Kommune noch so sehr inspiriert. Jetzt waren seine Gedanken ganz woanders.

Am nächsten Morgen setzte er sich aus Zerstreutheit und weil er in großer Eile war, eine uralte, abgetragene Mütze auf, so daß ihn der Gewerkschaftsvorsitzende in La Chaux-de-Fonds zuerst für einen Landstreicher hielt und sich weigerte zu glauben, es sei Lenin, der erwartete Vortragsredner.

An diesem Sonntagnachmittag improvisierte Lenin im Vereinssaal der Uhrenfabrikarbeiter einen Vortrag in deutscher Sprache und erläuterte kurz jede einzelne seiner Thesen: «Wird die russische Revolution den gleichen Weg wie die Pariser Kommune gehen?» Es hatten sich wohl zweihundert Personen eingefunden, aber Lenin nahm sein Publikum kaum wahr, er spürte nicht, wofür es sich interessierte, was es von ihm erwartete. Er sah nicht den Saal, nicht auf das Blatt in seinen Händen; er hatte jegliches Zeitgefühl verloren. Schlimmer noch war: Er hatte jene Zärtlichkeit, die man für seine erste Liebe empfindet, verloren. In seinem Fall war es die Pariser Kommune von 1871 gewesen. Und so wurde er, ohne daß er es merkte, fortgerissen, abgetrieben, mehr und mehr, unaufhaltsam, und schon flossen in seinen Gedanken zwei Erfahrungen, zwei Revolutionen zusammen, nicht so sehr in seinen Formeln und Formulierungen als vielmehr in der Vorwegnahme des Kommenden. Ja, zwei Erfahrungen: die Pariser Kommune und jene andere, neue Revolution, die sich so urplötzlich entfaltet und auf die er sich so lange vorbereitet hatte. Diese neue Revolution: War sie nur ein Trugbild, eine trügerische Hoffnung, oder war sie die einzig echte, wirkliche und wahre? Die beiden großen Irrtümer der Kommune, die zwei Kardinalfehler, die sie beging – wir, wir werden sie nicht wiederholen! Sie verschonte die Banken, sie war zu großmütig. Anstatt die ihr feindlich gesinnten Klassen *en masse* zu erschießen, hat die Kommune diesen Leuten das Leben gelassen, in der Meinung, sie umerziehen zu können. Denn in der Tat, die größte Gefahr, die das Proletariat bedroht, liegt gerade in der Großmut, welche sie in Zeiten der Revolution entwickelt. Wir müssen das Proletariat lehren, vor erbarmungslosen Kollektivmaßnahmen nicht zurückzuschrecken!

Ohne zu bedenken, wie die Uhrmacher von La Chaux-de-Fonds seine Ausführungen deuten würden, ließ Lenin seiner Besorgnis freien Lauf. Sie galt vor allem einer Tatsache: Die Zeit verrann! Während er hier seinen Vortrag hielt, ging ihm in Petersburg etwas unrettbar verloren; dort nämlich war ein ganz und gar durchschnittlicher, mittelmäßiger Mensch, ein der Macht Unwürdiger dabei, sich in eben dieser Macht einzunisten.[53]

Nach Lenin trat ein Welschschweizer an das Rednerpult. Abramowitsch nutzte die Gelegenheit, alle anwesenden Russen zu versammeln, und weil noch etwa fünfundzwanzig Minten übrigblieben, bevor er zum Zug mußte, versuchte Lenin auch sie noch mit einem kleinen Vortrag zu erfreuen, zwar noch immer über dasselbe Thema, jedoch ohne Vergleiche zu ziehen. Es war ein harter Vortrag, der ihnen allen, auch ihm, an die Nieren ging, und er beendete ihn mit einem noch härteren Schlußwort: «Wenn es nötig ist, werden wir nicht davor zurückschrecken, achthundert Bourgeois und Gutsbesitzer an die Pfähle zu knüpfen!»

Im Zug, gewiegt vom gleichmäßigen Rhythmus der Räder, setzte Lenin seine Überlegungen fort: In Petersburg gibt es keine echte Machtgruppe. Der Zar und sein Hof sind davongejagt worden. Die Armee ..., nun gut, aber sie ist an der Front unabkömmlich. Und die Kadetten, die stellen keine wirkliche Macht dar. Und der Sowjet der Arbeiterdeputierten hat auch nicht sehr viel Gewicht. Was tut er? Er ist in großer Gefahr, in die Hände der Menschewiki um Tschcheidse zu geraten – wenn das nicht schon geschehen ist. In Petersburg die große Leere, im Sowjet die große Leere, eine Leere, die nach ihm ruft und lechzt, *nach ihm und seiner Macht*. Oh, wenn es ihm bloß gelänge, Petersburg in die Hand zu bekommen, er würde es mit der Armee, mit dem Zaren aufnehmen.

Also abreisen? Sich endlich entschließen zurückzukehren?

Hinundhergerüttelt von der schnellen Fahrt des Zuges saß Lenin am Fenster in der Ecke seines Zugabteils zweiter Klasse, und draußen eilte mit dem erleuchteten Abteil sein Schatten durch die dunkle Nacht. Lenin schaute vor sich hin, zeigte das eine oder andere Mal ganz mechanisch sein Billett zur Kontrolle vor. Er hörte nicht, wenn der Zug hielt, vernahm nicht die Stationsansagen. Lenin dachte angestrengt nach.

Reisen – wirklich abreisen?

Er war in jenem Zustand, wo die Welt um einen herum versinkt, wo man weder sieht noch hört. Er war der einzige Passagier im Wagen – und plötzlich war Inessa bei ihm. Sie war nicht in Clarens, sie saß an seiner Seite. Was für ein Glück! Wie lange war es her, seit sie das letzte Mal so miteinander geredet hatten?

Inessa, verstehst du? Ich kann jetzt unmöglich wegfahren. Und genauso unmöglich kann ich bleiben ... Wie wäre das: Könntest du nicht fahren, du, mir voraus? Du riskierst nichts. Man wird dich überall durchlassen. Es ist nichts Schlechtes an einem solchen Gedanken, und er ist auch nicht paradox, denn wenn man liebt, schickt man das geliebte Wesen voraus, das ist doch ganz natürlich; wenn man sich um jemanden große Sorgen macht, bedeutet das, man sorgt sich gemeinsam um die *Sache*. Er hat es nie anders gekannt. Es war ihm nicht anders möglich. Und wenn sie es bisher nicht abgelehnt hatte, so doch wohl, weil sie damit einverstanden war.

Bald würde es ein Jahr sein, daß sie sich nicht gesehen hatten. Und schon schien das, was sie verbunden hatte, sich langsam aufzulösen ... Aber an diesem Geburtstag der Pariser Kommune, durchgerüttelt vom Zug, mit Inessa neben sich, fühlt er plötzlich freudig und warm wieder die frühere Verbundenheit, und wieder einmal spürt er die unbedingte Notwendigkeit, ihr etwas mitzuteilen, so stark, daß er es kaum abwarten kann, ihr auch nur zwei Worte zu sagen. Im Ernst, damit kann er unmöglich bis morgen warten!

Während des Aufenthalts auf einem Bahnhof springt er aus dem Zug, um rasch eine Postkarte zu kaufen. Und im nächsten Bahnhof wirft er sie in den Postkasten.

«Liebe Freundin! Ich schreibe von unterwegs ... Gestern habe ich von der Amnestie gelesen. Wir träumen ständig von der Abreise.»

Ja, buchstäblich, wir träumen! Nun wagen wir wieder zu wünschen und zu hoffen.

«Wenn Sie nach Hause fahren, besuchen Sie uns vorher. Wir unterhalten uns dann ...»

Schließlich und endlich, was soll's? Es stimmt doch, wir müssen uns jetzt sehen! Unter den gegenwärtigen Umständen! Komm! ...

«Ich möchte Ihnen sehr gern den Auftrag geben, in England unauffällig und zuverlässig in Erfahrung zu bringen, ob ich durchreisen könnte.»

Ja, ich weiß, England wird von einer solchen Durchfahrt nichts wissen wollen. Ich bin immerhin ein Kriegsgegner. Ein Feind der Entente! Aber vielleicht ist es möglich, England zu überlisten? Trotzdem, eine Reise über Frankreich-England-Norwegen könnte leicht einen guten Monat dauern. Und in einem Monat können die neuen Machthaber ihre Stellung absichern, ihren Kurs festlegen, ein gutes Stück vorankommen, und dann wird es viel zu spät sein, um die neue Regierung zu erschüttern und zu stürzen. Wir müssen uns beeilen zu handeln, ehe sie solchermaßen gefestigt ist.

Das gleiche gilt bezüglich der Kriegsfrage. Die Menschen werden sich an den Gedanken gewöhnen müssen, daß der Krieg trotz Revolution weitergeht und daß es gar nicht anders sein kann.

Und dann die deutschen U-Boote! Sollte man wirklich diese Gefahr noch auf sich nehmen, nachdem wir so lange gewartet haben? Nein, nur Dummköpfe würden das tun.

Nach seiner Rückkehr in die Spiegelgasse schlief Lenin in dieser Nacht nur stundenweise, und sowohl während des kurzen Schlafs, als auch, wenn er schlaflos dalag, ließ ihn dieser eine Gedanke nicht mehr los, bedrängte ihn immer heftiger: Sollte er fahren? Mußte er fahren?

Der Morgen kam und mit ihm Depeschen, die alle übereinstimmend meldeten, daß der Zar abgedankt hatte! Einwandfrei und unzweifelhaft: Er hatte abgedankt! Zar Nikolaus, Großfürst Michael und die ganze Dynastie, die ganze Zarenclique hatte abgedankt!

Die Restauration würde nicht stattfinden!

Jetzt war die einzige brennende Frage: Wie? Auf welchem Weg? Mit welchen Mitteln? Jedenfalls so schnell wie möglich! Nun durfte keine Stunde mehr gezaudert werden! So schnell wie irgend möglich! Um noch zur rechten Zeit einzutreffen! Um das Ruder zu ergreifen! Die Richtung anzupeilen, genau den Kurs zu steuern, so bald wie möglich!

Heute wird Weiss sich mit Romberg treffen. Sehr gut. Aber das sind ja vorerst nur Sondierungen, Fragen und Antworten... Diese vor drei Tagen Hanecki gegenüber geäußerte Idee mit dem taubstummen Schweden war nichts Ernsthaftes, nicht durchführbar.[54] Vernünftiger war schon, daß ich die Fotografie für einen Paß weggeschickt habe (ja, das war richtig!). Ob Sklarz die Fotografie bereits hat? Nein, wahrscheinlich nicht. Übermorgen. Danach kriegt sie das Ministerium, dann der Generalstab. Immerhin, sie könnten die Dinge doch auch selber etwas beschleunigen, sie könnten sich auch ein bißchen beeilen, jemanden mit Vorschlägen herschicken, ohne daß man andauernd drängen muß. Sie rühren sich nicht. Was sind das doch für Idioten! Ja, ja, die Bürokratie mit ihrem Apparat ...

Es sei denn, sie versuchen, die Schlaueren zu sein, um das Angebot in die Höhe zu treiben. Wenn dem so ist, dann sind das schäbige politische Praktiken. Da bietet man ihnen für eine bestimmte Zeit ein konkretes Bündnis an, den Separatfrieden, und sie ... (Später, ja später ... Kein Wunder, daß die Gehirne der preußischen Junker den Spiralen der Dialektik nicht allzulange zu folgen vermögen. Aber sehen sie denn nicht wenigstens etwas weiter als nur bis zum Abend des jeweiligen Tages? Was wissen sie von der proletarischen Weltrevolution? Eines Tages werden wir ihnen natürlich den Rang ablaufen, wir sind nicht umsonst die intelligentesten. Aber für den Augenblick haben sie doch nur den einen Wunsch: Separatfrieden mit Rußland und dann noch ein paar Annexionen: die baltischen Länder, Polen, die Ukraine, der Kaukasus, alles Gebiete, die wir ihnen ohnehin gern überlassen, das sagen wir nicht erst seit heute.)

Und Siefeldt kommt auch nicht! Und Moor läßt nichts von sich hören! Aber da ist doch Parvus – Parvus mit seiner bewährten Intelligenz! Was ist denn bloß mit ihm los? Israel Lasarewitsch, wissen Sie, ich fühle mich hier in dieser Schweiz *eingepfropft wie in einer Flasche*. Verstehen Sie? Israel Lasarewitsch, Sie wissen genau, die Revolution wartet nicht! Also, warum habe ich keinen Vorschlag für die Abreise von Ihnen erhalten? Ist wenigstens etwas unternommen worden? Das Zimmer in der Spiegelgasse ist ein dunkles Loch, niemals fällt ein Sonnenstrahl durch die Scheiben.

Ja, ja ... o ja, man hat keine Zeit sich umzuwenden, und dabei läßt man sich etwas Wichtiges entgehen. Kamenew und Schljapnikow, was stellen die da in Petersburg an? Kamenew findet sich mit einer historischen Verantwortung ausgestattet. Wie lange ist es her, daß ich meine Thesen an ihn absandte? Ah, nun weiß ich, was ich zu tun habe: Ich werde sie noch einmal in komprimierter Form zusammenfassen, in einem Telegramm. In einem Telegramm, das nach Stockholm geht; die Kosten wird sich die Parteikasse schon noch leisten können. Nadja oder Moissej, einer von euch wird folgendes Telegramm mitnehmen: «Unsere Taktik vollständiges Mißtrauen, keine Unterstützung der neuen Regierung ... Bewaffnung des Proletariats die einzige Garantie ... keine Annäherung zu andern Parteien ...»

«Binde dir einen Schal um, Nadja! Denk an deine Brochitis!»

Für den Fall, daß von deutscher Seite jegliche Reaktion ausbleibt, muß ich die Reise über England vorbereiten. Man könnte damit zum Beispiel Karpinski beauftragen. Er soll ein Transitvisum auf seinen Namen beantragen, und dazu kleben wir dann eine Fotografie von mir. Meine Fotografie – mit Perücke, damit meine Glatze mich nicht verrät. Ich muß ihm unverzüglich schreiben. Nach Genf. Und wer geht noch einmal zur Post? Na gut, ich laufe selbst schnell hin.

Ein starker Wind blies durch die engen Straßen, und wenn ein besonders wütender Windstoß kam, mußte Lenin stehenbleiben. Lenin liebte das, so zu laufen, gegen den Sturm, gegen den Strom! Dies war die Gewohnheit seines ganzen Lebens, dies war es, was er stets getan hatte, und er bereute es nicht. Er konnte sich ein anderes Leben gar nicht vorstellen.

Auf dem Rückweg trieb ihn derselbe Wind die enge Gasse wieder hinauf, bis vor seine Haustür, wo er gerade im rechten Augenblick ankam, um noch zu hören, daß oben das Telefon läutete. Wer mochte das wohl sein? Diese Telefonnummer war kaum jemandem bekannt, und er benutzte den Apparat nur in äußerst dringenden Fällen.

Er stürzte die dunkle Treppe hinauf.

Inessa! Sie ruft von Clarens aus an! Ihre Stimme so weich wie Harfenklang.

«Inessa, wie lange schon habe ich dich nicht mehr sprechen gehört! Liebe, liebe Freundin! ... Gerade gestern, vom Zug aus, habe ich dir eine Karte geschrieben ... Wir müssen los, wir alle müssen fahren! Ich bin eben dabei, verschiedene Pläne auszuarbeiten, einer davon wird sicher klappen! Aber trotz allem dürfen wir die englische Variante nicht ganz aus den Augen lassen. Und vielleicht wäre es am praktischsten, wenn du ... Wie bitte? ... Schwierigkeiten? ... Du weißt, ich bestehe niemals darauf ... Du bist nicht einmal sicher, daß du gehst? Ob du überhaupt fahren wirst? ... Du zögerst? ... (Da ist ein Mißklang. Ihre Gedanken verlaufen nicht mehr parallel, sondern in verschiedenen Richtungen. Das ist immer so, wenn man sich lange nicht gesehen hat. Keine innere Harmonie mehr, keine Übereinstimmung, und am Telefon ist es besonders schwierig ...) Aber warum? Wie kannst du nur? Und ich, ich war mir so sicher ... Niemals hätte ich gedacht ... Ja, ja, die Nerven ... Natürlich, deine Nerven sind ... (Wir sollten uns jetzt nicht des langen und breiten über unsere Nerven auslassen, hier am Telefon, wo die Minute einen Franc kostet!) Na gut, dann muß ich es auf anderem Weg versuchen.»

Oh, sie hätte besser daran getan, nicht anzurufen! Dieses Gespräch hatte ihn deprimiert. Er sah seine Pläne zerstört. Seine gute Laune war vorbei. Wie konnten sich ihre Beziehungen nur dermaßen verschlechtern? Eine unerklärliche Entwicklung. Unter welchem Einfluß! Daß Verbindungen kaputtgehen können, mag ja sein, aber man wüßte doch gern den Grund dafür!? Hatte er ihr nicht stets alle Hindernisse aus dem Weg geräumt? Alle seine Konzessionen ... Nur für sie!

Er hatte sich immer gefragt, wie das zu dritt so gutgehen konnte. Nun also, es war nicht gutgegangen ...

Dieses Telefongespräch war ihm wie ein spitzer Dolch ins Fleisch gedrungen und verursachte einen durchdringenden Schmerz, der ihn daran hinderte, irgend etwas zu unternehmen. Lenin ging zum Fenster und setzte sich dort, wo es noch am hellsten war, nieder, um auf seinen Knien das Petersburger Aktionsprogramm zu Papier zu bringen. Niemals würden die Petersburger von sich selbst aus ... Draußen heulte der Sturm. Durch die Ritzen und Spalten des Fensters, die Lenin bis jetzt noch nie bemerkt hatte, zog es. Sollte er den Ofen anzünden? Im März? Der Hausbesitzer würde sagen, er verbrauche zuviel Kohlen. Lenin warf sich seinen Mantel über die Schultern.

Am Anfang mußte eine Situationsanalyse stehen. Er kannte die Situation nicht besonders gut, und es war nicht möglich, sie mittels der Informationsfetzen, die man in den Zeitungen fand, genau zu erfassen, aber dank seiner Theoriekenntnis konnte er sich die Lage sehr wohl vorstellen, und nichts anderes konnte sich in Petersburg abspielen ... War das, was sich dort ereignet hatte, ein Wunder zu nennen? Nein, es gibt keine Wunder, weder in der Natur noch in der Geschichte; Wunder sind nichts als eine Illusion, die einem der sogenannte gesunde Menschenverstand vorgaukelt ... Die Verkommenheit der zaristischen Clique, die Brutalität der Romanows, diese Pogromisten, die Rußlands Erde mit dem Blut der Arbeiter und Juden getränkt haben ... Eine Revolution von acht Tagen – sie war 1905 geprobt worden ... Der Wagen der Romanows, der Wagen des Zaren lag umgestürzt da, in Dreck und Blut ... Jetzt ist er da, der große Bürgerkrieg, zu dem wir das Volk aufgerufen haben ...

Das, was er Inessa nicht hatte sagen können, hinderte Lenin am Schreiben. Seine übertriebene Erregtheit wollte nicht nachlassen. Alles in allem: ein Unvermögen, einander zu verstehen, ein Verhältnis voller Dornen, tief verletzend ...

Daß die Revolution zuerst in Rußland ausgebrochen ist, das ist ganz natürlich. Man hätte darauf gefaßt sein müssen. Wir haben das revolutionärste Proletariat der Welt. Außerdem beweist der Verlauf der Ereignisse allzu deutlich, daß die Botschaften Frankreichs und Englands mit den Oktobristen und der Kadettenregierung unter einer Decke stecken.

Wir sollten also wegfahren, und sie bliebe hier? Sollte sie wirklich dableiben wollen? Die Ereignisse könnten uns für immer auseinanderreißen ...

Wenn Miljukow an der neuen Regierung beteiligt ist, so doch nur, um in seiner Eigenschaft als Universitätsprofessor hochtrabende Reden zu halten, in Wahrheit sind es die Erben des Henkers Stolypin, die die Entscheidungen treffen.

Der Sowjet der Arbeiterdeputierten braucht einen Bündnispartner; nein, nicht die gesamte Bauernschaft, nur die ärmsten Bauern und die Landarbeiter. Es ist wichtig, bereits jetzt den Bauernstand zu spalten, indem man die Ärmsten gegen die Reichsten stellt. Darin liegt die ganze Kunst.

Aber das ist ja ein richtiger Orkan! Man könnte glauben, der Schnee habe Flügel! Durch das Fenster fällt überhaupt kein Licht mehr. Ich muß die Lampe anzünden.

Nein, er würde nicht eher Ruhe finden, bis er noch einmal an Inessa geschrieben hatte. Es mußte sofort geschehen.

«Ich kann Ihnen nicht verhehlen, daß ich sehr enttäuscht bin. Meiner Meinung nach kann es jetzt bei jedem nur einen Gedanken geben: Losfahren. Aber man ‹wartet› auf irgend etwas! ... Ich bin überzeugt, daß man mich in England verhaftet oder einfach zurückhält, wenn ich unter meinem Namen fahre ... Ich war davon überzeugt, daß Sie sich sofort nach England begeben ... Sicherlich haben Sie besondere Gründe, vielleicht geht es Ihnen gesundheitlich nicht gut ...»

Krylenko sollte doch wenigstens einen Versuch machen, und wir werden dann schon sehen, welchen Weg wir einschlagen müssen.

Seine trübselige Stimmung hellte sich etwas auf, er fühlte sich spürbar besser als zuvor. Er hatte schon wieder neue Ideen, und dieser Brief würde seinen Zweck erfüllen.

Ihr habt da bei euch einen ganzen Haufen Sozialpatrioten, überhaupt russische Patrioten jeder Art und Schattierung, die keiner Partei angehören und obendrein noch reich sind. Warum sollten die nicht ihrerseits auf den naheliegenden Gedanken kommen, über Deutschland nach Rußland zu reisen? Sie sollten um einen Eisenbahnwagen bis Kopenhagen nachsuchen. *Ich* kann das nicht machen.

Ich bin ein *Defaitist*. Aber *Sie* können das gut. Ach, wenn ich diesem Gesindel und diesen Schwachköpfen doch bloß ein bißchen Intelligenz beibringen könnte! Sie werden vielleicht sagen, daß die Deutschen keinen Eisenbahnwagen zur Verfügung stellen werden. Lassen Sie uns wetten, *daß sie es tun!* Natürlich, wenn sie erfahren, daß dieser Gedanke von mir oder von Ihnen ausgeht, dann ist die Sache verpfuscht. Aber in Genf wird es für diesen Zweck doch ein paar geeignete Dummköpfe geben?

Das Problem ist im Grunde folgendes: Es darf keine Fühlungnahme mit Frankreich oder England erfolgen, weil das zwecklos ist. Die Reise geht über Deutschland, das ist klar. Aber: Wie kann man es anstellen, daß der Eindruck entsteht, diese Idee käme nicht von mir und nicht von Ihnen, sondern von anderer Seite?

Sollte jemand Zweifel hegen, so lassen diese sich etwa so zerstreuen: Ihre Befürchtungen sind kindisch! Denken Sie, die russischen Arbeiter würden glauben, daß langjährige und erprobte Revolutionäre bereit sind, den Interessen des deutschen Imperialismus zu dienen? Sie meinen, man wird sagen, daß wir uns an die verdammten Deutschen verkauft hätten? Aber wäre es nicht ohnehin das, was seit langem von uns Internationalisten behauptet wird, nämlich, seit wir uns geweigert haben, diesen Krieg zu unterstützen. Wir werden durch unsere Taten beweisen, daß wir nicht die Agenten und Helfershelfer Deutschlands sind! Für den Augenblick zählt nur eines: Da es unbedingt notwendig ist, *jetzt* zu gehen, laßt uns aufbrechen, selbst wenn wir deshalb mit dem Teufel paktieren müßten!

Aber wer wird die Initiative ergreifen? Denn wenn wir nichts unternehmen, hieße das, die Gelegenheit, die sich uns bietet, ungenutzt vorübergehen zu lassen. Andererseits ist es unmöglich, daß wir allein, *als erste und von uns aus* handeln. Dies würde unsere Position in Rußland beträchtlich erschweren ...

Der Tag ging zu Ende, ohne daß er einen Ausweg, eine Lösung gefunden hätte – während sich in Rußland im Verlauf dieses Tages die Ereignisse weiterhin überstürzten.

Ich muß raus hier. Schau in die Finsternis da draußen, presse deine Stirn gegen die Fensterscheibe. Siehst du Kugeln aufblitzen? So muß es jetzt in Petersburg zugehen. Im Kamin heult der Wind. Dumpfe Schläge irgendwo auf dem Dach: ein unbekanntes Geräusch. Da muß sich etwas losgerissen haben. Ein richtiger Orkan!

Es ist, als ob wir unsere letzte, kostbare Chance verpaßten. Ich muß schreiben – fortfahren, ihnen zu schreiben:

Miljukow und Gutschkow sind Marionetten in den Händen der Entente ... Es ist nicht die Aufgabe der Arbeiter, diese neue Regierung zu unterstützen, sondern der neuen Regierung kommt es zu, den Arbeitern unter die Arme zu greifen ... Erleichtert die Bewaffnung der Arbeiter, und die Freiheit wird unbesiegbar sein in Rußland! ... Wir müssen das Volk lehren, *Worten allein keinen Glauben zu schenken!* ... Das Volk hat keine Lust, Hungers zu sterben; es wird bald erfahren, daß es in Rußland Korn gibt und daß man es beschlagnahmen kann! Und so werden wir eine demokratische Republik durchsetzen und danach den Sozialismus ...[55]

Lenins innere Spannung hatte nachgelassen, die Muskeln seiner Arme und Beine verlangten nach Betätigung. Nun gut, er würde hinuntergehen, durch den Sturm laufen, um sein Gleichgewicht wiederzufinden! Er könnte jetzt ja doch nicht einschlafen. Er würde sich von den Windböen so richtig durchblasen und auslüften lassen.

Bevor Lenin das Haus verließ, mummte er sich fest ein, zog die alte Mütze tief in die Stirn. (Es war die gleiche «Dächlichappe», die er in La Chaux-de-Fonds trug, und der Gewerkschaftsvorsitzende hatte mit einem mißtrauischen Blick auf seinen Aufzug gefragt: «Wer ist der Landsteicher?»)

Kaum vor die Tür getreten, wurde er vom Sturm gepackt, davongetragen. Aber es war trocken, nur ab und zu ein paar Schneeflokken. Man konnte jede Straßenlaterne erkennen, und der Himmel war tiefschwarz! Peng! Die Glashaube einer Straßenlaterne zersprang und flog in Scherben davon. Auf den Dächern klapperten die Ziegel gegeneinander ... Wie leicht kann dir einer davon auf den Kopf fallen!

Ihr bedrückend engen Altstadtgassen. Wohin man auch geht, immer dieses Labyrinth von Gassen und Gäßchen. Lenin fühlt sich verloren, wie das Insekt im Netz der Spinne. Ob er wohl die Petersburger Esplanaden noch einmal wiedersehen wird?

Vierzigtausend Grundbesitzer haben Rußland bisher regiert. Werden wir ebenso viele Mitstreiter finden, um Rußland mit ihnen besser regieren zu können?

Im Niederdorf, wo nachts sonst immer viel Betrieb ist, sieht man fast keine Passanten. Alles sucht Zuflucht hinter den erleuchteten Fenstern. Doch plötzlich taucht diese bekannte, vertraute Gestalt vor Lenin auf, hinundhergebeutelt vom Orkan, gebeugt, zusammengeschrumpft vor dieser Gewalt, schlapp und ohne Kraft – Grischka!

«Aber ja, das ist Sinowjew!»

Kommt er vom Bahnhof? Ist er schon wieder da?

«Wladimir Iljitsch, es ist so viel Wichtiges geschehen. Da habe ich beschlossen, sofort zurückzufahren.»

«Also, was ist mit Weiss? Hat er sich mit Romberg getroffen?»

«Heute! Ich werde Ihnen alles berichten.» Grischka scheint mit dem Ergebnis seiner Reise höchst zufrieden zu sein.

Sie rollen, sie schlingern, sie kämpfen gegen den Wind an und holen mehrmals ihre davongeflogenen Kopfbedeckungen wieder zurück. Es ist schwierig, dabei ein Gespräch zu führen, aber sie haben nicht genügend Geduld, um es aufzuschieben, bis sie zu Hause sind.

In Bern hat das Komitee für die Rückkehr in die Heimat ununterbrochen getagt, und er, Grischka, sei stets dabeigewesen.

«Na gut, also sag schon, was wurde beschlossen? Wo stehen wir?»

«Gerede, nichts als Gerede, alle Möglichkeiten wurden durchdiskutiert. Sowohl die Ausreise über die Ententestaaten als auch die andere Variante mit Skandinavien. Schließlich schlug Martow den Weg über Deutschland vor!»

«Was sagst du da, Martow machte diesen Vorschlag? Martow?»

«Ja, er meinte via Deutschland!!!»

«Wirklich Martow?»

Lenin kriegt nicht genügend Luft, sonst würde er laut aufschreien.

«Ja! Im Austausch gegen deutsche Gefangene in Rußland.»

«Martow? Es war wirklich und tatsächlich Martow, der das sagte?»

«Wir müssen die Zustimmung der provisorischen Regierung einholen. Die Verhandlungen mit der Schweizer Regierung laufen über Grimm als Vermittler ...»

Was für ein Glück! Phantastisch! Der Vorschlag kommt also von Julij Martow und nicht von uns!

«Wir werden ihn demnach den *Martow-Plan* nennen! Was uns betrifft, so schließen wir uns ihm lediglich an.»

Der erste Schritt ist getan!

*Dokumente**

Der deutsche Gesandte in Bern, Freiherr von Romberg, an das Auswärtige Amt, Berlin.

CHIFFRIERTES TELEGRAMM

Bern, 23. März 1917

Ganz geheim!

..., daß hervorragende hiesige Revolutionäre den Wunsch hätten, über Deutschland nach Rußland heimzukehren, da sie Weg über Frankreich wegen Ubootgefahr fürchten. Bitte Weisung für den Fall, daß derartige Anträge an mich herantreten.

Der Staatssekretär des Auswärtigen Amtes, Zimmermann, an den Vertreter des Auswärtigen Amtes im Großen Hauptquartier, Legationssekretär Freiherr von Lersner.

TELEGRAMM

Berlin, 23. März 1917

Da wir Interesse daran haben, daß Einfluß des radikalen Flügels der Revolutionäre in Rußland Oberhand gewinnt, scheint mir eventuelle Durchreise-Erlaubnis durch Deutschland angezeigt.

Vom Großen Hauptquartier an das Auswärtige Amt.

TELEGRAMM

25. März 1917

Dringend!

Gegen Durchreise russischer Revolutionäre keine Bedenken, wenn sie in Sammeltransport unter sicherer Begleitung erfolgt ...

* Es handelt sich im folgenden um Auszüge aus fünf deutschsprachigen dokumentarischen Schriftsätzen, abgedruckt in *Lenins Rückkehr nach Rußland 1917*, herausgegeben von Werner Hahlweg, Leiden 1957; Dokumente Nr. 18, 19, 20, 22 und 6.

Der Unterstaatssekretär des Auswärtigen Amtes von Stumm an den Gesandten in Bern, Freiherrn von Romberg.

CHIFFRIERTES TELEGRAMM

Berlin, 26. März 1917

Sammeltransport unter militärischer Aufsicht ... Umgehende Mitteilung Reisedatums und Namenliste, die vier Tage vor Grenzüberschreitung hier vorliegen muß. Bedenken Generalstabes gegen einzelne Personen unwahrscheinlich ...

Der Gesandte in Bern, Freiherr von Romberg, an den Reichskanzler von Bethmann Hollweg.

Bern, 27. März 1917

GANZ GEHEIM!

Inhalt: Besprechung mit unserem russischen Vertrauensmann Weiss.

Ich hatte mit Weiss eine eingehende Besprechung, bei der es ihm hauptsächlich darauf ankam, festzustellen, wie wir uns der Revolution in Rußland gegenüber verhalten würden ... Wenn Deutschland die pacifistische Richtung in Rußland stärken wolle, müsse es alles vermeiden, was die Kriegshetzer in Rußland und die Entente gegen uns ausschlachten könnten ... Herr Weiss glaubt mit der gleichen Bestimmtheit, mit der er uns die Revolution für dieses Frühjahr angekündigt habe, versichern zu können, daß die Pacifisten die Oberhand gewinnen würden, vorausgesetzt, daß von unserer Seite keine zu großen Fehler gemacht würden. Ich habe Herrn Weiss geantwortet, daß wir an seine Partei genau dieselben Ansprüche stellen müßten wie sie an uns ... wenn wir uns in erster Linie an die kaiserliche Familie gehalten hätten, so liege das daran, daß wir in früheren Zeitperioden bei ihr und fast nur bei ihr Verständnis und Förderung für unsere freund-nachbarliche Politik gefunden hätten. Wenn wir die gleichen guten Absichten nunmehr bei der äußersten Linken fänden, sei uns das ebenso recht ... Auf meine Frage, wie man wohl in seiner Partei über die Friedensbedingungen denke, meinte er: Wegen Elsaß-Lothringen werde man den Krieg nicht fortsetzen, ebensowenig wegen Kurland. Für Polen wünsche man die Neutralisierung unter Garantie der Nachbarstaaten ... Er setzte mir auseinander, daß die Kadetten im Verein mit der Entente über uneingeschränkte Mittel für ihre Propaganda verfügten. Die Revolutionäre dagegen würden nach wie vor mit großen Schwierigkeiten zu kämpfen haben. Er habe bisher nur sechs geringe Summen von uns beansprucht, schon aus Vorsicht, weil der Besitz großer Beträge ihn bei seiner eigenen Partei verdächtig gemacht haben würde. Diese Bedenken seien heute nicht mehr im gleichen Maße vorhanden. Je größere Beträge wir ihm zur Verfügung stellen, desto mehr könne er für den Frieden wirken. Ich möchte angelegentlich empfehlen, Herrn Weiss zunächst jedenfalls wieder 30000 frs. für den Monat April zur Verfügung zu stellen, die er in erster Linie dazu verwenden will, um wichtigen Parteifreunden die Rückkehr nach Rußland zu ermöglichen ... Vorläufig glaube ich, daß es unklug wäre, ihn in diesem entscheidenden Zeitpunkt zu verabschieden und ihn damit zu verprellen ...

Ich darf bis zum 1. April um Weisung bitten, ob ich Weiss 30000 frs. auszahlen und ihm weitere Subsidien in Aussicht stellen darf.

Am Abend des 19. März war ein winterliches Unwetter über Zürich hereingebrochen. Die ganze Nacht fegte ein orkanartiger Sturm über die Stadt, zu dem gegen Morgen noch dichtes Schneetreiben kam, das später in abwechselnde Graupelschauer und Regengüsse überging und am nächsten Abend erneut einsetzte. Erst nachdem im Laufe der zweiten Sturmnacht die ganze Stadt unter einer dicken Schneedecke begraben worden war, ließ das Unwetter nach.

In jener Nacht faßte Lenin, in seinem Schweizer Käfig, in seiner armseligen Schlechtwetter-Zuflucht ohnmächtig wütend auf und ab gehend, den Entschluß, da er nun einmal nicht von Zürich fortkonnte, wenigstens ein Aktionsprogramm für die Petersburger Bolschewiki aufzustellen und die bis zum andern Abend vollgeschriebenen, aber unredigierten Seiten durch irgendwen zur Post bringen zu lassen, auch wenn er noch längst nicht alles zu Papier gebracht hatte. Währenddessen würde er sich über die neuesten Zeitungen hermachen, die von jetzt an allesamt gekauft werden mußten – der Boden des Zimmers war schon ganz mit ihnen bedeckt –, um durch sorgfältiges Durchforsten der Berichte kurzsichtiger westlicher Korrespondenten den Weizen von der Spreu zu sondern und zu prüfen, was diese jämmerlichen Bourgeoisgehirne als wichtig genug befunden hatten, in ihre Gazetten aufgenommen zu werden. Alles mußte erst mit der Pinzette freigelegt, ausgegraben, schließlich im messerscharfen, strahlenden Licht der ideologischen Analyse untersucht und zu einer Synthese aufbereitet werden. Er würde vieles erklären und erläutern müssen – für die Langsamen, für die Dummen und für die Irregeleiteten. «Die Verteidigung der jungen russischen Republik?» Nichts als ein Schwindel, man will die Arbeiter hinters Licht führen! «Jetzt ist es an euch, Kaiser Wilhelm zu stürzen?» Eine heimtückische Parole! Denn sämtliche Kräfte mußten sich nun einem Ziel widmen, dem Sturz der bourgeoisen Regierung Rußlands! Die provisorische Regierung ist eine Regierung der Restauration! Es sind Handlanger des englischen Kapitals! Und weiter: Lieber jetzt eine Spaltung von egal welchem unserer bisherigen Partner als ein Zusammengehen mit Kerenski und Tschcheidse; es darf nicht einmal der Schatten eines Zugeständnissen an Kerenski und Tschcheidse auf uns fallen.

Und während Lenin diese Weisungen und Losungen niederschrieb, fand er ganz wie von selbst die noch fehlenden Kettenglieder, die er dann sogleich in den Organisationsplan einfügte. Denn was er jetzt zu Papier brachte, war seine Antwort auf das großartige Manifest, das am 13. März vom Zentralkomitee der bolschewistischen Partei in Petersburg veröffentlicht worden war – ja, dieser Kamenew, das ist ohne Zweifel ein brillanter Kopf! – und das dann zehn Tage später in Zürich eingetroffen und unvollständig in einer Zeitung abgedruckt worden war. Nun würde Lenin ihnen eine andere Art der Organisation vorschlagen, ein anderes Konzept als jenes, das er 1905 entworfen hatte. Und zwar: Es sollte eine allgemeine Bewaffnung der Volksmassen stattfinden! Eine proletarische Miliz sollte geschaffen werden, der im großen und ganzen das gesamte Volk angehören würde, von den Fünfzehnjährigen bis zu den fünfundsechzigjährigen, und ebenso müßten beide Geschlechter, Männer und Frauen, dieser Volksmiliz angehören (die Jungen, um sie mit dem politischen Alltag vertraut zu machen, und die Frauen, um sie aus ihrer abstumpfenden Haus- und Küchenatmosphäre herauszureißen). Und aus dieser Miliz sollte dann das fundamentale Organ der Staatsführung gebildet werden. Denn einzig und allein in einer Bewaffnung aller liegt die Garantie für die absolute Ordnung, für eine gerechte Brotverteilung und bald auch schon für den Frieden und für den Sozialismus!

Von Dienstag, dem 20. März, bis zum folgenden Sonntag fließen Lenin die *Briefe aus der Ferne* nur so aus der Feder; sie werden dann sofort per Expreß weitergeschickt (das Geschriebene wird von immer größerer Wichtigkeit, man darf es nicht mehr aufhalten, es nicht einen Tag zurückhalten). Aber weiterschicken an wen? An Hanecki, den intelligenten, tapferen und listigen Kuba – damit er den schnellsten Weg finde, die Briefe nach drüben, nach Petersburg gelangen zu lassen. (Ja, und gleichzeitig muß eine Kopie an Inessa abgehen, sie wird sie an Ussijewitsch senden, der gibt sie weiter an Karpinskis Leute, die ihrerseits diese Kopie an ihn, Lenin, zurückschicken; das Ganze selbstverständlich immer per Expreß, so ungeheuer wichtig und eilig ist es, sich über die Taktik zu einigen.) Immer muß einer auf dem Weg zur Post sein! Ferner müssen alle Kioske und Lesesäle nach Zeitungen abgegrast werden. Danach gilt es, die letzten Meldungen zu analysieren, die bisherigen Erkenntnisse zu überprüfen – daraus entstehen die neuen Punkte des Programms.

Da ist dieser Lunatscharski, der sich dreht und windet, um nicht gegen Tschcheidse Partei ergreifen zu müssen. Er soll den kalten

Hauch der Rüge zu spüren bekommen! Und da ist auch noch dieser Trottel von Gorki, der sich in die Politik einmischt. Wendet der sich doch tatsächlich an die provisorische Regierung mit der Forderung nach «ehrenhaftem Frieden» – ein Ansinnen, das in seiner extremen Schädlichkeit wirklich nicht mehr zu überbieten ist. Man wird ihm eins auf die Finger geben müssen! Wenn er sich nicht an die Parteilinie halten kann, dann soll er sich gefälligst mit seinem eigenen Kram beschäftigen, mit seinen Genrebeschreibungen. Schließlich die Scherereien mit Tschernomasow in Petersburg, wie ärgerlich – jetzt genügt es ihnen nicht mehr, daß sie Malinowski in den Schmutz gezogen haben, sie wollen uns alle im Dreck versinken sehen! Die Kollontai fährt nach Rußland, die Glückliche! Wir aber, wir sitzen hier fest. Jetzt muß ich mich bloß noch darum kümmern, die fünfhundert Seiten des *Agrarprogramms*[56] mit der Maschine geschrieben zu bekommen. Wer das wohl übernehmen könnte? Ah, da fällt mir noch etwas ein: Warum nicht ein Flugblatt für die Kameraden in der Kriegsgefangenschaft verfassen? Es sind immerhin zwei Millionen ... Man könnte ihnen laut und deutlich kundtun: Ihr werdet bald nach Rußland zurückkehren – als Armee der Revolution und nicht als Armee des Zaren (man könnte sie sogar gegen ihn einsetzen), und wir werden uns beeilen, nach Rußland zu kommen und euch Geld und Brot zu schicken!

Und dann, im letzten Augenblick vor der Abreise, könnte ich einen Abschiedsbrief an die Schweizer Arbeiter richten, um so noch einmal dem Chauvinismus einen Keulenschlag zu versetzen, noch einmal dem Proletariat dieses Landes den Weg zu zeigen. Obwohl das gefährlich sein mag. Es könnte meine Abreise behindern. Ich verfahre am besten so: Ich schreibe den Brief, lasse ihn hier und, in Rußland angekommen, lasse ich die Explosion per Telegramm erfolgen, indem ich die Veröffentlichung meines Abschiedsbriefes von dort aus anordne.

Wenn nur diese Probleme mit Inessa nicht wären! Etwas stimmt nicht mit ihr. Sie ist verärgert. Sie ist mir böse. Sie sitzt in Clarens und rührt sich nicht von der Stelle. (Oder sollte sie nicht mehr dort sein? Es kommen keine Briefe. Vielleicht ist sie gar nicht mehr in Clarens?) Ja, sie ist mir böse. Aber wie das immer so ist bei den Frauen, zeigt sie ihr Bösesein nicht offen, sondern in der Verkleidung theoretischer Meinungsverschiedenheiten, sie lehnt sich auf, widerspricht und schmollt, wo selbst ein Kind begreifen würde. Wie nützlich wäre sie jetzt trotz alledem an seiner Seite! Welch eine Zeit! Sind da weibliche Empfindlichkeiten am Platz? Lenin hat niemanden, der alle aus Rußland kommenden Meldungen und Berichte systematisch sammeln und ordnen könnte; irgend etwas ganz besonders Wichtiges könnte ihm auf diese Weise entgehen. Inessa hat es nicht nur abgelehnt, die englische Reiseroute zu prüfen, nein, sie hat sich auch geweigert, für nur einen einzigen Tag nach Zürich zu kommen! Im Jahr 1914 hatte Inessa für ihn die Reise von der Adria nach Brüssel unternommen und deswegen ihre Kinder allein gelassen. Und heute, wo sie ganz in der Nähe ist, bewegt sie sich nicht einen Zentimeter vom Fleck! Nicht einmal für einen kurzen Tag!

Wird sie mit uns kommen? Wer könnte das sagen?

Aber all diese Dinge waren lediglich unbedeutende, kleine Wirbel an der Wasseroberfläche, selbst die Angelegenheit mit Inessa. Die Ereignisse, die wirklich zählten, waren wie lautlos in nachtblauer Tiefe ihre Bahnen ziehende riesige Meerestiere.

Hanecki hatte ein vieldeutiges, lakonisches Antworttelegramm geschickt: «Ich komme.» Was waren es doch für Folterqualen, warten zu müssen! Wenn Lenins Berechnungen stimmten, hätte sein Paß schon angefertigt und von Berlin weggeschickt worden sein können – vielleicht war aber auch nichts geschehen.

Der allmächtige Parvus schwieg ebenfalls.

Er mochte allen Grund haben, beleidigt zu sein. Oder wollte er nur – was gar nicht auszuschließen war – Lenins Nerven auf die Probe stellen, indem er den Abwartenden spielte, um dadurch seine Position zu stärken?

Aber sie konnten ohne einander nicht auskommen, einer brauchte den anderen, die Ereignisse ketteten sie zusammen.

Die Deutschen hatten ihm Millionen für einen Mythos gezahlt, nun gab es gute Gründe, sie auszugeben, sie Lenins Partei zur Verfügung zu stellen, denn jetzt war die Zeit gekommen, daß sie Geld benötigte.

Das Rückkehrkomitee mit seinem lauten Gehabe neigte, trotz des Einspruches der Zimmerwalder, zu einer legalen Lösung. Man wartete darauf, von der Regierung Gutschkow grünes Licht zu erhalten. Es waren bereits 180000 Schweizer Franken eingetroffen, das Ergebnis privater Spenden für die Rückkehr treuer Mitbürger – durch Vermittlung der Alliierten. Man erfuhr von Schiffen, die eine Anzahl von Einfaltspinseln und Möchtegern-Politikern nach Rußland transportieren sollten und auf hoher See von deutschen U-Booten versenkt worden waren. Überhaupt – was für Intrigen um dieses Geld schon im Gange waren! Die Bolschewiki liefen dabei Gefahr, leer auszugehen. In den Versammlungen wurden die Leute handgreiflich. Selbstverständlich war Iljitsch nicht dabei, aber man berichtete ihm darüber bis ins Detail. Und in dem Maße, wie sich die Diskussionen erhitzten (die unter den Emigranten herrschende Stimmung war ja nur ein Vorgeschmack auf das Höllenspektakel, das in Rußland losbrechen würde!), kam Lenin zu Bewußtsein, daß er überstürzt und unvorsichtig gehandelt hatte. Er würde keine persönliche, nur für ihn ausgestellte Durchreiseerlaubnis bekommen. Und er würde es auch ablehnen, allein zu fahren.

Und am 23. März, genau eine Woche nachdem er seine Fotografie an Hanecki gesandt hatte, schickte er ihm ein Telegramm mit einem Gegenbefehl: «Offizieller Weg für einzelnen unannehmbar.»

Damit war die Sache erledigt, mit einer Zurückweisung.

Inzwischen war Zivin-Weiss jedoch mehrmals beim deutschen Gesandten Romberg vorstellig geworden. Romberg behauptete, daß zwischen ihm und Berlin bereits ein intensiver Briefwechsel im Gang sei – durch Kuriere. Und nach und nach, aus dem dunklen Schoß der Zukunft hervor, nahmen die Konturen eines großen Plans deutlichere Gestalt an, gleich einer aus dem Nebel auftauchenden riesigen Lokomotive, deren Räder gerade begonnen hatten, sich ganz langsam in Bewegung zu setzen.

Und hinten angehängt: ein Sonderwaggon!

Aufgetaucht aus der unbekannten Dunkelheit: ein Sonderwaggon!

Und warum nicht? Das ist eine gute Idee!

Aber für den Augenblick hoffe ich, daß unsere Bedingungen vor diesen Schwätzern vom Rückkehrkomitee noch geheimbleiben!

Ja, natürlich! Wir dürfen nicht das Offizielle dort und das Vertrauliche hier durcheinanderbringen!

Sei dem, wie es sei! Man sieht, daß, wenn wir zu mehreren überlegen, wenn wir unsere Anstrengungen vereinigen, wir Schritt für Schritt etwas zuwege bringen können, das Sinn und Verstand hat. (Aber die Zeit, die dafür nötig ist! Die Deutschen sind doch sonst so schnell! Jetzt, da die provisorische Regierung erklärt hat, sie wolle den Krieg fortsetzen, müssen wir die Situation nutzen und die Deutschen ständig bestürmen.)

Und so begann man damit, eine Liste all derer aufzustellen, die abreisen wollten. Man fragte alle Zuverlässigen, die sich in der Schweiz aufhielten. Aber das geschah heimlich. Es war wichtig, die anderen nicht einzuweihen. Und zu gleicher Zeit (das war genauso wichtig!) wurden überall irreführende Gerüchte verbreitet. So zum Beispiel: England verweigert die Durchreise ... Und: Via Deutschland ist nichts zu machen, keine Möglichkeit. Und man diskutierte lautstark anekdotenhaft komisch anmutende Versuche, etwa: Valja Safarowa habe beim Britischen Konsulat ein Gesuch eingereicht. Jemand habe ein Protesttelegramm an Miljukow geschickt. Oder: Sarah Rawitsch sei bereit, eine Scheinheirat mit einem Schweizer Bürger einzugehen, wenn sie auf diese Weise die notwendigen Papiere für eine Durchreise erhalten würde, und Lenin habe ihr aus Spaß geraten, irgendeinen alten Mann zu nehmen, beispielsweise den Tattergreis Paul Axelrod, der sonst zu nichts nütze sei, als Sarahs Ehemann jedoch etwas für die Revolution tun könne.

Auf der einen Seite zögerten die Deutschen die Angelegenheit ständig hinaus, auf der anderen bestand die Gefahr, daß, wenn die Sache einmal ins Rollen kam, sie nicht wieder zum Halten zu bringen war. Oder noch genauer: Es liefen zwei Sachen, die sich jedoch unabhängig voneinander entwickelten.

Am Abend des 27. März hatte Lenin den Schweizern im Zürcher Volkshaus zweieinhalb Stunden lang den Gang der russischen Revolution erläutert. Die Zweite, die wirkliche Revolution liege zwar noch vor ihnen, aber sie fände eine gute Gußform vor, in welche sie einfließen würde – den Sowjet der Arbeiter- und Soldatendeputierten, und es sei notwendig, die Erhebung gegen die Bourgeoisie auf schnellstem Wege vorzubereiten.

Dieser Vortrag im Volkshaus war für Lenin eine Erfrischung, eine Erholung gewesen, er fühlte sich danach gestärkt und weit fort von den komplizierten Abreiseplänen und all den Überlegungen, in die er sich so heillos verstrickt hatte. In milder Abendluft hatte er sich in Begleitung Sinowjews zu Fuß auf den Heimweg gemacht, stieg nun die Treppe zu seiner Wohung hinauf – und da saß doch jemand im Dunkeln, ganz zusammengesunken, trocken wie Herbstlaub, die Ekke eines weißen Einstecktuches lugte aus dem Jackett; eine Gestalt, die lächelnd darauf wartete, mit offenen Armen begrüßt zu werden, der Bedeutung ihrer Persönlichkeit so bewußt, daß sie nicht daran dachte, sich eines Händedruckes wegen rasch zu erheben ... Ja, so saß er da: Georg Sklarz!

Lenin trat auf ihn zu, ohne ein Wort des Vorwurfs oder ein Wort des Lobes zu äußern, er sagte nicht: «Ach, wie schön!» oder «Ach, wie ungelegen!», sondern er bewegte sich auf Sklarz mit jenem schrägen, messerscharfen Blick zu, der bei den anderen stets Unruhe oder Erschrecken auslöste. Und sofort hatte auch Sklarz all seine Sicherheit verloren. Er stand auf, und Lenin schüttelte ihm die Hand, als wolle er sie ihm abbrechen.

«Na, was bringen Sie mir?»

Keine Frage, wie er gereist sei, kein Austausch von Höflichkeiten, keine Gefühle, nur klipp und klar die eine Frage: «Was bringen Sie mir?»

Und dieser Kaufmann, dieser Sklarz, der mehr und mehr in die hohe Politik des großen Deutschen Reiches eingestiegen war, der von Generälen und Ministern mit allem Respekt empfangen wurde, dieser Mann erlebte nun, daß ihn ein scharfer, kalter Blick aus Lenins schmalen Augen völlig zu verwirren vermochte; der unangenehme Bogen der Augenbrauen und des Schnurrbarts, kurz, die ganze Erscheinung Lenins sprang ihm wie ein praller Fußball ins Gesicht. Sklarz hatte völlig die Fassung verloren, war total ducheinander, sein Lächeln verließ ihn, er vergaß die launigen Begrüßungsworte, mit denen er den anderen zu erheitern beabsichtigt hatte, die Witze, die er sich sorgfältig zurechtgelegt hatte – um dann ohne weitere Präliminarien zur Hauptsache, zum Wichtigsten, zu kommen.

Und dieses legte er nun ohne Vorrede auf den Tisch.

Ohne Platz zu nehmen.

Und auch Lenin blieb stehen.

Sinowjew, der schon saß, schnaufte vernehmlich.

Es handelte sich also um folgendes: Sklarz kam nicht direkt im Auftrag von Parvus, wenn auch dieses Elefantenhirn der Initiator von allem war. Er hatte die Angelegenheit ins Rollen gebracht, bevor noch eine Bitte Lenins dieser Art eingetroffen war (die traf erst hinterher ein) – ja, bereits bei den ersten vagen Anzeichen der Petersburger Revolution, denn er glaubte, ebensogut wie Lenin zu wissen, was zu tun sei. Sklarz hatte von der Obersten Heeresleitung alle notwendigen Vollmachten erhalten, die Angelegenheit der Durchreise russischer Emigranten durch Deutschland zu regeln. Er konnte ferner, was die Ausreise der Personen aus der Schweiz betraf, der Unterstützung durch den deutschen Konsul, möglicherweise sogar durch den deutschen Gesandten in Bern sicher sein. Und er brachte die unterzeichneten Geleitbriefe mit! Sie lagen auf dem Tisch – wie auf wunderbare Weise dorthingekommen, obwohl es keine Wunder gibt! –, auf dem ausgeblichenen Wachstuch, im trüben Lichtkreis der Petroleumlampe.

«Hier, bitte sehr! Herr Uljanow, Frau Uljanow ... Alles in Ordnung!»

«Ja, und Sinowjew?»

«Aber natürlich, bitte sehr! Und auch für Frau Liliana. Alles in Ordnung!»

«Gut, aber ...»

«Pardon, hier ist ja noch ein fünfter Geleitbrief. Für Madame Inès Armand!»

Großartig, Parvus, dir entgeht wirklich nichts! Du hast alles bedacht! Auch Inessa also ...

Auf diese Weise ist alles geregelt! Wir müssen nicht mehr warten – keine Stunde mehr!! Es ist nicht mehr nötig herumzumanövrieren, sich zu verstellen, den Gerisseneren zu spielen. Man braucht sich nicht mehr aufzuregen, keine Anweisungen mehr zu schicken, nicht mehr auf bessere Neuigkeiten zu hoffen. Nun ist Lenin von niemandem mehr abhängig. Er muß nur noch sein Gepäck zusammenstellen (hat ein Revolutionär denn überhaupt welches?), und die Reise kann losgehen. Morgen früh, morgen abend! Jetzt ist es zwölf Tage her, daß der Zar abgedankt hat, und in drei Tagen werden wir in Petersburg sein und binnen kurzem alle Provinzen Rußlands in den Strudel der wirklichen Revolution ziehen, ja, hineinstoßen werden wir sie. Kann man schneller handeln in einer Zeit, da ein Weltkrieg tobt? Bevor noch irgend jemand Zeit findet, irgend etwas zu verderben, werden wir als erste die vordersten Ränge erobern, wir werden sie alle überraschen, sogar die nach Sibirien Verbannten. Wir werden dafür Sorge tragen, daß sich der Sowjet der Arbeiterdeputierten von dieser nichtswürdigen Regierung Gutschkows abwendet und daß eine Volksmiliz geschaffen wird. Diese Miliz muß uns uneingeschränkt zur Verfügung stehen.

Da lagen die Dokumente – über den Tisch verstreut. Alle trugen das Siegel mit dem deutschen Reichsadler und gotischen Verzierungen; und da war auch die Fotografie aufgeklebt, die Lenin über Hanecki an Sklarz geschickt hatte. Welch gute Verwendung hatte sie gefunden!

Dieser Dokumente wegen war ein Minister bemüht worden. Er brauchte nur zu sagen: «In Ordnung!», und schon wurden sie ausgestellt.

Und damit beglich Parvus jene Schuld, die er, Lenin, bisher großzügig übersehen hatte.

Die plumpe Gestalt Sinowjews sackte noch mehr zusammen, und seine beiden Hände grapschten nach den Papieren. Als Lenin Miene machte, auf ihn loszuspringen, kuschte Grischka natürlich sofort.

Er sollte doch wissen: Wer so täppisch in den Glutkessel der Revolution zu greifen versucht, wird sich zwangsläufig die Finger verbrennen.

Lenin, der einigermaßen nervös mit den Händen auf die Dokumente getrommelt und sie sich beinahe an der gleich einer hellroten Flamme züngelnden Zunge des Adlers versengt hatte, zog seine Arme nun schnell zurück, um sie hinter dem Rücken zu verschränken.

Das Geschäft konnte, wenn er es abschloß, nicht geheim bleiben. Und man würde dafür keinerlei ehrenhafte Erklärungen finden können. Man würde den Faden aufrollen, ihn zurückverfolgen bis zu Parvus, und selbst seine makellose Vergangenheit als Revolutionär würde Lenin nicht retten können; man würde ihn mit Schande überschütten und ihm das Steuer aus den Händen reißen. Was sollten all die Anstrengungen, die Parvus unternommen hatte? War das vielleicht ein Versuch, ihn, Lenin, in den schlüpfrigen Abgrund zu ziehen, in dem Parvus selber sich befand? Gehörten diese Vorbereitungen einer individuellen Familienreise zu seinem Plan, ihm den Strick um den Hals zu legen – beziehungsweise, ihn fest in die Hand zu bekommen? Damit Parvus ihm hinterher seine Bedingungen diktieren konnte – auch was den in der Revolution einzuschlagenden Weg betraf?

Ha, Lenin hatte den Braten zur rechten Zeit gerochen!

«Aber, Herr Uljanow, ich liefere Ihnen doch genau das, was Sie haben wollten.» Von einer guten Ware zu behaupten, sie sei schlecht – wie kann man einen Kaufmann schwerer beleidigen?

«Natürlich. Aber das war ein Fehler. Die Umstände erteilen die Befehle», antwortete Lenin düster. Er hatte sich noch immer nicht gesetzt, er stand da, konzentrierte sich jetzt ganz auf die tief aus seinem Innern aufsteigenden Entschlüsse und gab sie wie ein Bauchredner wieder: «Für eine große Gruppe muß die Transiterlaubnis gelten, ungefähr für vierzig Personen. Dazu ein Sonderwagen. Abgeschlossen. Exterritorial.»

Er sah Sklarz nachdenklich, aufmerksam, mit wachsendem Wohlwollen an, und schließlich konnte man diesen Blick sogar als heiter bezeichnen. Ihm wurde klar, dieser Mann würde eines Tages in der deutschen Regierung sitzen. Phantastisch, daß er hierhergekommen ist! Danke, Parvus! Sehr gut, wir werden Ihren Plan ein wenig variieren. Keine große Sache, eine Angelegenheit von einigen Tagen, mehr nicht.

Und Sklarz, der fühlte, daß Lenin allmählich zugänglicher wurde, lächelte und entspannte sich. Denn selbst von großen Tieren war er es nicht gewohnt, in solch einer Art und Weise behandelt zu werden, nein, das hatte er wirklich nicht verdient!

«Israel Lasarewitsch bittet Sie, sich zu beeilen», erinnerte er Lenin. «Es darf nicht sein, daß diese *Regierung des Volksvertrauens* Frieden schließt!»

«Sie wird nicht Frieden schließen, nein, das wird sie nicht tun.» Die kleinen Falten um Lenins Augen zogen sich belustigt zusammen.

Lenin ließ Sklarz Platz nehmen, setzte sich dann ebenfalls – zwischen ihnen die Ecke des Tisches – und versuchte Sklarz mit Worten und Blicken zu suggerieren, zu hypnotisieren, daß er nichts vergessen dürfe, Punkt für Punkt alles ausführen und in die Tat umsetzen müsse, was man ihm jetzt auftragen werde.

«Sie werden nach Berlin fahren und direkt verhandeln. Alle anderen Verfahrensweisen wären zu langwierig. Die Deutschen müssen begreifen, daß wir uns nicht kompromittieren lassen können. Das heißt, daß wir in dieser Hinsicht nichts riskieren dürfen. Wir werden keine diskriminierenden Bestimmungen akzeptieren. Bestimmungen, die zum Beispiel wehrdienstfähige Männer ausschließen würden oder sonst irgend jemand anderen.»

(Übrigens war Lenin selbst von seinen militärischen Pflichten nicht entbunden, als Ernährer der Familie jedoch nie eingezogen worden. Im Grunde verdankte er diese Vergünstigung aber wohl der Tatsache, daß sein älterer Bruder zum Tode verurteilt worden war.)

«Oder zum Beispiel Ausschließungen auf Grund der Einstellung der Reisewilligen zum Krieg. Auch so etwas ist für uns unannehmbar. Genausowenig darf es Überprüfungen der Pässe und Einzelkontrollen geben. Wir werden den Waggon in derselben Weise verlassen, wie wir in ihn eingestiegen sind. So wie das Ei in der Schale ganz bleibt und nicht angetastet wird, kapiert? Und schließlich: Kein einziges Wort an die Presse!»

Es muß alles blitzartig vor sich gehen. Der Waggon wird wie eine Granate vorbeizischen, ehe was an die Öffentlichkeit dringt und vor allem vor jeglicher Reaktion der öffentlichen Meinung.

«Ach, ja!» Sklarz war soeben noch etwas höchst Angenehmes eingefallen: «Die deutsche Regierung übernimmt alle Kosten der Durchreise.»

«Ja, was denn sonst noch?» Lenins Augen funkelten plötzlich düster, jedes auf seine eigene Art. «Nein, es würde keinen guten Eindruck erwecken, wenn wir es so machen würden. Was haben Sie da eigentlich für Schafsköpfe in Berlin? Wir zahlen natürlich selbst. Den Tarif für dritte Klasse.»

Und noch etwas anderes störte Lenin:

«Sie kommen hierher, um mich zu besuchen ... Konnten Sie sich zu diesem Zweck nicht etwas unauffälliger, bescheidener anziehen? Es wäre immerhin möglich, daß einige Genossen Sie gesehen haben. Ich wünsche, daß Sie bis morgen hierbleiben, in Ihrem Hotel, und mir Dora Dolina herschicken. Ohne die Dokumente, natürlich. Sie sagen ihr irgend etwas Unbedeutendes, was sie mir ausrichten soll. Ich werde mich weigern, sie zu empfangen. Danach können Sie abreisen. Und wenn die deutsche Regierung mit unserer Bedingungen einverstanden ist, soll man uns sofort benachrichtigen.»

Als Sklarz endlich alles begriffen hatte, als er die Dokumente wieder eingesammelt hatte, drückte er Lenin respektvoll die Hand und ging.

«Sie stellen denen immer noch Bedingungen?» Sinowjew schlenkerte die Schultern seiner schlappen Figur hin und her.

Lenins Blick wurde sogleich wieder scharf:

«Sie haben keine Wahl. Es liegt mehr in deren als in unserem Interesse.»

«Sagen wir jemandem, daß Sklarz hier war?»

«Platten gegenüber werden wir Sklarz erwähnen. Es wäre schlimmer, wenn er von allein drauf käme. Platten, auch Münzenberg – das sind Leute, die wir nicht entbehren können.»

Und ... ach, ja ... da zweimal abgesichert besser ist als nur einmal, schreibe ich auch gleich noch an Hanecki. (Vielleicht zeigt er jemandem den Brief ...)

«Ich kann natürlich nicht die Dienste von Leuten in Anspruch nehmen, die mit dem Herausgeber der *Glocke* in Verbindung stehen! ... Und dann Ihr Plan, über England zu reisen ...»

Je schlauer der Fuchs, desto sicherer die Höhle.

Zum Beispiel Rombergs Angebot eines Sonderwaggons: Darüber muß ganz offen verhandelt werden. Das muß sich für die Öffentlichkeit so selbstverständlich entwickeln wie das Küken aus dem Ei. Ruhig darüber reden und schreiben. Etwa so:

«Möglicherweise wird uns die Schweizer Regierung einen Eisenbahnwagen besorgen ...»

«Vielleicht würde die britische Regierung einen Sonderwaggon passieren lassen ...»

«Wie meinen Sie das: einen Sonderwaggon von hier durch England?»

«Nun, also ich meine ... von einem Hafen bis zum anderen Hafen. Warum sollten sich die Briten der Durchfahrt eines verschlossenen Waggons widersetzen? Mit, beispielsweise, dem Genossen Platten unter den Reisenden oder mit irgendeiner unbestimmten Anzahl von Personen – Personen, bei deren Auswahl ihre jeweilige Einstellung zum Krieg oder zum Frieden keine Rolle spielt?»

«Aber schließlich und endlich: England ist eine Insel – und da wollen Sie mit einem Eisenbahnwaggon . . . ?»

«Zuerst mit der Eisenbahn, dann mit einem Schiff eines beliebigen neutralen Landes . . . Ein Passagierdampfer, dessen Auslaufen und dessen Route mit genauem Zeitplan allen Ländern bekanntgegeben wird. Um zu verhindern, daß ein deutsches U-Boot aufkreuzt und verrückterweise Freunde versenkt.»

In allen Zirkeln wurde diese Reise diskutiert. Mehrere Emigrantenkomitees, sämtliche in der Partei vertretenen Richtungen hatten Grimm ersucht, sich in die Verhandlungen mit dem deutschen Gesandten einzuschalten. (In dem Sinne, wie Martow vorgeschlagen hatte: Für jeden Emigranten, der die Durchreiseerlaubnis erhält, werden wir einen deutschen Gefangenen freilassen.) Ausgezeichnet, wirklich perfekt! Martows Plan funktionierte!

Und Grimm hatte den Auftrag angenommen. (Noch besser!) Aber Grimm war nicht nur der Kopf von Zimmerwald, er war auch Mitglied des Schweizer Parlaments, und es wäre nicht ratsam für ihn gewesen, sich auf eine solche Sache einzulassen, ohne die Zustimmung der Regierung, das heißt, des zuständigen Bundesrates Arthur Hoffmann, eingeholt zu haben. Folglich war anzunehmen, daß vor Grimms Zusage bereits Konsultationen stattgefunden hatten. (Im übrigen: Weshalb sollte die Schweiz dagegen sein? Angesichts ihrer momentanen Situation, an allen Seiten von kriegführenden Ländern umgeben, dürfte sie wohl eher daran interessiert sein, unsere saubere Mannschaft loszuwerden.) Jedenfalls war Grimm mit Romberg in ständigem Kontakt, und er führte diese Gespräche unter höchster Geheimhaltung, auf daß jegliches Durchsickern an die Presse vermieden würde und die berühmte Schweizer Neutralität nicht in Verruf geriete. Doch stand er nicht an, die wichtigsten Vertreter jeder Partei, vielmehr jeder Gruppe, persönlich zu informieren. Und so waren Natanson, Martow und Sinowjew immer auf dem laufenden.

Nun, die Schnecke hatte sich auf den Weg gemacht und sie würde ihr Ziel auch erreichen. Vorwärts!

Inzwischen war Grimm der Ansicht – da Romberg auf alles mit ja geantwortet hatte –, daß er seinen Auftrag zur Zufriedenheit aller ausgeführt habe, denn ja ist schließlich ja! Und darum meinte er: «Es ist jetzt an euch, Genossen, eure provisorische Regierung um die Einreisegenehmigung zu ersuchen.»

Oh, vielen Dank! Ich ziehe meinen Hut vor dir, lieber Grimm. Da sollen wir uns nun für immer und ewig vor den Louis-Blanc-Kerenski-Typen erniedrigen?!

In dieser kritischen Zeit fehlte Lenin ein Mann entsetzlich: der gerissene Radek. Man hatte ihn telefonisch aus dem Sanatorium in Davos herbeigerufen. Sogar der Ausbruch der Revolution in Rußland hatte es nämlich nicht vermocht, Radek sofort in Bewegung zu setzen. Kaum hatte er sich jedoch auf die Beine gemacht, erfaßte er die Situation voll und ganz und hatte sich ein neues Manöver gegenüber den Deutschen ausgedacht. Es sollte eine neue Demarche unternommen werden, und zwar durch Vermittlung eines deutschen Korrespondenten in Bonn.

Und auch dem antwortete Romberg wie allen anderen: Aber natürlich, ja, ja, es ist alles in Ordnung! Wir werden alle Ausreisewilligen passieren lassen.

Dennoch war und blieb die deutsche Grenze geschlossen, und die Ausreisewilligen waren weiterhin damit beschäftigt, sich nach allen Seiten hin abzusichern. Sie wogen ab und überlegten, schrieben Gesuche, schickten Telegramme an Kerenski – kurz, sie zögerten und zögerten.

Alle Welt war sich einig, jedoch die Zahnräder griffen nicht ineinander. Reichlich unpraktisch sind die traditionellen Wege der Diplomatie!

Nichts würde seinen Anfang nehmen, bevor die in dunkler Meerestiefe schwimmenden großen schwarzen Fische ihre Bahn vollendet hätten.

Solange Sklarz Lenins Gegenvorschläge nicht in Berlin vorgetragen und der Oberste Generalstab im Großen Hauptquartier nicht endgültig ja gesagt haben würde.

Und das Außenministerium sich nicht beruhigt hätte.

Es gab in der Öffentlichkeit schon viel zuviel Gerede um diese Reise. Ja, der Fürst Lwow hatte gegenüber dem schweizerischen Gesandten in Petersburg eindeutig erklärt, daß er keine zu rasche Rückkehr der Emigranten nach Rußland wünsche. Gerade deshalb mußten die Dinge jetzt schnell vorangetrieben werden. Wer war es bloß, der sie so hinschleppte? Unverständlich! Deutschland würde sich eine solche Gelegenheit doch nicht noch einmal bieten!

Endlich, am Samstag, den 31. März wurde der deutsche Gesandte in Bern beauftragt, Lenin schnellstmöglich davon in Kenntnis zu setzen, daß dem Wunsch nach Exterritorialität entsprochen werde, daß es keine Personenkontrolle und keine einschränkenden Bestimmungen geben werde! *Schnellstmöglich*! Vorbei war es mit einem gemütlich verbummelten Sonntag! Unter Mißachtung sämtlicher Sicherheitsregeln benutzte der Gesandte jene Telefonleitung, die nur Fällen von äußerster Dringlichkeit vorbehalten war, und rief überall an. Schließlich gelang es dem Gesandten, den im Volkshaus sich aufhaltenden deutschen Sozialisten Paul Levi zu erreichen: Lenin mußte unverzüglich informiert werden, daß ...

Ein anderer Telefonanruf erreichte Lenin in der Spiegelgasse. Man holte ihn an den Apparat in der Wohnung einen Stock tiefer. Im Hinuntergehen erregte ihn der Gedanke, noch einmal mit Inessa sprechen zu können.

Es war die heiß ersehnte Nachricht!

Der Weg war frei! Die Abreise der vierzig könnte – weshalb nicht? – auf übermorgen festgelegt werden. Zwei Tage – so viel Zeit brauchten die Genossen, um ihre Siebensachen zu packen, geliehene Bücher zurückzugeben, Geldangelegenheiten zu regeln und schließlich auch, um sich in Genf, in Clarens, in Bern und in Luzern zu sammeln und dann hierherzukommen. Außerdem mußten sie Reiseproviant einkaufen. Wir könnten am Dienstag losfahren und am Samstag darauf – einen Samstag später, als wenn wir mit dem ersten Vorschlag von Sklarz einverstanden gewesen wären –, ja, am Samstag nach unserer Abreise könnten wir uns bereits in die Revolution stürzen!

Aber während er wieder das muffig riechende Treppenhaus hinaufstieg in sein dämmeriges Zimmergefängnis (seit dem Morgen fiel abwechselnd Schnee und Schneeregen), verbot es sich Lenin, loszurennen und irgend jemandem die Neuigkeit zu berichten. Er hatte die Finger an den Revers seiner Weste festgehakt, um die Arme daran zu hindern, eine unbedachte, voreilige Handlung einzuleiten. Er war in Gedanken. Er dachte nach, indem er seine Gedanken in alle möglichen Richtungen laufen ließ.

Weder Niederlagen noch Trauer lassen einen entschlossenen Mann, einen Mann, der genau weiß, was er will, den Kopf verlieren – hingegen verliert er ihn leicht im Augenblick eines Erfolgs. Gerade darin liegt die eigentliche große Gefahr, die den im politischen Leben Stehenden bedroht.

Alle Schranken fielen, aber noch durfte man dies nicht ausnützen. Denn wie sollte er später erklären, durch wessen Vermittlung und zu welchen Bedingungen man sich über die plötzliche Bereitstellung eines Sonderwaggons geeinigt hatte – über die Bereitstellung eines Waggons allein für die bolschewistischen Führer, die die Schweiz verlassen wollten!?

Um jeden Verdacht abzulenken, mußte man sich noch ein paar Finten einfallen lassen.

Kein Platz in dem engen Raum, um ein bißchen herumzulaufen. Und bei diesem Wetter ist es unmöglich, auch nur einen Schritt vor die Tür zu gehen. (Vergessen sind die Bibliotheken!) Überlegungen, wie jetzt zu handeln, was zu unternehmen sei, fuhren durch Lenins Kopf wie Feuerspiralen, und ihre glühenden Enden durchbohrten sein Gehirn.

Der Weg ist frei, ja, aber welchem Schicksal führt er entgegen? Der Verhaftung an der finnisch-russischen Grenze? Zu den Kerkermeistern der provisorischen Regierung? Lenin ahnt, was die chauvinistischen Schlangen zischen werden! Nach den Vorstellungen der Bourgeois ist er doch ein Vaterlandsverräter. Und selbst hier in der Schweiz werden die Menschewiki, die Sozialrevolutionäre, das ganze, seines Rückgrats beraubte Emigrantenpack, sie alle werden schreien und brüllen, sie alle werden rufen: Verrat!

Nein!

Nein!

Nein!

Wenn man durch die Umstände verhindert ist, mag das ja noch hingehen, aber wenn man bereits die Freiheit besitzt, sich dann noch selber zu verbieten sich aufzuschwingen, wenn man sich trotzdem zurückhalten muß – wie schwer ist das doch!

Es muß jetzt sein ... Es muß!

Ich muß jetzt alle diese schwarzen, am Meeresboden dahinziehenden Riesenfische in schmucke Segeljachten verwandeln, die sich an der Wasseroberfläche sehen lassen können.

Die Verhandlungen sollen *abgeschlossen sein*? Nein, jetzt ist der Augenblick gekommen, sie *zu beginnen*! Und zwar so, als ob wir sie zum erstenmal führen würden.

Und wo könnte man einen Geeigneteren für eine solche Mission finden als den arglosen, unschuldigen Platten?

Und natürlich muß sofort die Reisegruppe zusammengestellt werden. Das heißt, die Liste ist ja schon fertig.

(Inessa! Du wirst doch nicht ablehnen zu reisen? Das wäre ungeheuerlich! Du, du solltest nicht fahren, nicht mit uns kommen? Du solltest nicht zu dem großen Fest fahren, auf das wir so lange gewartet haben! Du solltest hier in dieser Verkommenheit und Fäulnis bleiben wollen?)

Vierzig Menschen, die kann man nicht des Verrats bezichtigen. Ein auf vierzig Personen verteilter Schandfleck löst sich von selbst auf. Zugegeben, man könnte einige Maximalisten und verschiedene Verrückte mit sich nehmen, das wäre ein weiterer Beweis unserer Unschuld und ehrenhaften Absichten. Aber es ist wohl doch besser, keine Andersdenkenden bei sich zu haben. Erschweren wir unseren Weg nicht mit unnützen Zeugen jeder unserer Initiativen; denn man weiß nie! Warum sollten wir Mühe darauf verwenden, unsere Feinde im Sonderwaggon nach Rußland zurückzubringen, wenn man sich dann in Petersburg mit ihnen anlegen muß? Nein, das kommt nicht in Frage!

Bis zum allerletzten Augenblick muß alles geheim bleiben, der Tag wie die Stunde! Lediglich die Verhandlungen sollen offen geführt werden. Nur sie sind nicht geheim.

Wenn ich die Zustimmung Berlins nicht in der Tasche hätte, würde ich mich auf solche Verhandlungen nicht einlassen, denn wenn sie scheitern, welche Demütigung! Aber mit der Zustimmung in der Tasche – da verhält es sich total anders.

Und dann: Diese Reise ist eine Aktion des Proletariats und bedarf daher, wie jede unserer Initiativen, einer minuziösen Organisation, einer eisernen Gußform. Schon allein, um zu verhindern, daß irgendein schmutziger Nichtsnutz sich unterwegs heimlich davonschleicht. Wir sitzen alle im gleichen Zug. Keiner darf sich vor der Mitverantwortung drücken, keiner hinterher sagen: Ich war nicht dabei, oder: Ich ahnte nicht, um was es sich handelte …

Deshalb soll jeder unterschreiben, jeder Mitfahrende eine Art Verpflichtung, einen Schwur unterzeichnen.

So wie Banditen ihren Dolch küssen vor der Tat. Um sicherzugehen, daß sich niemand plötzlich auf leisen Sohlen zu entfernen sucht oder nicht mehr mitspielen will. Denn die Verantwortung ist groß und die vierzig müssen sie sich teilen.

(Inessa! Wird sie sich tatsächlich weigern, mit uns zu fahren?)

Lenin hatte sich nahe am Fenster niedergelassen, und im schneeverhangenen Abendlicht begann er, die «Erklärung der nach Rußland zurückreisenden Emigrantengruppe» aufzusetzen. Den Schreibblock auf den Knien, entwarf er den Text in groben Zügen. Seine schräge Schrift, vergrößert und vergröbert durch die heftigen Gefühlsregungen, die ihn durchströmten, schien hinter seinen Gedanken herzulaufen. Keiner der entscheidenden Punkte durfte vergessen werden …

«Ich bestätige, daß die eingegangenen Bedingungen, die von Platten mit der deutschen Gesandtschaft getroffen wurden, mir bekannt gemacht worden sind …, und daß ich die ganze politische

Verantwortlichkeit für diese Reise ausschließlich auf mich nehme ...»

Plötzlich war im Gang die ironische, herrlich überhebliche Stimme Radeks zu hören. Der kommt wie gerufen! Der beste Trost in diesem Augenblick! «Karl, recht guten Tag! Legen Sie doch ab, Karl! Ihr Kragen ist ja ganz voll Schnee. Na also, was sagen Sie zu der Neuigkeit?»

Ein kurzes ironisches Auflachen ... blitzende Zähne, die sich nie ganz unter die Oberlippe zurückziehen, ein Kranz von gekräuseltem Haar um die Stirn und der Backenbart .. das alles ist dieser Schlingel, der sich Radek nennt. Dieser Radek, immer zum Lachen aufgelegt.

«So kommen Sie schon! Kommen Sie her! Wir beide werden denen jetzt etwas Schönes zusammenbrauen. Und die Bedingungen, die wir Romberg stellen, müssen steinhart sein.»

«Die Bedingungen?»

«Ja, freilich und wieso auch nicht?»

«Phantastisch!»

Das ist ein Plan so recht nach Radeks Geschmack. Er gibt Ratschläge, er reißt Witze, albert herum, erfindet kühne Formulierungen, versucht vorauszusehen ...

«Stimmt das eigentlich, daß man in diesem Zimmer nicht rauchen darf?» spricht's und saugt an seiner kalten Pfeife.

«Hmm ... Wladimir Iljitsch, was machen wir denn mit mir? Wären Sie fähig, mich hier zu lassen, mich nicht mitzunehmen?»

«Was denn, wieso denn?»

«Nun, wenn wir schreiben ‹die russischen Emigranten›, dann ... Ich bin doch österreichischer Untertan!»

Du liebe Güte – österreichischer Untertan! Verdammt nochmal! Nein, Radek gehört zu uns! Sein Eintreten für die polnische Partei, das war doch reiner Bluff! Wie sollte er Radek fallenlassen können, ihn nicht nach Rußland mitnehmen?!

Und Radek weiß schon die Lösung: Wenn Platten mit Romberg ein schriftliches Übereinkommen trifft (ein mündliches Übereinkommen würde die Sache noch mehr erleichtern), dann soll er einfach das Wort «russische» weglassen, und nur schreiben: «... die politischen Emigranten». Wer anders sollte da gemeint sein, wenn nicht die Russen? Die Deutschen werden die List nicht merken, sie werden, ohne lange zu überlegen, unterschreiben.

Zwar sind in einer so ernsten Angelegenheit und zu diesem überaus kritischen Zeitpunkt weder Finten angebracht, noch gehört das

Große Hauptquartier zu jenen Partnern, die mit sich spaßen lassen. Aber wenn es dabei um Radek geht? Den Unersetzlichen, den Unvergleichlichen! Radek, der so geistvoll, so witzig ist? So voll beißender Ironie! Radeks sprudelnder, sprühender Erfindergeist – warum sollte man für ihn das Risiko nicht auf sich nehmen?

«Ja, aber wird Platten bereit sein, die weiteren Verhandlungen zu führen? Und mitzureisen?»

«Wer sollte es sonst tun, wenn nicht er! Also er wird's schon machen.»

«Da ist noch Münzenberg! Der ist härter.»

«Willi? Tja – nur: Die Deutschen betrachten ihn als Deserteur. Wird er unter diesen Umständen mit einem deutschen Gesandten zusammentreffen können! Und in Deutschland dann . . . ?»

«Dennoch», Radek kaut auf seiner Pfeife herum. «Dennoch: Platten ist Sekretär der Schweizer Partei. Warum soll er sich wegen der Emigranten in Unannehmlichkeiten stürzen? Er wird Skrupel haben, vielleicht negative Rückwirkungen für sein Land befürchten.»

«Was für Rückwirkungen? Für die Schweiz kann das doch nur von Vorteil sein.»

Nein, Lenin ist sich seiner Sache ganz sicher. Vor Grimm hat Platten sich natürlich geziert, Ausflüchte gemacht, aber in diesem unerhört wichtigen Fall wird er auf die Stimme seiner Vernunft hören. Platten ist ein Arbeiter, er ist Proletarier bis ins Mark. Er weiß nichts von Lenins Verhandlungen mit Parvus und wird niemals davon erfahren.

Was jedoch Radek betraf: Ob man ihm nun etwas sagte oder nicht, er wußte immer gleich Bescheid, war über alles im Bilde. Hinzu kam noch die Tatsache, daß Radek Parvus in beinahe schon unanständiger Weise bewunderte. Zwar war es für ihn, den Internationalisten, geradezu Pflicht, ihn in der Öffentlichkeit zu beschimpfen und zu verhöhnen – weil Parvus mit den Chauvinisten paktiert hatte, aber auch wegen seines Reichtums, wegen seiner dunklen Geschäfte und Machenschaften, seines unloyalen Verhaltens, seiner Frauengeschichten –, und doch, wenn Radek in den Berner Lokalitäten Parvus sah, stand er mit vor Staunen geöffnetem Mund da, die Spucke blieb ihm weg, und er verharrte schweigend in Bewunderung. Welch ein Mannsbild! dachte er dabei. Wie wünschte ich doch, so zu sein wie er!

«Von Sklarz habe ich Platten gesagt, daß der ein ganz unbedeutendes Männchen sei, von den Deutschen angeheuert, und ich hätte ihn an die Luft gesetzt. Von Grimm werde ich Platten sagen: Höchst verdächtig, wie dieser Kerl unsere Abreise bremst! Wahrscheinlich um seine eigenen kleinen Geschäfte tätigen zu können. Aber wir wollen nicht mehr warten. Weil die Revolution uns ruft, werden wir uns offen, ohne weitere Umschweife, so wie es gute proletarische Art ist, an die Deutsche Gesandtschaft wenden! Und Platten wird mitmachen!»

Lenin ist sich dessen sicher.

Aber was soll ich diesem Romberg durch Platten bestellen lassen? Das ist in der Tat eine ganz andere Sache! Ja, also er soll ihm sagen, die Dinge nähmen in Rußland eine für den Frieden gefährliche Wendung. Und daß man Rußland aus den Händen der englischen und französischen Kriegshetzer reißen müsse. Als Gegenleistung werden wir selbstverständlich alles unternehmen, was notwendig ist, damit die deutschen Kriegsgefangenen freigelassen werden. Aber es muß uns garantiert werden, daß wir weder kompromittiert noch unterwegs irgendeiner Schikane oder Belästigung ausgesetzt werden ... Wir sind bereit, in verschlossenen Zugabteilen, deren Vorhänge heruntergezogen sind, zu reisen; aber wir müssen sicher sein können, daß der Waggon nicht aufgehalten wird ...

Lenin hatte die ganze Fläche des Zimmers mit Beschlag belegt. Er durchschritt den Raum längs und diagonal, jeweils drei Schritte nach rechts, drei Schritte nach links, drei Schritte quer. Die eine Hand hielt er auf dem Rücken, mit der anderen fuchtelte er in der Luft herum. Radek hielt zusammen mit seiner leeren Pfeife ein Blatt Papier fest und notierte alles.

Wenn er Radek zur Unterstützung und Verstärkung bei sich hatte, mangelte es Lenin nie an Ideen. Wie wäre es zum Beispiel mit dieser hier: Es wäre vielleicht gar nicht so übel, zum Zweck der Rechtfertigung ihres Vorgehens Unterschriften von prominenten westlichen Sozialisten zu sammeln ... Nicht nur Sozialisten, auch ein paar andere unumstrittene Persönlichkeiten sollten unterzeichnen. Wer kam da wohl in Frage?

«Na, sagen wir mal Romain Rolland!»

«Ein hervorragender Kopf! Glänzende Idee!»

Man mußte den Köder unverzüglich auswerfen. Aber wer würde die Angel halten, an der Romain Rolland anbeißen sollte?

Die Ankunft Radeks hatte den Schmerz der glühenden Eisenspiralen in Lenins Schädel gemildert. Seine Gedanken fanden wieder den Weg nach draußen, er konnte sie wieder formulieren und wieder eine Antwort verarbeiten. Zum Beispiel: Wenn man auf demonstrative Weise neue Verhandlungen einleitete, und zwar durch Platten als

Unterhändler, mußte man dann nicht ebenso demonstrativ mit Grimm brechen?

«Natürlich! Ein abrupter Bruch. Der ist fällig. der wird Aufsehen erregen.»

«Und es so einrichten, daß Grimm die Verantwortung dafür ganz allein zu tragen hat.»

«Er soll die Zeche bezahlen, der Saukerl! Jetzt zahlen wir ihm den Aufschub des Schweizer Kongresses heim!»

Zu diesem Zweck würden sie als erstes sämtliche Dokumente über die geheimen Verhandlungen veröffentlichen.

«Die Wirkung ist immer enorm, wenn ohne Vorwarnung Dokumente dieser Art veröffentlicht werden. Das ist immer ein vernichtender Schlag!»

«Gut. Da wir gerade bei diesem Thema sind: Treffen wir doch schon mal die notwendigen Vorbereitungen für die Veröffentlichung.»

«Ja, setzen wir gleich den Punkt auf das i.»

«Und das Ganze am besten morgen bereits veröffentlichen!»

Ach, mit Radek im Bunde verwandelte sich das ernsteste, heikelste Unternehmen in eine Vergnügungspartie! Deshalb mochte Lenin Radek so gern: weil der einen so wunderbar begeistern und mitreißen konnte. So, daß andere Dinge sich verflüchtigten.

Und schon hatten sie sich hingesetzt, um den Text zu entwerfen: Radek schrieb, während er mit seinen Zähnen die leere Pfeife mißhandelte (keine Zeit, kurz auf den Gang hinauszugehen und eine neue Pfeife anzustecken). Manchmal brach er in lautes Lachen aus, oder er sprang, begeistert von dem einen oder anderen Ausdruck, den er soeben gefunden hatte, wild von seinem Stuhl auf. Lenin, der neben Radek saß, gab Ratschläge.

Wem außer ihm hätte Lenin seine Feder überlassen, lächelnd und ohne einzugreifen? Nie zuvor hatte die bolschewistische Partei jemanden gehabt, der die Feder so meisterhaft zu führen verstand wie Radek. Bogdanow, Lunatscharski, Bucharin, sie alle schrieben längst nicht so.

«Es muß überzeugend klar sein, daß es die Schweiz ist, die alle diese Verhandlungen führt, und zwar um uns hinauszuwerfen. Jedoch nicht wir!»

Was für eine Intelligenz, welcher Weitblick! Dieser Mann ist wahrlich Gold wert!

«Wir veröffentlichen das dann morgen. Bei Nobs oder bei ...»

«Morgen? Morgen ist Sonntag! Also, in diesem Fall ...» Große feurige Funken begannen in Radeks Augen zu tanzen, ihr blitzender Tanz war durch Radeks Brillengläser hindurch deutlich zu erkennen. «Da morgen Sonntag ist, müssen wir sofort ein Telegramm an Grimm schicken! Jetzt gleich! Noch heute abend!» Radek ließ ein meckerndes Lachen hören und sprang auf und nieder, als sei sein Stuhl mit Nadeln gespickt.

Auch Lenin sprang vor Vergnügen auf.

Redend und redend korrigierten sie sich gegenseitig, fielen sich ins Wort, und Radek schrieb:

«Unsere Partei hat beschlossen, den Vorschlag der Durchreise der russischen Emigranten durch Deutschland unbedingt anzunehmen und die Fahrt sofort zu organisieren ... Weitere Verzögerungen können wir absolut nicht verantworten, lehnen sie entschieden ab und reisen allein.»

«Sehr gut!» Radek kratzte sich hinterm Ohr. «Aber versüßen wir ihm die bittere Pille doch! Schreiben wir noch: ‹Wir bitten dringend, sofort Rücksprache zu nehmen ...›»

«Morgen, am Sonntag! Sehr gut! Abgesehen davon, daß morgen auch noch der erste April ist!»

«Der erste April!?» Es war lange her, daß Lenin so hatte lachen können. Es war ein befreiendes Lachen. In gewaltigen, heftigen Lachstößen entrang sich seiner Brust die ganze im Laufe der letzten Wochen angestaute Spannung. «Was für ein böser Aprilscherz für dieses Zentristenpack!»

«. ... uns schon morgen Bescheid zu geben ...»

«... wenn die ganze Schweiz im sonntäglichen Dornröschenschlaf liegt!»

«... schon morgen Bescheid zu geben ... Mit Dank! Unterschrift.»

Es ist wie beim Schachspiel: Nachdem man einen offensiven Zug gemacht hat, entdeckt man weitere Vorteile und andere Möglichkeiten, mit denen man zunächst gar nicht gerechnet hatte.

Und es war Radek, dieser Spaßmacher, der sich diesen Witz mit den sonntäglichen Aufgaben für den Genossen Grimm am 1. April ausgedacht hatte.

«Und wenn wir am Sonntag nichts von ihm hören, haben wir am Montag freie Hand!»

«Oder Dienstag.»

Aber das war noch gar nichts. Radek hatte noch Besseres zu bieten:

«Wladimir Iljitsch, da ist noch Martow! Wir müssen ihm schreiben. Schließlich ist er der Initiator des *Planes*!» Radek erstickte beinahe vor Lachen über seine eigene Idee.

«Und was sollen wir Martow schreiben?» Lenin hatte nicht begriffen.

«Na, daß wir den uns durch Grimm gemachten Vorschlag der Durchreise durch Deutschland annehmen. So stoßen wir Grimm ganz in die Scheiße rein: Denn es war doch wohl sein Vorschlag – oder etwa nicht?! Die ganze Welt soll über ihn herfallen! Seht sie euch an, die Schweizer Sozialisten, die russische Emigranten vor die Tür setzen, aus dem Land hinausschmeißen!! Und der ist Mitglied des Schweizer Parlaments!»

Also das ist wirklich ein genialer Schlag! Bravo, Radek! Ach, Grimm, man wird dich brüllen und heulen hören! Wie verzweifelt wirst du versuchen, dich zu rechtfertigen! Aber es ist stets leichter, auf jemanden zu spucken, als sich die Spucke abzuwischen. Es geht lediglich darum, als erster zu spucken, schnell und im richtigen Augenblick!

«Er soll sich an meine nicht veröffentlichte Broschüre erinnern, der Mistkerl, der sie nicht genehmigt hat!» brüllte Radek.

«Es ist schon ganz schön spät. Wir müssen gehen, die Post aufgeben.»

«Ich mach das schon, Wladimir Iljitsch.»

«Ach, gehen wir doch zusammen. Wir müssen alle beide ein bißchen Dampf ablassen.»

Lenin wandte sich noch einmal ins Zimmer um: Hatte er nicht etwas vergessen? Ach ja, das Telegramm an Hanecki, nach Stockholm.

«Reserviert 2000, besser 3000 Kronen für unsere Reise ...»

Und dann noch eine Nachricht an Inessa: «Ich hoffe, daß wir am Mittwoch fahren – hoffentlich zusammen mit Ihnen ... Für die Reise haben wir mehr Geld, als ich annahm ..., da uns die Genossen in Stockholm tüchtig geholfen haben.»

Ja, tatsächlich: Da war doch noch die bei der Kantonalbank hinterlegte Kaution, immerhin hundert Schweizer Franken. Es gab wirklich keinen Grund, daß sie länger dazu beitrugen, die Lakaienrepublik zu unterhalten! Er würde sich die Kaution selbstverständlich zurückzahlen lassen.

Sie zogen sich an. Iljitsch warf sich seinen grauen, wasserundurchlässigen, gefütterten Paletot über. Radek schlüpfte in seinen leichten Sommermantel, den gleichen, in dem er den ganzen Winter über herumgelaufen war, und die Taschen waren von den schweren

Büchern schon ganz ausgebeult.

Radek stopfte sich die Pfeife, zog die Streichhölzer hervor, da sagte Lenin plötzlich mit lauter Stimme:

«Wie wichtig ist das eigentlich alles noch? Platten wird mit Romberg gar keine wirklichen Gespräche mehr führen. Es wird nur eine Schublade geöffnet und ein schon vorbereitetes Stück Papier herausgenommen werden – das wird die ganze Angelegenheit sein. Aber diese paar Tage sind wie ein Knochen, den wir diesen dreckigen Chauvinisten hinwerfen, und sie werden lange daran zu beißen haben.»

Und der übermütige Radek, der wie ein junger Fant auf seinen Absätzen hin und her wippte, schwärmte:

«Es brennt mir auf den Nägeln, und meine Zunge läßt sich kaum im Zaum halten! Ja wirklich, ich kann es nicht erwarten, endlich das große, weite Rußland wiederzusehen und endlich auch dort mit der revolutionären Arbeit zu beginnen!»

Und während er Lenin vorangehen ließ, in der Hand das Streichholz bereithaltend, um im Gang die Pfeife anzuzünden, sagte Radek:

«Kurz und gut, Wladimir Iljitsch: In sechs Monaten sind wir Minister – oder wir hängen.»

Nachwort des Verfassers

Der Leser, den die Gedankengänge, die Ausdrucks- und Handlungsweise Lenins überrascht haben sollten, mag diejenigen seiner Schriften nachlesen, die ich benutzt habe:

An den Kampfausschuß des St. Petersburger Komitees, in «Werke», Bd. 9, Berlin-Ost 1957, S. 342–344.
Die Aufgaben der Abteilung der revolutionären Armee, in «Werke», Bd. 9, S. 423–427.
Über die Losung der «Entwaffnung», in «Werke», Bd. 23, Berlin-Ost 1957, S. 91–101.
Rede auf dem Parteitag der Sozialdemokratischen Partei der Schweiz, 4. November 1916, in «Werke», Bd. 23, S. 119–122.
Die Aufgaben der linken Zimmerwalder in der Sozialdemokratischen Partei der Schweiz, in «Werke», Bd. 23, S. 135–147.
Thesen über das Verhältnis der Sozialdemokratischen Partei der Schweiz zum Krieg, in «Werke», Bd. 23, S. 148–150.
Prinzipielles zur Militärfrage, in «Werke», Bd. 23, S. 151–160.
Offener Brief an Charles Naine, Mitglied der Internationalen Sozialistischen Kommission in Bern, in «Werke», Bd. 23, S. 226–235.
Zwölf kurze Thesen über H. Greulichs Verteidigung der Landesverteidigung, in «Werke», Bd. 23, S. 263–268.
Thesenentwurf vom 4. (17.) März 1917, in «Werke», Bd. 23, S. 301 bis 305.
Briefe aus der Ferne, in «Werke», Bd. 23, S. 309–357.
Briefe, August 1914 – Oktober 1917, in «Briefe», Bd. 4, Berlin-Ost 1967.

Es ist mir eine Pflicht, von den Quellenwerken, die mir gestatteten, *Lenin in Zürich* zu schreiben, die folgenden ganz besonders hervorzuheben:

Willi Gautschi, *Lenin als Emigrant in der Schweiz*, Benziger Verlag, Zürich/Köln 1973.
Werner Hahlweg, *Lenins Rückkehr nach Rußland 1917. Die deutschen Akten*, Verlag E. J. Brill, Leiden 1957.
Fritz N. Platten jun., «Von der Spiegelgasse in den Kreml», in *Volksrecht*, 13. 3. – 17. 4. 1967.
Winfried B. Scharlau u. Zbyněk A. Zeman, *Freibeuter der Revolution: Parvus-Helphand, eine politische Biographie*, Verlag Wissenschaft und Politik, Köln 1964.

Ich danke den Verfassern, daß sie Ereignisse erforscht und beschrieben haben, die den Lauf der Geschichte in unserem Jahrhundert mitbestimmt haben, auf Grund der politischen Entwicklung im Westen jedoch unbekannt blieben und den genannten Werken nicht die ihnen gebührende Beachtung und weite Verbreitung zu verschaffen vermochten.

Moskau 1971 – Zürich 1975

Anhang

*Dokumente**

Gehorsame Anzeige des Legationssekretärs von Ow-Wachendorf. Berlin, 31. März 1917

... Vor allem müsse vermieden werden, durch zu großes Entgegenkommen unsererseits die Reisenden von Anfang an zu kompromittieren ... Als wünschenswert wurde es bezeichnet, daß ein Antrag der Schweizer Regierung vorliege ... Zürn befürchtete, daß es gegen uns ausgenützt werden könnte, wenn wir ohne Antrag der Schweiz diese unruhigen Elemente plötzlich alle hinauf nach Schweden schickten.

Der Unterstaatssekretär des Auswärtigen Amtes von Stumm an den Gesandten in Bern, Freiherrn von Romberg.

CHIFFRIERTES TELEGRAMM

Eilt!

... Möglichst baldiger Durchtransport russischer Revolutionäre durch Deutschland erwünscht, da Gegenbearbeitung durch Entente in der Schweiz bereits eingesetzt hat. Anheimstelle dementsprechend tunlichste Beschleunigung Ihrer Verhandlungen ...

Der Gesandte in Kopenhagen, Graf von Brockdorff-Rantzau, an das Auswärtige Amt.

2. April 1917

... Müssen wir unbedingt jetzt suchen, in Rußland ein größtmögliches Chaos zu schaffen. Zu diesem Zwecke ist jede nach außen hin erkennbare Einmischung in den Gang der russischen Revolution zu vermeiden. Wir sollten dagegen ... unter der Hand alles daransetzen, die Gegensätze zwischen den gemäßigten und den extremen Parteien zu vertiefen, denn wir haben das größte Interesse daran, daß die letzteren die Oberhand gewinnen, weil dann die Umwälzung unvermeidlich und Formen annehmen wird, die den Bestand des russischen Reiches erschüttern müssen ... Trotzdem ist ... die Be-

* Es folgen Auszüge aus drei deutschsprachigen dokumentarischen Schriftsätzen, abgedruckt in *Lenins Rückkehr nach Rußland 1917*, herausgegeben von Werner Hahlweg, Leiden 1957; Dokumente Nr. 30, 31 und 8.

günstigung des extremen Elements in unserem Interesse vorzuziehen, weil dadurch gründlichere Arbeit besorgt und ein schnellerer Abschluß herbeigeführt wird. In etwa drei Monaten dürfte aller Voraussicht nach damit zu rechnen sein, daß die Zersetzung genügend vorgeschritten ist, um durch ein militärisches Eingreifen unsererseits den Zusammenbruch der russischen Macht zu gewährleisten...

In seinem Buch Die Reise Lenins durch Deutschland im plombierten Wagen *(Berlin 1924) gab Fritz Platten einen – wenn auch etwas ungelenken – Bericht über die Fahrt Lenins und seiner Gruppe heim nach Rußland, aus dem wir nachfolgend zitieren. Es sei vorab darauf hingewiesen, daß der bewußte Sonderwagen offenbar nicht wirklich «plombiert» war, sondern wahrscheinlich von den Transitreisenden nur nicht verlassen werden durfte. Ausführlich nimmt zu der umstrittenen Frage Willi Gautschi in seinem Buch* Lenin als Emigrant in der Schweiz *(S. 282 ff.) Stellung.*

Platten schreibt:
«Am 9. April 1917, zweieinhalb Uhr, bewegte sich vom Restaurant Zähringer Hof in echt russischer Reiseaufmachung – mit Kissen, Decken und wenigen Habseligkeiten beladen – das Emigrantenträppchen zum Bahnhof Zürichs. Fahrplanmäßig fuhr der Zug 3 Uhr 10 von Zürich ab. In Thayngen erfolgte die Schweizer Zollrevision ohne Paßkontrolle ... In Gottmadingen erfolgte eine zeitweilige Internierung im Wartesaal III. Klasse. Darauf erfolgte die Einwaggonierung in einen plombierten D-Wagen II. und III. Klasse. Kinder und Frauen belegten die weichen Plätze, die Männer die III. Klasse.
Die Fahrt vollzog sich normal, zur vollen Zufriedenheit der Reisenden. Sorge machte mir gelegentlich ein Teil der sangeslustigen Kameraden. Ein paar konnten sich nicht bezähmen und sangen in französisch die Marseillaise, Carmagnole und andere französische Lieder, unberücksichtigt der beiden Begleitoffiziere. Auf der Station Mannheim war ich gezwungen, kategorisch das Einstellen des Gesanges französischer Lieder zu fordern. In Frankfurt ereignete sich der Zwischenfall mit der ‹Radekschen Soldatenverbrüderung›. Ich gestehe ein, daß durch mein Verschulden es vorgekommen ist, daß deutsche Soldaten den Waggon betraten. Unsere Wagentüren waren an drei Orten plombiert, die vierte, die hintere Wagentür war offen,

da den Offizieren und mir aus dem Wagen zu steigen freistand. Das der offenen Tür nächstbefindliche Coupé war für die begleitenden zwei Offiziere reserviert. Ein Kreidestrich auf dem Boden des Ganges begrenzte – ohne neutrale Zone – das Hoheitsgebiet der Deutschen einerseits und das der Russen andererseits. Herr von Planitz beachtete auf das strengste die ihm vom deutschen Gesandtschaftsattaché Schüler, der den Transport in Gottmadingen den beiden Offizieren übergab, erteilten Instruktionen, die Exterritorialität nicht zu verletzen. Wohl in der Annahme, daß ich in Frankfurt den Wagen nicht verlasse, entfernten sich die beiden Offiziere. Ich tat dasselbe, da ich mit einer Freundin daselbst ein Wiedersehen vereinbart hatte. Am Bufett kaufte ich nun Bier und Zeitungen und bestimmte einige Soldaten gegen ein Trinkgeld, das Getränk zum Wagen hinzutragen. Dem Beamten an der Perronsperre empfahl ich, die Soldaten durchzulassen.

Dies zur Aufklärung des Zwischenfalls. Ein anderes Vorkommnis erschütterndster Art bewegte aufs tiefste eine Anzahl Mitreisender. Die Arbeiter und Arbeiterinnen Frankfurts strömten den Vorortszügen zu. Abgemagerte, müde Menschen, mit matten Augen, bewegten sich in langem Zuge vor unserem Wagen vorbei. Nicht ein Lächeln konnten wir erhaschen. Blitzartig beleuchtete dieser Trauerzug die Lage in Deutschland und ließ die Hoffnung in den Herzen der mitreisenden Emigranten erwachen, daß Deutschlands Stunde zur Erhebung der Volksmasse gegen die Herrschenden nicht mehr fern sein könne ...

Im Gegensatz zu Frankfurt war die Absperrung des Perrons und die Beobachtung des Wagens in Berlin sehr streng. Auch mir war ohne Begleitung die Entfernung vom Perron nicht gestattet. Man befürchtete wohl, wir könnten mit deutschen Gesinnungsgenossen in unerwünschte Berührung kommen ... In Saßnitz verließen wir den deutschen Boden, nachdem die Zählung der Personen, die Entplombierung des Bagagewagens und die Übergabe der Bagage stattgefunden hatte.

Deutschland war hinter uns. Das Salonschiff ‹Trelleborg› brachte uns nach Schweden. Wir hatten bewegte See, und unter den 32 Mitreisenden erwiesen sich nur fünf als seefest, darunter Lenin, Sinowjew und Radek, die, am Hauptmast stehend, in eifrigem Disput waren.»

Plattens Buch enthält auch einen Bericht von Karl Radek, der «die Fahrt im plombierten Wagen durch Deutschland» mit dem ihm eigenen journalistischen Elan und Witz beschreibt:

«Wir fuhren mit dem Schweizer Zug bis Schaffhausen, wo wir in den deutschen Zug umsteigen mußten. Ein banger Augenblick – er blieb mir sehr im Gedächtnis. Deutsche Offiziere erwarteten uns und wiesen uns in den Zollraum, wo die Zahl der lebenden ‹Munition›, die sie nach Rußland transportierten, festgestellt werden sollte. Aufgrund unseres Vertrages hatten sie kein Recht, nach dem Paß zu fragen. Im Zollraum stellten sie daher Männer und Frauen getrennt auf, damit sich auf dem Wege nicht jemand von uns verflüchtigen oder einem deutschen Mädchen einen russischen Bolschewik unterschieben könnte, um so den Keim zur Revolution zu legen. (Ich hatte große Lust, das zu tun, weil ich als Österreicher die volle moralische Berechtigung dazu besaß, aber Iljitsch war dagegen.) Wir verharrten schweigend und in sehr banger Stimmung, Lenin stand – umgeben von den Genossen – ruhig an der Mauer. Wir wollten nicht, daß man ihn beobachtete.

Als wir uns endlich im Waggon einrichteten, begann die Plackerei mit Iljitsch. Wir brachten ihn mit Nadeschda Konstantinowna in einem besonderen Coupé unter – wogegen er protestierte –, um ihm die Möglichkeit zu geben, ruhig zu arbeiten. Aber wir ließen ihn auf der Reise nicht viel zur Arbeit kommen! Im Nachbarcoupé befanden sich der Genosse Safarow und seine Frau, die Genossin Olga Rawitsch, Inessa Armand und ich. Wir stritten damals mit Safarow zwar noch nicht über Opportunismus, aber trotzdem ging es im Waggon sehr laut zu. Am späten Abend stürzte Iljitsch in unser Coupé, um die Genossin Olga Rawitsch zu entführen, weil er meinte, daß sie und ich die Hauptlärmmacher wären. Um die Wahrheit vor der Geschichte und der Kontrollkommission festzustellen, muß ich hier bezeugen, daß die Genossin Olga stets eine ernste Parteigenossin gewesen ist und nur ich es gewesen bin, der Anekdoten erzählte, und ich also der Schuldige an dem Lärm war. So verließ Genossin Olga unser Coupé in *splendid isolation*.

Iljitsch arbeitete während der ganzen Fahrt. Er las, machte Eintragungen in Hefte, außerdem beschäftigte er sich auch noch organisatorisch. Die Angelegenheit ist zwar sehr delikat, aber ich werde sie trotzdem erzählen. Zwischen den Rauchern und den Nichtrauchern herrschte ein ständiger Kampf um eine gewisse Räumlichkeit im Waggon. Im Coupé konnten wir nicht rauchen wegen des kleinen vierjährigen Robert und wegen Iljitsch, der es nicht vertrug. Daher

versuchten die Raucher sich einen Raum als Rauchsalon einzurichten, der gewöhnlich anderen Zwecken dient. Vor diesem Raum herrschte daher eine ununterbrochene Volksansammlung und Zänkerei. Iljitsch schnitt darauf ein Blatt Papier entzwei und verteilte Passierscheine. Auf je drei Billetts der Kategorie A zur gesetzlichen Benützung der Räumlichkeit trat ein Raucherbillett. Das rief natürlich Diskussionen über den Wert der menschlichen Bedürfnisse hervor und wir bedauerten lebhaft, daß Genosse Bucharin nicht bei uns war, der Spezialist für die Grenzen des Nützlichen.
Ich glaube, in Karlsruhe teilte uns Platten mit, daß sich das Mitglied der deutschen Gewerkschaftskommission Janson im Zuge befinde und uns Grüße von den deutschen Gewerkschaften bringe. Iljitsch trug auf, ihn ‹zu des Teufels Großmutter› zu jagen, und weigerte sich, ihn zu empfangen. Da Janson mich kannte und ich in meiner Eigenschaft als Österreicher als blinder Passagier mitfuhr, fürchteten die Genossen, meine Reise möchte bekannt werden ... Man versteckte mich also in dem Coupé, in dem sich das Gepäck befand, und überließ mir als Proviant ungefähr fünfzig Zeitungen, damit ich mich still verhielte und keinen Skandal machte. Der arme Janson wurde von Platten in den Waggon der uns begleitenden deutschen Offiziere geschickt. Trotz dieser Ohrfeige war er sehr um uns bemüht, kaufte auf jeder Station für uns Zeitungen und war gekränkt, als Platten ihm die Auslagen ersetzte. In Frankfurt hatte der Zug längeren Aufenthalt, der Perron war militärisch abgesperrt. Plötzlich wurde die Postenkette durchbrochen; deutsche Soldaten kamen herbeigestürmt. Sie hatten von der Durchreise russischer Revolutionäre gehört, die für den Frieden eintraten. Jeder von ihnen hielt in beiden Händen einen Krug Bier. Erregt fragten sie uns aus, ob und wann der Frieden käme. Diese Stimmung sagte uns über die Lage mehr, als für die deutsche Regierung nützlich war. Der Vorfall war um so charakteristischer, als die Soldaten sämtlich «Scheidemänner» waren. Sonst sahen wir auf der ganzen Reise niemanden mehr. Der Berliner Bahnsteig war polizeilich abgesperrt. So fuhren wir bis Saßnitz durch, wo wir den schwedischen Dampfer bestiegen. Hier forderte man von uns die Erfüllung der gewöhnlichen Formalitäten, die Ausfüllung eines Fragebogens. Iljitsch witterte darin eine Falle und trug uns auf, Pseudonyme einzutragen, was später zu einem komischen Mißverständnis führte. Die Funkstation des Dampfers nahm eine Anfrage unseres Genossen Hanecki aus Trelleborg auf, ob sich ein Uljanow auf dem Schiffe befände. Der Kapitän wußte aus dem Fragebogen, daß ein Uljanow nicht mitfahre, aber auf jeden Fall

fragte er, ob sich nicht zufällig doch ein Herr Uljanow unter uns befände. Iljitsch schwankte lange, bis er endlich gestand, daß er es sei. Hanecki wurde nun von unserm Nahen benachrichtigt.
In Trelleborg machten wir einen ‹erschütternden› Eindruck. Hanecki lud uns alle zum Abendessen ein, dem nach schwedischer Sitte der ‹Smörgas› voranging. Wir armen Leute, die wir in der Schweiz daran gewöhnt waren, einen Hering als Abendessen anzusehen, erblickten diesen riesigen Tisch mit der unendlichen Zahl von Vorspeisen, stürzten wie Heuschreckenschwärme darüber her und leerten ihn restlos zum unerhörten Erstaunen der Kellner, die am Smörgastisch nur zivilisierte Leute zu sehen gewohnt waren. Iljitsch aß nichts. Er preßte Hanecki aus und wollte von ihm alles über die russische Revolution erfahren – aber Hanecki wußte nichts. Am nächsten Morgen trafen wir in Stockholm ein. Schwedische Genossen, Journalisten und Fotografen erwarteten uns. Den schwedischen Genossen voran ging im Zylinder Dr. Karleson, ein aufgeblasener Schwätzer, der inzwischen wieder glücklich von der Kommunistischen Partei in Brantings Sozialdemokratenlager zurückgekehrt ist. Aber damals empfing er uns als der solideste der schwedischen Linkssozialisten und präsidierte zusammen mit dem ehrlichen und sentimentalen Bürgermeister von Stockholm, Lindhagen, bei dem Frühstück, das uns zu Ehren gegeben wurde. (Schweden zeichnet sich vor allen Ländern dadurch aus, daß man dort bei jedem Anlaß ein Frühstück veranstaltet, und wenn in Schweden die soziale Revolution kommt, so wird man zuerst ein Frühstück zu Ehren der abziehenden Bourgeoisie veranstalten und dann ein Frühstück zu Ehren der neuen revolutionären Regierung.)
Wahrscheinlich rief der Anblick unserer soliden schwedischen Genossen in uns den heftigen Wunsch wach, Iljitsch möchte menschenähnlich aussehen. Wir redeten ihm zu, wenigstens neue Stiefel zu kaufen. Er reiste in Bergschuhen mit ungeheuren Nägeln. Wenn er schon die Fußsteige der ekligen Schweizer Bourgeoisiestädte mit diesen Stiefeln verderben wollte, erklärten wir ihm, müsse es ihm doch sein Gewissen verbieten, mit diesen Zerstörungswerkzeugen nach Petrograd zu fahren, wo es vielleicht überhaupt kein Trottoir mehr gab. Zusammen mit einem Kenner der örtlichen Sitten und Verhältnisse, dem jüdischen Arbeiter Chapin, begab ich mich mit Iljitsch in ein Stockholmer Warenhaus. Dort kauften wir Schuhe für ihn und setzten ihm zu, sich auch mit anderen Garderobestücken zu versehen. Er wehrte sich dagegen, so gut er konnte, und fragte uns, ob wir glaubten, er wollte in Petrograd einen Konfektionsladen

eröffnen. Aber schließlich setzten wir unserer Willen durch und versorgten ihn auch mit einem Paar Hosen, die ich, als ich im Oktober nach Petersburg kam, an ihm auch wieder entdeckte, freilich in dem deformierten Zustand, den sie unter dem Einfluß der russischen Revolution angenommen hatten.
In Stockholm versuchte Parvus im Namen des Zentralkomitees der deutschen Sozialdemokratie mit Lenin zusammenzutreffen, aber Iljitsch weigerte sich nicht nur, ihn zu empfangen, sondern trug mir und Hanecki auf, zusammen mit schwedischen Genossen diesen Versuch zu protokollieren.
Der Augenblick der Abreise kam heran. Zusammen mit schwedischen Genossen und einem Teil der russischen Kolonie in Stockholm begaben wir uns vom Gasthof Regina zum Bahnhof. Als unsere Genossen bereits eingestiegen waren, nahm irgendein Russe den Hut ab und hielt eine an Iljitsch gerichtete Ansprache. Das Pathos zu Anfang der Rede, in der Lenin als ‹teurer Führer› gefeiert wurde, veranlaßte Iljitsch, sich ärgerlich aufzurichten, aber der Redner ging zum Angriff über. Der weitere Sinn seiner Ausführungen war etwa folgender: Sieh zu, teurer Führer, daß du in Petrograd keinen garstigen Unfug anrichtest. Die Verblüffung, mit der Iljitsch den ersten schmeichelhaften Phrasen der Rede zugehört hatte, wich einem listigen Lächeln. Der Zug setzte sich in Bewegung, und wir sahen noch einen Augenblick lang dieses Lächeln.»

Anmerkungen des Übersetzers

1 *Iskra* (dt. «Der Funke»): sozialistische russische Exilzeitschrift, gegründet 1900 in München von Lenin, Axelrod, Martow, Plechanow, Potressow und Vera Sassulitsch. Die erste Nummer erschien am 24. Dezember des Jahres. Lenins Bemühungen um die Alleinverantwortlichkeit für das Blatt waren ausschlaggebend für die Spaltung der SDAPR in Bolschewiki und Menschewiki auf dem II. Parteitag der Sozialdemokratischen Partei Rußlands in Brüssel und London (Juli – August 1903). Im November 1903 trat Lenin aus der Redaktion der *Iskra* aus, die von da an bis Oktober 1905, zuerst in London, dann in Genf, mit menschewistischer Tendenz erschien.

2 Es handelte sich, nach Angaben von Hanecki, um die unvollendet gebliebene Untersuchung *Das kapitalistische System der modernen Landwirtschaft*, enthalten in Lenin, «Werke», Bd. 16, S. 431–455.

3 In der ersten Nummer der Zeitung *Rabotscheje Delo* (dt. «Arbeitersache»), herausgegeben vom Petersburger «Kampfbund zur Befreiung der Arbeiterklasse», den Lenin kurz zuvor mitbegründet hatte, erschienen zwei Artikel von ihm: *An die russischen Arbeiter* und *Woran denken unsere Minister?*. – Am 21. Dezember 1895 wurde Lenin verhaftet und nach vierzehn Monaten Gefängnisaufenthalt für drei Jahre nach Ostsibirien verbannt.

4 Darüber berichtet Nadeschda Krupskaja in ihren *Erinnerungen an Lenin* (Berlin-Ost 1959): «Adler erzählte von seinem Gespräch mit dem Minister [Heinold]. ‹Sind Sie überzeugt, daß Uljanow ein Feind der zaristischen Regierung ist?› fragte ihn der Minister. ‹O ja!› antwortete Victor Adler. ‹Ein schlimmerer Feind als Eure Exzellenz!›»
Nach einer anderen Quelle soll die Antwort gelautet haben: «Oh, Exzellenz! Ein viel zuverlässigerer als Sie; denn Sie sind es doch erst seit August dieses Jahres.» (Vgl. Willi Gautschi, *Lenin als Emigrant in der Schweiz*, Zürich/Köln 1973, S. 95.)

5 *Alakajewka:* Dorf im Gouvernement Samara, wo die Uljanows seit 1889 ein Anwesen besaßen. Bis 1893 verbrachte Lenin dort häufig die Sommermonate.

6 *Expros:* Abkürzung für «Expropriationen», d. h. Enteignungen; Begriff der marxistischen Gesellschafts- und Wirtschaftstheorie. Hier sind jene vor allem in südrussischen Städten (z. B. Tiflis) durchgeführten «wilden» Expros bolschewistischer Agitatoren gemeint, die Bankeinbrüche verübten und Geldtransporte überfielen, um mit dem erbeuteten Geld die Kasse ihrer Untergrundorganisationen aufzufüllen. Diese Expros wurden auf dem V. Parteitag der SDAPR (Juni 1907 in London) mit 170 gegen 35 Stimmen verurteilt.

7 *Manilow:* Eine Figur in Gogols Roman *Tote Seelen*, die ebenso unnütze wie unrealisierbare Pläne ausheckt.

8 *Malinowski:* Siehe unter dem Stichwort *Malinowski* im «Biographischen Namensverzeichnis», S. 320.

9 *Erste Revolution:* Gemeint ist die Arbeiterrevolution in Rußland, die am 9. (bzw. 22.) Januar 1905, dem sogenannten Blutsonntag, begann. (Siehe auch Anmerkung 37.)

10 *Wperjodisten:* Mitglieder der linksradikalen Gruppe *Wperjod* (dt. «Vorwärts»), 1909 von Lunatscharski und Bogdanow nach ihrem Ausschluß aus der bolschewistischen Fraktion begründet. Auf ihre Initiative ging auch die erste Parteischule, bei Gorki auf der Insel Capri, zurück. – *Otsowisten* (dt. «Abberufer»): Angehörige einer radikalen Gruppe der Bolschewiki, die 1908 die Abberufung der sozialdemokratischen Abgeordneten aus der Duma verlangten und sich weigerten, in den Gewerkschaften und anderen legalen Institutionen mitzuarbeiten. Lenin nannte sie die «umgekehrten Liquidatoren». 1909 wurden sie aus den bolschewistischen Organisationen ausgeschlossen. – *Ultimatisten:* Sie verfolgten eine weniger radikale Politik als die Otsowisten; zu ihnen gehörten die Ideologen der linken Bolschewiki (Bogdanow, Alexinski u. a.). Sie verlangten, die Partei solle der sozialdemokratischen Fraktion in der Duma ein Ultimatum stellen, um diese zu verpflichten, sich den Beschlüssen des Zentralkomitees zu unterwerfen. Die III. Duma zählte jedoch nur noch 19 SDAPR-Abgeordnete (davon waren 6 Bolschewiki und einer ein *agent provocateur*) gegenüber 65 Abgeordneten in der vorangegangenen Duma. Um nicht auch noch kaltgestellt zu werden, erklärten sich die SDAPR-Abgeordneten im Juni 1907 für autonom gegenüber dem Zentralkomitee. Bogdanow wurde im Februar aus der bolschewistischen Fraktion ausgeschlossen. – *Machisten:* Bolschewiki, die sich auf die Philosophie von Ernst Mach (s. «Biographisches Namensverzeichnis») berufen. Lenin übte an dessen Lehre und an Bogdanow scharfe Kritik in seinem Buch *Materialismus und Empiriokritizismus* (1909). – *Gottbildner:* Aus den Reihen der linken Bolschewiki 1908 hervorgegangene Intellektuellengruppe um Gorki, Bogdanow und Lunatscharski, «die sich bemühte, die emotionale und ästhetische Lücke im Marxismus auszufüllen, indem sie ihn mit religiösen Begriffen interpretierte» (*Lenin*, hg. v. Leonard Schapiro, Stuttgart 1969; S. 63). Elemente des Gottbildnertums (russ. *bogostroitelstwo*) wurden von der Proletkult-Bewegung übernommen.

11 *Liquidatoren:* Eine Gruppe innerhalb der Menschewiki-Fraktion, die die Untergrundarbeit der Partei verurteilte und beendet sehen wollte, da die SDAPR ja legal und in der Duma vertreten sei.

12 Alle sozialdemokratischen Parteien – mit Ausnahme der russischen und der serbischen – hatten für die Kriegskredite ihrer Länder gestimmt und sich für die Vaterlandsverteidigung ausgesprochen.

13 *Yours very truly:* Lenin schloß in dieser Zeit mehrere Briefe an Inessa

Armand mit dieser (oder einer ähnlichen) englischen Grußformel. – Im voranstehenden Absatz sowie in einigen der folgenden Absätze handelt es sich um Auszüge und Paraphrasen von Lenins Originalbriefen (vgl. Lenin, «Briefe», Bd. 4).

14 Bei diesem und den folgenden polemischen Äußerungen Lenins über die Politik der Schweiz handelt es sich um – teils paraphrasierte – Zitate aus Lenins *Thesen über das Verhältnis der Sozialdemokratischen Partei der Schweiz zum Krieg*, enthalten in Lenin, «Werke», Bd. 23, S. 148–150.

15 Es handelt sich um Lenins Thesen *Die Aufgaben der revolutionären Sozialdemokratie im europäischen Krieg*, enthalten in Lenin, «Werke», Bd. 21, S. 1–5. Der Streit mit Plechanow über dieses Thema fand am 11. Oktober 1914 in öffentlichem Rahmen statt.

16 *Kienthal:* Dorf im Berner Oberland, wo vom 24. bis 30. April 1916 die II. Internationale Sozialistische Konferenz stattfand. (Vgl. dazu Willi Gautschi, *Lenin als Emigrant in der Schweiz*, Zürich/Köln 1973, S. 201 bis 207.)

17 *Zimmerwald:* Dorf im Berner Oberland, wo vom 5. bis 8. September 1915 die I. Internationale Sozialistische Konferenz stattfand, auf der die Mehrheit um den Österreicher Kautsky die Arbeiterklasse aufrief, für den Frieden zu kämpfen. Die sogenannten Zimmerwalder Linken, die sich um Lenin scharten, lehnten die Resolution ab und riefen ihrerseits die Arbeiter zum Bürgerkrieg auf. (Vgl. dazu Willi Gautschi, *Lenin als Emigrant in der Schweiz*, Zürich/Köln 1973, S. 140–156.)

18 Dieser Parteitag fand am 4./5. November 1916 statt.

19 Auf der II. Internationalen Sozialistischen Konferenz in Kienthal war beschlossen worden, mit den Sozialpatrioten in den kriegführenden Ländern zu brechen und alle sozialdemokratischen Parlamentsmitglieder zu verpflichten, künftig gegen Kriegskredite zu stimmen.

20 Paraphrasiertes Zitat aus Carl v. Clausewitz, *Vom Kriege*, 18. Aufl., Bonn 1973, S. 998.

21 nach Clausewitz, a. a. O., S. 212 f.

22 *Letopis* (dt. «Annalen»): von Gorki gegründete Monatszeitschrift, die von Dezember 1915 bis Dezember 1917 in Petersburg erschien und kriegsfeindlich eingestellt war.

23 *Ökonomisten:* Russische Sozialdemokraten (S. N. Prokopowitsch, E. D. Kuskowa u. a.), die seit dem Ende des 19. Jahrhunderts die Meinung vertraten, die Bestrebungen der Arbeiterschaft sollten sich auf die Verbesserung der wirtschaftlichen und sozialen Lage des Volks beschränken, politisch jedoch die liberale Opposition des autokratischen Regimes unterstützen.

24 *SDAPR:* deutsche Abkürzung für Sozialdemokratische Arbeiterpartei Rußlands (russ. RSDRP), im März 1898 in Minsk gegründet; spaltete sich auf dem II. Parteitag (1903) in die bolschewistische und die menschewistische Gruppe.

25 *Iljin:* eines der zahlreichen Pseudonyme Lenins.

26 *Richtlinien:* Es handelt sich um *Die Aufgaben der linken Zimmerwalder*

in der Sozialdemokratischen Partei der Schweiz, enthalten in Lenin, «Werke», Bd. 23, S. 135–147.

27 *Entwaffnung:* In seinem Artikel *Über die Losung der «Entwaffnung»* (enthalten in «Werke», Bd. 23, S. 91–101) setzt Lenin den Begriff «Entwaffnung» ausdrücklich gegen den von Kautsky benutzten Begriff «Abrüstung».

28 *Japaner:* Gemeint sind Jewgenija Bosch und Georgij Pjatakow, die aus Sibirien nach Japan geflohen und von dort über Amerika nach Europa gelangt waren.

29 *Kommunist:* Eine Zeitschrift, die Lenin 1915 in Genf zusammen mit Pjatakow und Jewgenija Bosch herausgab. Die beiden «Japaner» finanzierten das Blatt. Nach Erscheinen der ersten Nummer erwies sich eine weitere Zusammenarbeit als unmöglich.

30 *Der Vorbote:* Von dieser Zeitschrift der Zimmerwalder Linken, 1916 in Bern herausgegeben, erschienen nur zwei Nummern; jede brachte einen Artikel von Lenin: *Der Opportunismus und der Zusammenbruch der II. Internationale* (Januar-Nummer) und *Die Sozialistische Revolution und das Selbstbestimmungsrecht der Nationen* (Mai-Nummer). Die Aufsätze sind auch enthalten in Lenin, «Werke», Bd. 22, S. 107–119 bzw. S. 144–159.

31 *Salz-Aufstand:* 1648 in Moskau hervorgerufen durch eine drastische Erhöhung der allgemeinen Steuern nach Abschaffung der Sondersteuer auf Salz. – *Kupfergeld-Aufstand:* 1662 in Moskau durch Kursverfall der Kupferwährung und Verteuerung der Lebensmittel ausgelöst. – *Stenka-Rasin-Aufstand:* Rasin war Anführer einer Kosaken- und Bauernerhebung im mittleren und unteren Wolgagebiet; er wurde 1671 hingerichtet und in der Folge zur legendären Gestalt der russischen Volksdichtung. – *Pugatschow-Aufstand:* Jemeljan Iwanowitsch Pugatschow war Anführer eines Kosaken- und Bauernaufstands im Ural- und Wolgagebiet gegen Kaiserin Katharina II.; er gab sich als Kaiser Peter III. aus, wurde 1775 besiegt und hingerichtet. – *Cholera-Aufstände:* spontane Begleiterscheinungen der großen Cholera-Epidemien in Rußland. Die schwersten Unruhen brachen 1830 und 1831 in Sewastopol, Tambow und Petersburg aus.

32 *Kadetten:* Name für die Mitglieder der 1905 gegründeten bürgerlichen konstitutionell-demokratischen Partei, die in der I. und II. Duma die Opposition stellte und nach Ausbruch der Revolution im Februar 1917 zusammen mit den Sozialrevolutionären die provisorische Regierung bildete. Ihr Führer war Paul Nikolajewitsch Miljukow; ihr Programm: bürgerliche und politische Freiheit, allgemeine Wahlen, eine fortschrittliche Arbeitsgesetzgebung und liberale Landwirtschaftsreform.

33 *Nasche Slowo* (dt. «Unser Wort»): Von Januar 1915 bis 1917 in Paris erscheinende kriegsfeindliche Emigrantenzeitung, das bevorzugte Sprachrohr Trotzkis. Eine Zeitlang zählten zu ihren Mitarbeitern u. a. Martow, Radek und die Kollontai.

34 In seinem 1909 veröffentlichten Werk *Materialismus und Empiriokritizismus* setzte sich Lenin in polemischer Weise mit den philosophischen Ideen

Basarows, Bogdanows und Lunatscharskis auseinander, die wiederum von der Philosophie Ernst Machs und Richard Avenarius' beeinflußt waren.

35 *Grütli-Verein:* Bürgerlich-reformistischer Bund der Schweiz, 1838 ins Leben gerufen und nach der Gründungsstätte der schweizerischen Eidgenossenschaft, dem Grütli (oder Rütli) am linken Ufer des Urner Sees (Kanton Uri), benannt. 1901 trat der Verein der Sozialdemokratischen Partei bei, behielt aber seine organisatorische Selbständigkeit. Während des Ersten Weltkriegs gebärdete er sich sozialchauvinistisch und wurde deswegen von den Zimmerwalder Linken und von Lenin heftig befehdet.

36 *Schuschenskoje:* Dorf in der Nähe von Krasnojarsk und des Flusses Jenissej, wo Lenin von 1897 bis 1900 in der Verbannung lebte.

37 *Blutsonntag:* Am 9. Januar 1905 – nach unserem Kalender am 22. Januar – wurde eine friedliche Arbeiterdemonstration vor dem Winterpalast in Petersburg mit Waffengewalt auseinandergetrieben. Das Massaker markiert den Beginn der Revolution von 1905.

38 *Wperjod* (dt. «Vorwärts»): Von Lenin als Konkurrenz zur menschewistisch gewordenen *Iskra* ins Leben gerufene Zeitschrift, die von Januar bis Mai 1905 in Genf und im Mai und Juni 1906 in Petersburg herauskam. (Siehe auch Anmerkung 1.)

39 *Schwarzhundertschaft:* Während der Revolution von 1905 geschaffene extrem rechtsorientierte Organisation, die vor allem bei anti-jüdischen Pogromen und bei der «Befriedung» von Arbeiterunruhen in Aktion trat.

40 *Permanente Revolution:* Grundgedanke des Trotzkismus bzw. der von Trotzki entwickelten Theorien über die Aufgabe des russischen Proletariats bei der Durchführung der Revolution. Um ihren Sieg zu sichern, müsse die Revolution permanent, also ständig, auf die kapitalistischen Gesellschaften Europas und Nordamerikas übergreifen.

41 Gemeint ist der 9. Januar 1916, der elfte Jahrestag des sogenannten Blutsonntags. (Siehe auch Anmerkung 37.)

42 Parvus war der Ansicht, daß die Meuterei der Matrosen auf dem Panzerkreuzer «Potemkin» im Juni 1905 von japanischen Agenten inszeniert worden sei. Rußland und Japan befanden sich seit Februar 1904 miteinander im Krieg.

43 *Gorki-Affäre:* 1907 bezichtigte Gorki seinen Verleger Parvus der Unterschlagung von Einkünften aus Urheberrechten in Höhe von ca. 100000 Mark, die er an die bolschewistische Parteikasse hätte abführen müssen. Das Ergebnis einer Untersuchungskommission der Partei (mit Bebel, Kautsky, Clara Zetkin) wurde nie veröffentlicht. Näheres siehe Scharlau/Zeman, *Freibeuter der Revolution*, Köln 1964, S. 132 f.

44 *Bund:* Kurzbezeichnung für «Allgemeine Union der jüdischen Arbeiter Litauens, Polens und Rußlands». Trat auf dem I. Parteitag der SDAPR dieser Partei bei, auf dem II. Parteitag (1903) wieder aus, 1907 ein zweites Mal bei. 1912 beteiligte sich der Bund an Trotzkis gegen Lenin gerichtetem Organisationskomitee; 1918 zerbrach der Bund. – *Spilka:* Sozialdemokratische Organisation der Ukraine.

45 Anspielung auf Parvus' Gefängnis-Memoiren *In der russischen Bastille*, Dresden 1907.

46 *Die Glocke* erschien in München bzw. Berlin von 1915 bis 1925; den Namen erhielt sie in Erinnerung an Alexander Herzens einflußreiche gesellschaftskritische Zeitschrift *Kolokol* (dt. «Die Glocke»), die 1857–67 erschien.

47 Es entstanden die *Thesen über das Verhältnis der Sozialdemokratischen Partei der Schweiz zum Krieg*; enthalten in Lenin, «Werke», Bd. 23, S. 148–150. (Siehe auch S. 43. ff. dieses Buches und Anmerkung 14.)

48 *22. Januar:* Nach dem westlichen Kalender der «Blutsonntag» 1905. (Siehe auch Anmerkung 37.)

49 *Intelligentsia:* Seit Mitte des 19. Jahrhunderts Bezeichnung für die russischen fortschrittlich bis staatsfeindlich gesinnten Intellektuellen mit Ausnahme der Geistlichkeit.

50 Ende 1914 waren die fünf bolschewistischen Abgeordneten der Duma verhaftet und wegen unloyalen und unpatriotischen Verhaltens nach Sibirien verbannt worden.

51 *Koblenz:* 1792 stellte Louis-Joseph, Prinz von Condé, in der Nähe von Koblenz eine konterrevolutionäre Emigrantenarmee auf.

52 Vgl. *Thesenentwurf vom 4. (17.) März 1917*, enthalten in Lenin, «Werke», Bd. 23, S. 301–305.

53 Gemeint ist das Mitglied der provisorischen Regierung Alexander Kerenski. Lenin nannte ihn in seinem Telegramm vom 6. (19.) März 1917 an die nach Rußland reisenden Bolschewiki «besonders verdächtig», und zwar sowohl wegen Kerenskis Absicht, den Krieg an der Seite der imperialistischen Alliierten fortzusetzen, als auch ganz allgemein wegen seines Machtstrebens. Tatsächlich wurde Kerenski im Mai 1917 als Nachfolger des Fürsten Lwow Ministerpräsident – jedoch nach fünf Monaten durch die Oktoberrevolution gestürzt.

54 Zwischen dem 15. und 19. März 1917 hatte Lenin an Hanecki geschrieben: «Machen Sie einen Schweden ausfindig, der mir ähnelt. Aber ich kenne die schwedische Sprache nicht, deshalb muß der Schwede taubstumm sein ...» (Nach Lenin, «Briefe», Bd. 4, S. 478.) Nadeschda Krupskaja schreibt dazu in ihren *Erinnerungen an Lenin*: «Vielleicht ging es mit dem Paß eines stummen Schweden? Aber dabei konnte man sich zu leicht verraten. ‹Du schläfst ein, siehst im Traum Menschewiki und fängst an laut zu schimpfen: Schweinebande, Halunken! Da ist's dann mit der ganzen Konspiration vorbei›, sagte ich lachend.» (Bd. 2, S. 185 f.)

55 Es handelt sich im voranstehenden Absatz sowie in mehreren folgenden Passagen um paraphrasierte Zitate aus den *Briefen aus der Ferne*, enthalten in Lenin, «Werke», Bd. 23, S. 309–357.

56 *Agrarprogramm der Sozialdemokratie in der ersten russischen Revolution von 1905 bis 1907*, enthalten in Lenin, «Werke», Bd. 13, S. 213–435. Die erste Textfassung von 1908 wurde konfisziert und ging verloren. Die Neufassung wurde 1917 veröffentlicht.

Biographisches Namenverzeichnis

ABRAMOWITSCH, Alexander, 1888–? Stammte aus Odessa, war seit 1908 Mitglied der SDAPR, emigrierte 1913 in die Schweiz. Studium in Genf, danach Arbeiter in einer Uhrenfabrik in La Chaux-de-Fonds. Kehrte im April 1917 mit Lenin nach Rußland zurück. Im April 1919 angeblich Bevollmächtigter der sowjetischen Regierung bei der bayerischen Räterepublik. Später Mitarbeiter der Komintern. In den dreißiger Jahren verschollen. (A. S.)*

ADLER, Friedrich (Fritz), 1879–1960, Sohn von Victor Adler, 1910/11 Redakteur beim *Volksrecht*, 1911–16 Sekretär der SPÖ. Als Kriegsgegner erschoß er am 21. 10. 1916 den österreichisch-ungarischen Ministerpräsidenten Karl Graf von Stürgkh. Wurde zum Tode verurteilt, dann zu 10 Jahren Kerker begnadigt, 1918 durch die Revolution aus der Haft befreit. Führer der Arbeiterräte. Danach bis 1940 Sekretär des Exekutivbüros der neu gegründeten II. Internationale der sozialistischen Arbeiterparteien. Während des Zweiten Weltkrieges in den USA, starb in Zürich.

ADLER, Victor, 1852–1918, einer der Führer der SPÖ und der II. Internationale. 1889–1918 Chefredakteur der *Arbeiter-Zeitung*. Seit 1905 Abgeordneter. Während des Ersten Weltkriegs Patriot. Nach der Revolution von 1918 kurze Zeit Außenminister der Republik Österreich. Trat für eine Vereinigung Österreichs mit Deutschland ein.

ALEXINSKI, Grigorij Alexejewitsch, 1879–1966. Mit Bogdanow einer der führenden Ultimatisten (vgl. Anmerkung 10). Während des Ersten Weltkriegs Patriot. Im Juli 1917 klagte er die Bolschewiki des geheimen Einverständnisses mit Deutschland an, im April 1918 emigrierte er.

ARMAND, Inès (genannt Inessa; russische Vornamen Jelisaweta Fjodorowna), geb. Steffen, 1875–1920. In Paris als Tochter eines französischen Opernsängers geboren, nach dessen Tod zog sie mit ihrer Mutter zu einer Tante nach Rußland. Dort heiratete sie den Wollfabrikanten Alexander Armand, von dem sie vier Kinder bekam. Seit 1903 lebte sie mit dem jüngeren Bruder ihres Mannes zusammen. Während der Revolution von 1905 unterhielt sie enge Verbindungen zur Moskauer Gruppe der Sozialrevolutionäre, wurde verbannt, dann ausgewiesen. Nach dem Tod ihres Lebensgefährten in der Schweiz studierte sie in Paris an der Sorbonne, wo sie 1909 Lenin begegnete und der bolschewistischen Fraktion beitrat. 1912 wurde sie während eines

* Die mit A. S. gezeichneten Artikel stammen vom Verfasser.

kurzen Aufenthalts in Rußlands verhaftet, aber auf Intervention ihres Ehemannes freigelassen. Wieder in der Schweiz, nahm sie an verschiedenen Parteikongressen teil und kehrte im April 1917 mit Lenin nach Rußland zurück. Nach der Oktoberrevolution war sie eine Zeitlang Vorsitzende des Wirtschaftsausschusses für Moskau, danach leitete sie die Frauensektion im Zentralkomitee der Partei. Bis zu ihrem Tod war sie, von kurzen Unterbrechungen abgesehen, Lenins Freundin und engste Mitarbeiterin. (A.S.) Sie starb im Kaukasus an Typhus und wurde an der Kremlmauer bestattet.

AVENARIUS, Richard, 1843–1896. Seit 1877 Professor für Philosophie an der Universität Zürich. Begründer des Empiriokritizismus, einer Lehre, die davon ausgeht, daß die Philosophie auf die Darlegung des Tatbestandes zu beschränken, jede Metaphysik abzulehnen und ein «natürlicher Weltbegriff» zu suchen sei. Gegen diese Forderungen wandte sich Lenin in seiner polemischen Schrift *Materialismus und Empiriokritizismus* (1909).

AXELROD, Pawel Borissowitsch, 1850–1928, ursprünglich Tischler. Gründete 1883 zusammen mit Plechanow u. a. in der Schweiz die erste russische marxistische Organisation «Bund zur Befreiung der Arbeit». Ab 1900 Redakteur der *Iskra*. War einer der Wortführer der Liquidatoren (vgl. Anmerkung 11). Während des Ersten Weltkriegs Mitglied des Organisationskomitees der Menschewiki, das er bei den Kongressen in Zimmerwald und Kienthal vertrat. Ging im Sommer nach Rußland zurück und verließ es wieder nach der Oktoberrevolution; befürwortete die Zerschlagung der Bolschewiki-Partei.

BAGOCKI, Sergej, 1879–1953, Pole aus Rußland, Arzt. War 1914 mit Lenin zusammen in Krakau, folgte ihm in die Schweiz. Fungierte dort als sein Ratgeber bei vielen praktischen Problemen und in Geldangelegenheiten sowie bei der Organisation geheimer Verbindungen zu den Deutschen. Laut Ernst Nobs lebte er im Unterschied zu den meisten anderen russischen Emigranten in der Schweiz auf recht großem Fuß. Ab 1918 war er Vertreter des Russischen Roten Kreuzes in der Schweiz. (A.S.)

BAUER, Otto, 1882–1938. Als österreichischer Sozialdemokrat Wortführer des sog. Austromarxismus und Gegner der Bolschewiki. 1918/19 Außenminister. Emigrierte 1934 in die Tschechoslowakei, starb in Paris.

BASAROW (eig. Rudnew), Wladimir Alexandrowitsch, 1874–1939. Seit 1896 Sozialdemokrat. Übersetzte Marx und Engels ins Russische. 1905–07 Mitarbeit an verschiedenen bolschewistischen Publikationen. Dann Anhänger des Gottbildnertums und des Empiriokritizismus (vgl. Anmerkung 10). 1931 wegen Menschewismus verurteilt.

BEBEL, August, 1840–1913. Gründete mit Wilhelm Liebknecht die Sozialdemokratische Arbeiterpartei, deren erster Führer und Reichstagsabgeordneter er wurde. Von Lenin wegen seiner Kritik an Bernstein geschätzt.

BERNSTEIN, Eduard, 1850–1932, deutscher sozialistischer Schriftsteller und Theoretiker des Marxismus. 1879–1901 in der Schweiz, wo er mit Engels in Verbindung stand. Als Hauptverfechter des Revisionismus in der deutschen Sozialdemokratie Ziel heftiger Angriffe Lenins. Zwischen 1902 und 1928 mehrfach SPD-Reichstagsabgeordneter.

BLANC, Louis, 1811–1882, französischer Sozialist. 1848 Mitglied der provisorischen Revolutionsregierung. Trat für Errichtung staatlich unterstützter Arbeiterproduktivgenossenschaften ein. Für Lenin der Prototyp des pseudosozialistischen Konterrevolutionärs.

BOGDANOW (eig. Malinowski), Alexander Alexandrowitsch, 1873–1928, Sohn eines Physikprofessors. Nach Beendigung seines Medizinstudiums 1899 an der Universität Charkow wirkte er als Arzt, Soziologe und Philosoph. Seine Weigerung, der Moral und Ethik in der Dialektik einen besonderen Platz zuzubilligen, führte zum Zerwürfnis mit dem sozialdemokratischen Kreis der örtlichen Intelligentsia. Er erhielt mehrmals leichtere Verbannungsstrafen (Tula, Kaluga, Wologda). 1904 Annäherung an Lenin und bald danach einer der Wortführer der Bolschewiki. Theoretiker des bewaffneten Aufstands, Organisator von «Expros» zur Bildung von Parteivermögen (vgl. Anmerkung 6). 1905 wurde er mit den anderen Deputierten des Arbeitersowjets von Petersburg vorübergehend festgenommen. Die beiden folgenden Jahre verbrachte er mit Lenin in Kuokkala (Finnland). Bogdanows beharrliche Forderung, sämtliche parlamentarischen und anderen legalen Aktivitäten zu boykottieren, und sein ebenso beharrlicher Führungsanspruch stießen bei Lenin auf energische Ablehnung, der gegen ihn in seiner philosophischen Schrift *Materialismus und Empiriokritizismus* (1909) polemisierte. Ferner sorgte er dafür, daß Bogdanow aus der Partei ausgeschlossen wurde. Er erhielt auch später nie wieder einen wichtigeren Parteiposten. Im Ersten Weltkrieg war er Frontarzt, 1926 gründete er in Moskau ein Bluttransfusions-Zentrum und starb bei Selbstversuchen. Bogdanow verfaßte zahlreiche Werke über philosophische, kultur- und wirtschaftspolitische Fragen, außerdem zwei phantastische Romane. (A.S.)

BONTSCH-BRUJEWITSCH, Wladimir Dmitrijewitsch, 1873–1955. War Mitarbeiter der *Iskra*. Oktober 1917–20 Generalsekretär des Rates der Volkskommissare (Sownarkom). Nach 1945 Direktor des Museums für Atheismus bei der Akademie der Wissenschaften.

BOSCH, Jewgenija Gottliebowna, 1879–1925, Ukrainerin aus Otschakow am Schwarzen Meer. Heiratete mit 16 Jahren den Sohn eines Industriellen, den sie mit 21 verließ, um sich in Kiew der Arbeit in der SDAPR zu widmen. Sie wurde Bolschewikin und die Freundin Pjatakows. 1913 wurde sie mit ihm nach Irkutsk verbannt, von wo ihnen die Flucht nach Japan glückte. Auf Umwegen gelangte sie nach Europa, hielt sich kurz in der Schweiz, später in Skandinavien auf (vgl. Anmerkung 28). Nach Ausbruch der Februarrevolution 1917 nach Rußland zurückgekehrt, wurde sie Vorsitzende des Provinzkomitees von Kiew und bemühte sich, die Garde dazu zu bringen, auf Kiew zu marschieren und die nationalistische Regierung (Rada) zu stürzen. In der ersten kommunistischen Regierung der Ukraine war sie Volkssekretärin für auswärtige Angelegenheiten. Während des Bürgerkriegs hatte sie den Auftrag, verwaltungstechnische Unterdrückungsmaßnahmen in der Provinz zu organisieren (Pensa, Astrachan, Gomel). Schließlich wurde sie Frontkommissarin für Kaspien und den Kaukasus. 1923 des Trotzkismus beschuldigt, beging sie Selbstmord. (A.S.)

BRANTING, Hjalmar, 1860–1925. Mitbegründer der Sozialdemokratischen Arbeiterpartei Schwedens (1889), deren Führer er wurde. Im Ersten Weltkrieg trat er für die Politik der Entente ein, war Gegner der Bolschewiki. Zwischen 1920 und 1925 zweimal schwedischer Ministerpräsident, danach vertrat er sein Land im Völkerbund. Erhielt 1921 den Friedensnobelpreis.

BRILLANT (eig. Sokolnikow), Grigorij Jakowlewitsch, 1888-1939, Arztsohn aus Romny, Ukraine. Seit 1905 Bolschewik und Mitglied des militärisch-technischen Büros, das «Expros» organisierte. 1909 Verbannung an den Jenissej, danach Emigration. Jurastudium in Paris. Während des Ersten Weltkriegs zögerte er, sich für Trotzki oder Lenin zu entscheiden. Kehrte im April 1917 mit Lenin nach Rußland zurück. Dort trat er in das bolschewistische ZK ein und wurde Redakteur der *Prawda*. Im Oktober 1917 Aufnahme ins Politbüro. Er leitete die Enteignung der Banken und wurde deren Generalkommissar. Als russischer Delegationsleiter unterzeichnete er den Frieden von Brest-Litowsk und nahm auch an den ergänzenden Verhandlungen in Berlin teil. Er hatte bei der Unterdrückung der Arbeitererhebungen in den Fabriken von Ijewsk und Wotkinsk die Hände ebenso im Spiel wie bei der Niederschlagung der Bauernaufstände im Gebiet von Wjatka und bei den Unterdrückungsmaßnahmen, die den Don-Aufstand provozierten. Er war Kommandeur der Roten Armee bei der Einnahme von Rostow, bei der Evakuierung der Weißen aus Noworossijsk sowie 1920 bei der Unterwerfung Turkestans. Während der innerparteilichen Querelen um die Gewerkschaften nahm er eine unglückliche Position ein. 1921–26 war er Finanzkommissar, 1929 ging er als Botschafter nach London. 1934 wurde er stellvertretender Außenminister der UdSSR. Im 2. Schauprozeß in Moskau wurde Brillant zu 10 Jahren Gefängnis verurteilt; er starb in der Haft. (A.S.)

BROCKDORFF-RANTZAU, Ulrich Graf von, 1869–1928. Seit 1912 deutscher Gesandter in Kopenhagen; im Dezember 1918 Reichsaußenminister und Leiter der deutschen Delegation in Versailles. Als Gegner der Unterzeichnung des Vertrages trat er im Juni 1919 zurück. 1922 wurde er Botschafter in Moskau.

BRONSKI (Pseudonym Warzawski), Moissej (poln. Mieczyslaw), 1882–1941. Stammte aus Lodz, war Mitglied der polnischen Sozialdemokratischen Partei, dann Bolschewik. 1907 emigrierte er in die Schweiz, wurde enger Mitarbeiter Lenins, der ihn zur Konferenz von Kienthal delegierte. Nach der Oktoberrevolution Redakteur der *Prawda*, dann stellvertretender Minister für Handel und Industrie. 1920–22 Botschafter in Österreich. Nach Lenins Tod ohne bedeutende politische Funktionen. (A.S.)

BUCHARIN, Nikolai Iwanowitsch, 1888–1938, hervorragender Theoretiker der bolschewistischen Partei, deren Führer er hätte werden können. Der Sohn eines Lehrers besuchte das Erste Moskauer Gymnasium und wurde mit 18 Jahren Mitglied der Bolschewiki, mit 20 bereits ins Moskauer Parteikomitee gewählt. Nach mehreren nicht weiter schwerwiegenden Verhaftungen gab er der Emigration den Vorzug vor der Verbannung. Ab 1911 hielt er sich im Ausland auf, erweiterte seine Bildung und wurde Publizist. 1917 kehrte er über Amerika und Japan nach Rußland zurück und wurde sogleich Mitglied des ZK. War einer der Wortführer der linken Opposition gegen den Frieden von Brest-Litowsk. («Wir dürfen nicht dazu beitragen, die Situation Deutschlands durch einen Separatfrieden zu konsolidieren, wir müssen vielmehr nach Wegen zur Erreichung der Weltrevolution suchen.») Unter dem Sowjetregime veröffentlichte Bucharin zahlreiche Bücher (über Wirtschaft, Politik und die Popularisierung der marxistischen Lehre). Nach Lenins Tod gehörte er der Semiorka – den Sieben vom Politbüro – an, jener Gruppe, die Stalin dann mit Bucharins Hilfe vernichten sollte: Er beteiligte sich an der Ausschaltung von Trotzki, Kamenew und Sinowjew, bevor er selbst als «Rechtsabweichler» von Stalin aus der Partei ausgeschlossen wurde. Zu Beginn der dreißiger Jahre schien Bucharin die Schädlichkeit und Schändlichkeit des Stalinschen Plans erkannt zu haben, der den Ruin des Bauernstands und der nationalen Wirtschaft zur Folge haben mußte; doch wußte er dieser Entwicklung keinen wirksamen Widerstand entgegenzusetzen. Nach dem 3. Schauprozeß in Moskau, in dessen Verlauf Bucharin die üblichen Geständnisse abgelegt hatte, wurde er erschossen. (A.S.)

BURZEW, Wladimir Lwowitsch, 1862–1942. Mitglied des 1879 gegründeten Bundes *Narodnaja Wolja* («Volkswille»), um die Jahrhundertwende ein gefürchteter Terrorist. Nach seiner Festnahme gelang es ihm, nach England zu fliehen. Seine Aufrufe zur Ermordung Zar Alexanders III. zwangen die Briten, ihm anderthalb Jahre Gefängnis aufzubürden. Aus der Schweiz wurde er ausgewiesen, weil er auch dort ständig den Terror predigte. Widmete sich vor allem dem Aufspüren von *agents provocateurs*, die sich in die revolutionäre russische Bewegung eingeschlichen hatten. Zwischen den beiden Revolutionen gab er Zeitungen heraus – 1905–17 *Byloje* («Vergangenheit») und 1911–14 *Buduschtscheje* («Zukunft») –, die er dann an den Zaren, die Großfürsten, die Minister und die Bibliothek der Duma schickte. Zu Beginn des Ersten Weltkriegs bekannte Burzew sich als Patriot und stellte sich an der russischen Grenze den Behörden. Er wurde in die Verbannung geschickt, doch 1915 bereits amnestiert. Von den Bolschewiki wurde er nach der Oktoberrevolution mehrere Male festgenommen; er brachte wieder *Byloje* heraus und dann bei den Weißen die Zeitschrift *Obschtscheje Delo* («Die gemeinsame Sache»). Schließlich emigrierte er erneut. (A.S.)

CHARITONOW, Moissej, 1887–1948. Seit 1905 SDAPR-Mitglied, Bolschewik. Studierte ab 1912 in der Schweiz Jura. Stand Lenin nahe und kehrte im April 1917 mit ihm nach Rußland zurück. Nach der Oktoberrevolution Chef der Petrograder Miliz, in den zwanziger Jahren Parteisekretär im Ural, in Perm und Saratow. 1925 unterstützte er die oppositionelle Haltung von Sinowjew und Kamenew und dann ihr Bündnis mit Trotzki. Charitonow erhielt nie wieder einen wichtigen politischen Posten. (A.S.)

DIAMAND, Hermann, 1868–1931, österreichischer Abgeordneter der sozialdemokratischen Partei; war polnischer Nationalität.

ENVER PASCHA, 1881–1922, türkischer General und Staatsmann, Führer der Jungtürkenpartei. Erwirkte 1914 als Kriegsminister den Eintritt seines Landes in den Krieg an der Seite Deutschlands und leitete die türkischen Operationen bis Kriegsschluß. 1918 floh er als Gegner Atatürks nach Buchara und fiel im Kampf gegen die Rote Armee.

GARIN-MICHAILOWSKI, Nikolai Georgijewitsch, 1852–1906, Ingenieur und Schriftsteller, dem Marxismus nahestehend. Beschrieb in seinen Büchern die Stimmung der Intelligentsia um die Jahrhundertwende.

GORKI, Maxim (eig. Alexej Maximowitsch Peschkow), 1868–1936, Schriftsteller, seit 1899 mit der marxistischen Bewegung verbunden. 1906–13 in der Emigration (u. a. auf Capri). Auf Grund seiner Sympathien für die revisionistische Linke waren seine Beziehungen zur bolschewistischen Führung wechselhaft, oft dramatisch gespannt. Nach der Oktoberrevolution schloß er sich nicht ohne Vorbehalt Lenin an und zog es in den zwanziger Jahren wiederholt vor, im Ausland zu leben. Nach seiner endgültigen Rückkehr zur führenden Persönlichkeit des sowjetischen Kulturlebens stilisiert. (Über die Auseinandersetzung mit Parvus vgl. Anmerkung 43.)

GRABER, Ernst Paul, 1875–1956, Schweizer Sozialdemokrat, ursprünglich Lehrer. Anfang des Ersten Weltkriegs Internationalist, Teilnehmer von Zimmerwald und Kienthal, ab 1917 wandte er sich dem Pazifismus zu. 1915–25 Redakteur der Zeitschrift *Sentinelle* in La Chaux-de-Fonds. Seit 1914 Nationalrat, 1929/30 Präsident.

GREULICH, Hermann, 1842–1925, aus Breslau gebürtig, ursprünglich Buchbinder. Mitbegründer der Schweizer Sozialdemokratie und ihres Parteiorgans *Tagwacht*. 1902–05 und 1908–25 Nationalrat. Als «Papa Greulich» der populärste Schweizer Arbeiterführer. (A.S.)

GRIMM, Robert, 1881–1958, ursprünglich Typograph und Maschinenmeister. Einer der Führer der Schweizer Sozialdemokratie. 1905–09 Gewerkschaftssekretär in Basel, 1909–18 Redakteur der *Berner Tagwacht*, ab 1911 Nationalrat (1946 Präsident). War der Initiator und Vorsitzende bei den Konferenzen von Zimmerwald und Kienthal. 1917 reiste er nach Rußland, um über die Möglichkeit eines Separatfriedens mit Deutschland zu verhandeln. 1923 wirkte er bei der Neugründung der II. Internationale mit. Gehörte zum radikalen linken Flügel der Sozialdemokraten, war aber gemäßigter als die Kommunisten. (A.S.)

grischka →SINOWJEW, Grigorij (Grischka) Jewsejewitsch

GUILBEAUX, Henri, 1885–1938, französischer Sozialdemokrat und Internationalist. Lebte ab 1915 als Pazifist in Genf, wo er die Zeitung *Demain* herausgab. Nahm an der Kienthaler Konferenz teil, war Mitglied der Komintern. In den dreißiger Jahren wandte er sich von der Sowjetunion ab. (A.S.)

GUTSCHKOW, Alexander Iwanowitsch, 1862–1936, Industrieller. Präsident der III. Duma. Im 1. Kabinett der provisorischen Regierung Kriegs- und Marineminister (März–Mai 1917). Trat für die Fortsetzung des Krieges gegen Deutschland ein. Emigrierte nach Frankreich.

GWOSDEW, Kusma Antonowitsch, 1883–?. Gehörte in der SDAPR zum Flügel der Liquidatoren (vgl. Anmerkung 11), war während des Ersten Weltkriegs Patriot. Nach der Februarrevolution 1917 Mitglied des Exekutivausschusses in Petrograd, in der Kerenski-Regierung kurze Zeit Arbeitsminister.

HAASE, Hugo, 1863–1919, sozialdemokratischer Abgeordneter des Reichstags. Stimmte 1915 gegen die Kriegskredite. 1917 Mitbegründer der Unabhängigen Sozialdemokratischen Partei, die sich von der SPD abspaltete. November/Dezember 1918 gehörte er dem kommunistenfeindlichen Rat der Volksbeauftragten an. Starb an den Folgen eines Attentats. Lenin nannte Haase eine «Lakaienseele».

HANECKI (eig. Fürstenberg, Deckname Kuba), Jakob Stanislawowitsch, 1879–1937. Entstammte einer wohlhabenen Warschauer Familie, war seit Ende des 19. Jahrhunderts Mitglied der Sozialdemokratischen Partei Polens, die er 1903 auf dem II. Parteitag in Brüssel und London vertrat. Viele Jahre gehörte er sowohl der polnischen wie der russischen Partei an. Wurde mehrmals verhaftet, jedoch nie zu längeren Strafen verurteilt. (Während seines Militärdienstes beleidigt er einmal seinen Regimentskommandeur, wird aber auf Grund seines «übererregten Zustandes» freigesprochen.) Zweimal entzog er sich der Verbannung durch die Flucht. Kurz vor Kriegsbeginn gelang es ihm zusammen mit Radek, die polnische Sozialdemokratie zu zerbrechen (Opposition gegen Rosa Luxemburg). Von 1912 an war er ein enger Mitarbeiter Lenins, ging mit ihm nach Krakau, und nach Ausbruch des Ersten Weltkriegs in die Schweiz. Ab 1915 Direktor des «Handelsbüros» von Parvus in Kopenhagen bzw. Stockholm. Im März 1917 erteilte ihm Lenin den Auftrag, unter dem Deckmantel des Auslandsbüros des ZK in Stockholm für den reibungslosen Fluß der Parvus-Gelder an die Bolschewikipartei in Rußland zu sorgen. Nach der Oktoberrevolution wurde Hanecki Generalkommissar der Banken und gehörte zur russischen Delegation für das Berliner Zusatzabkommen zum Frieden von Brest-Litowsk. Bis 1925 nahm er an einer Reihe weiterer diplomatischer Missionen teil. Nach Lenins Tod war er eine Zeitlang Außenhandelsminister, später u. a. Direktor des Revolutionsmuseums. 1937 wurde er verhaftet und zusammen mit seiner Frau und seinem Sohn erschossen. (A.S.)

HERZEN, Alexander Iwanowitsch, 1812–1870, russischer Philosoph und Publizist. Verließ nach einigen Jahren Verbannung 1847 Rußland, lebte u. a. in Paris, London und Genf und stand mit nahezu allen Theoretikern der gesellschaftlichen Revolution in Verbindung. 1857–67 gab er in London die Zeitschrift *Kolokol* («Die Glocke») heraus, die nach Rußland eingeschmuggelt wurde und dort die öffentliche Meinung stark beeinflußte.

HILFERDING, Rudolf, 1877–1941, aus Wien stammender Arzt. War 1907–15 Schriftleiter des sozialdemokratischen *Vorwärts*, bekämpfte die Kriegskredite, schloß sich 1917 der Unabhängigen Sozialdemokratischen Partei an. Als Theoretiker des sog. Austromarxismus ein Gegner der Marxschen Geldtheorie und der Bolschewiki. Zwischen 1923 und 1929 in mehreren Kabinetten Reichsfinanzminister, bis 1933 Mitglied des Reichstags. Wurde 1940 von der französischen Vichy-Regierung an die Deutschen ausgeliefert und starb in der Haft.

HOFFMANN, Arthur, 1857–1927, schweizerischer Politiker. 1911 Bundesrat, 1914 Bundespräsident. Leitete bis 1917 die Außenpolitik der Schweiz. Grimms Unterhandlungen in Rußland zum Zweck eines Separatfriedens mit Deutschland zwangen Hoffmann 1917 zum Rücktritt.

HUYSMANS, Camille, 1871–1968, belgischer Sozialistenführer. 1905–22 Sekretär des Internationalen Sozialistischen Büros der II. Internationale; war um eine Annäherung zwischen Bolschewiki und Menschewiki bemüht. Bis ins hohe Alter bekleidete er hohe Ämter in der Sozialistischen Internationale und in der belgischen Regierung.

Iljitsch, Vatersname von Lenin

Inessa → ARMAND, Inès

JAGOW, Gottlieb von, 1863–1935, deutscher Diplomat. War von 1913 bis November 1916 Staatssekretär des Auswärtigen Amtes und als solcher nach dem Attentat von Sarajewo mitverantwortlich für den unbedingten Beistand Österreich-Ungarns gegen Serbien. Den Initiativen deutscher Regierungs- und Militärkreise zur Unterstützung der russischen Revolutionäre, die den Sturz des Zaren vorbereiteten, stand er ablehnend gegenüber.

JAKUBOWA, Apollinaria, 1870–1917, Aktivistin der SDAPR. Verfechterin des Ökonomismus (vgl. Anmerkung 23). Wurde 1898 nach Sibirien verbannt, ging 1899 ins Ausland. Nahm 1903 als Vertreterin der Menschewiki am II. Parteitag der SDAPR in Brüssel und London teil und zog sich 2 Jahre später aus der Politik zurück.

JAURÈS, Jean, 1859–1914, französischer Sozialistenführer. Als leidenschaftlicher Pazifist schlug er auf den Kongressen von Stuttgart (1907), Kopenhagen (1910) und Basel (1912) vergeblich eine Resolution vor, die die Sozialisten verpflichtet hätte, Kriegsdrohungen mit Generalstreik und Aufstand zu beantworten. Am Vorabend des Ersten-Weltkriegsausbruchs wurde er von einem nationalistischen Fanatiker erschossen.

JELISAROWA-ULJANOWA, Anna Iljinitschna → ULJANOWA, Anna Iljinitschna

JOUHAUX, Léon, 1879–1954, französischer Politiker. 1909–47 Generalsekretär der Gewerkschaft CGT. In dieser Funktion geriet er immer wieder in Konflikt mit den Kommunisten innerhalb der Organisation, bis diese sich 1947 spaltete und er die Gewerkschaft *Force Ouvrière* gründete, deren Präsident er wurde. Vertrat mehrfach sein Land bei internationalen Organisationen, u. a. bei der UNO. Erhielt 1951 den Friedensnobelpreis.

KAMENEW (eig. Rosenfeld), Leo Borissowitsch, 1883–1936. Besuchte das Gymnasium in Tiflis, studierte in Moskau Jura, war seit 1903 Bolschewik und wurde wegen seiner Beteiligung an der Revolution von 1905 vom Studium ausgeschlossen. Nach kurzer Haftzeit emigrierte er das erste Mal. Mehrmalige Rückkehr und Gefängnisaufenthalte. Von 1908 an enger Vertrauter Lenins. Nach der «Entlarvung» Malinowskis schickte man ihn nach Rußland, damit er dort die bolschewistische Fraktion der Duma leite. Kurz darauf wurde er als Kriegsgegner in die Verbannung geschickt, obwohl er dem Defaitismus Leninscher Prägung abschwor. Nach Ausbruch der Februarrevolution wieder in Petersburg (Petrograd), führte er die Partei bis zum Eintreffen Lenins. Als einziger von allen Bolschewiki erhob Kamenew Einspruch gegen die *April-Thesen* (vom 17. 4. 1917). 1919–25 Vorsitzender des Exekutivkomitees des Moskauer Sowjets und stellvertretender Vorsitzender des Rates der Volkskommissare (Sownarkom). Bildete nach Lenins Tod mit Stalin und Sinowjew zunächst die sog. Führungstroika. Verbündete sich dann mit Trotzki und Sinowjew gegen Stalin und wurde daraufhin 1926/27 aller Ämter enthoben. Auf dem Parteitag von 1934 bereits geächtet, forderte er noch, die Partei solle mit den «Kulaken» nicht diskutieren, sondern sie erschießen. Im 1. Moskauer Schauprozeß (1936) wurde Kamenew zum Tode verurteilt und hingerichtet. (A.S.)

KAMO (eig. Ter-Petrosjan), Simon Arschakowitsch, 1882–1922, Sohn eines reichen georgischen Unternehmers. Wurde wegen seiner freizügig geäußerten Meinung im Religionsunterricht von der Schule gejagt. Schon damals unter dem Einfluß seines drei Jahre älteren Landsmanns Dschugaschwili (Stalin), entwickelte er sich zum Experten für Raubüberfälle und führte mit Erfolg mehrere der von Stalin ausgeheckten «Expropriationen» durch, u. a. auch die berühmte Tiflis-«Expro» von 1907 (vgl. Anmerkung 6). Mit einem Koffer voll Sprengstoff nach Berlin unterwegs, um dort einen neuen Coup zu landen, schnappte ihn die deutsche Polizei. Jahrelang wußte Kamo seine Auslieferung an Rußland durch Simulierung gefährlichen Wahnsinns zu verhindern. Als er schließlich doch ausgeliefert wurde, entging er dank einer Kampagne der deutschen Presse für «diesen bekanntermaßen kranken Mann» der Exekution. Aus dem Krankenhaus floh Kamo ins Ausland, wo er mit Lenin zusammentraf. 1912 in den Kaukasus zurückgekehrt, wird er bei einem Überfall verwundet und festgenommen. Das Gericht verurteilt ihn zum Tode, doch der Staatsanwalt, ein Liberaler, rettet Kamo, indem er die Vollstreckung des Urteils bis zur Amnestie aus Anlaß des dreihundertjährigen Bestehens der Romanow-Dynastie hinauszögert. 1917 befreit ihn die Februarrevolution aus dem Gefängnis. Lenin schickt ihn zur Erholung in den Kaukasus, danach tritt Kamo in die Tscheka (d. h. Allrussische außerordentliche Kommission zur Bekämpfung der Konterrevolution und Sabotage) ein. Er unterminiert das menschewistische Machtzentrum in Baku. Wird von einem Auto überfahren und stirbt. (A.S.)

KARPINSKI, Wjatscheslaw Alexejewitsch, 1880-1965. Seit 1898 SDAPR-Mitglied, nach der Spaltung der Partei Bolschewik. Emigrierte 1904 nach Genf. In zweitrangigen Positionen von Lenin geschätzt, u. a. als Zeitungsherausgeber. Unter dem Sowjetregime promovierte er zum Doktor der Wirtschaftswissenschaft. (A.S.)

KAUTSKY, Karl, 1854–1938, führender Theoretiker der deutschen Sozialdemokratie und II. Internationale. Fand Anfang der achtziger Jahre zum Marxismus, wurde in London Privatsekretär von Engels und war 1883–1917 Redakteur der *Neuen Zeit*. Als orthodoxer Marxist Gegner des Revisionismus wie auch der radikalen Richtung Rosa Luxemburgs und der Bolschewiki. Lenin, der ihn seit langem haßte, griff ihn vor allem in der Schrift *Die proletarische Revolution und der Renegat Kautsky* (1918) an.

KERENSKI, Alexander Fjodorowitsch, 1881–1970, Rechtsanwalt. 1912 Abgeordneter der sozialistischen Trudowiki-Partei in der IV. Duma. Nach der Februarrevolution 1917 zunächst Justizminister der provisorischen Regierung, im nächsten Kabinett Kriegsminister und nach den Juli-Ereignissen Ministerpräsident. Trat für die Fortsetzung des Krieges ein. Durch die Oktoberrevolution gestürzt, floh er nach Frankreich. Lebte später zurückgezogen in den USA.

KESKÜLA, Alexander Eduard, 1862–1963?, Este aus Dorpat. Nahm an der Revolution von 1905 teil, wurde verhaftet, aber amnestiert. Studierte ab 1912 in Bern Volkswirtschaft. Bei Kriegsausbruch stellte er sich dem deutschen Gesandten in der Schweiz als Mittelsmann zu russischen Revolutionären zur Verfügung (Agentenname Alexander Stein) und wünschte als Gegenleistung die Unterstützung der Bewegung zur Befreiung Estlands von der russischen Herrschaft.

Koba, Deckname Stalins während seiner Untergrundtätigkeit zur Zeit des Zarenregimes.

KOCHER, Theodor, 1841–1917, bedeutender Schweizer Chirurg, Spezialist für Kropf- und Bauchoperationen an der Universität Bern. Erhielt 1909 den Nobelpreis für Medizin.

KOLLONTAI, Alexandra Michailowna, 1872–1952, Tochter eines ukrainischen Generals und einer finnischen Bäuerin. Erhielt eine standesgemäße Erziehung mit Privatlehrern für Geschichte und Literatur; wurde vor jeglicher Berührung mit revolutionären Elementen sorgsam beschützt und heiratete früh, um der elterlichen Bevormundung zu entkommen. Beteiligte sich nun am Kampf der Intelligentsia, trat der SDAPR bei und nahm an der Revolution von 1905 teil. In einer ihrer Proklamationen für die Partei schrieb sie: «Mein Herz neigt sich dem Bolschewismus und seiner Unnachgiebigkeit zu.» Dennoch blieb sie bis 1915 Menschewikin. Seit 1908 in der Emigration, wirkte sie von Schweden aus als Mittelsperson zwischen verschiedenen westlichen Emigrantengruppen der Partei und Rußland. In der ersten bolschewistischen Regierung war sie Volkskommissarin für Sozialversicherungsangelegenheiten, danach viele Jahre (bis 1945) Sowjetbotschafterin in Norwegen, Mexiko und Schweden. (A.S.)

KONOWALOW, Alexander Iwanowitsch, 1875–1948, Politiker der Kadettenpartei. 1917 in der provisorischen Regierung Handels- und Industrieminister, zum Schluß Stellvertreter Kerenskis. Ging nach der Oktoberrevolution ins Exil.

KOSLOWSKI, Mieczyslaw, 1876–1927. Aus Polen stammender Rechtsanwalt in Petersburg, SDAPR-Mitglied, enge Verbindung zum Parvus-Kreis. 1917

Mitglied des Exekutivkomitees des Petrograder Sowjets. Im Juli mit anderen Bolschewiki verhaftet, nachdem die «Zusammenarbeit» der Bolschewiki mit den Deutschen bekannt geworden war. Nach der Oktoberrevolution wurde er Vorsitzender der außerordentlichen Untersuchungskommission in Petrograd, später Justizminister für Litauen-Weißrußland. (A.S.)

KRASSIN, Leonid Borissowitsch, 1870–1926. Seit seiner Universitätszeit Revolutionär. Zwischen seinen Haft- und Verbannungsstrafen absolviert er sein Ingenieurstudium, das später für seine Rolle als Cheftechniker der Partei von entscheidender Bedeutung sein wird. Ihm obliegt die Organisation konspirativer Aktionen, die Herstellung der Bomben und die Vorbereitung der Überfälle. Er ist es, der den Kontakt zu dem Industriellen Morosow herstellt, der dann ihr stiller Geldgeber wird. Seit 1903 ist Krassin Mitglied des ZK der Bolschewiki. Auf dem Höhepunkt seiner revolutionären Tätigkeit hat er die Kontrolle über das gesamte Elektrizitätsnetz von Petersburg unter sich. 1908 emigriert er, ein Jahr später tritt er aus der Partei aus und lebt zurückgezogen als Ingenieur in Berlin. Nach der Oktoberrevolution 1917 Wiedereintritt in die Partei. Mit Hanecki nimmt er an den Friedensverhandlungen von Brest-Litowsk und Berlin teil. Dann führt ihn ein Auftrag ins Große Hauptquartier der Deutschen. Seine Bemühung, Ludendorff von der Annektierung Kaukasiens und Turkestans im Falle eines Sieges abzubringen, scheint vergeblich. (Der deutsche Sieg und die Besetzung dieser Gebiete wird erst durch das Eintreffen amerikanischer Verstärkung auf dem französischen Kriegsschauplatz verhindert.) Kurze Zeit ist Krassin Außenhandelsminister sowie Minister für Straßen- und Brückenbau. Anschließend geht er als sowjetischer Botschafter zuerst nach England, dann nach Frankreich, nimmt auch an den Verhandlungen anläßlich der Konferenz in Genua und Den Haag teil. (A.S.)

KRUPSKAJA, Nadeschda (Nadja) Konstantinowna, 1869–1939. Seit 1897 Gefährtin Lenins, mit dem sie sich 1898 trauen läßt, um ihm in die Verbannung nach Schuschenskoje folgen zu können. Ihre Versuche, in der Emigration (1900–1917) ein eigenständiges pädagogisches Werk zu schreiben, scheitern. Nach der Oktoberrevolution im Volkskommissariat für Volksbildung tätig. 1925 schließt sie sich der Opposition Sinowjews und Kamenews gegen Stalin an. 1927 Mitglied des ZK, 1928 stellvertretende Ministerin für Volksbildung. Zu Beginn der dreißiger Jahre zieht sie sich aus der Politik zurück und übersteht auf diese Weise die schlimmsten Jahre der Stalin-Diktatur.

KRUSE, Alfred, dänischer Sozialdemokrat; Journalist.

KRYLENKO, Nikolai Wassiljewitsch, 1885–1938?, machte nach der Oktoberrevolution eine glänzende Karriere. War zunächst oberster Kriegskommissar, 1918–22 Ankläger bei Revolutionsgerichten, danach Hauptankläger des

Obersten Gerichtshofes; in den dreißiger Jahren Volkskommissar für Justiz. Wurde im Zuge der Säuberungen erschossen.

Kuba → HANECKI, Jakob Stanislawowitsch

LEDEBOUR, Georg, 1850–1947. Stimmte als Reichstagsabgeordneter der SPD 1915 gegen die Kriegskredite, nahm an der Zimmerwalder Konferenz teil. Schloß sich 1917 der USPD an und wirkte später für einen «dritten Weg» der sozialistischen Arbeiterbewegung. Emigrierte 1933 in die Schweiz.

LEVI, Paul, 1883–1930, Rechtsanwalt. Als deutscher Sozialdemokrat Mitglied der Zimmerwalder Linken. Trat nach dem Ersten Weltkrieg der KPD bei, ab 1922 wieder Sozialdemokrat. (A.S.)

LJADOW (eig. Mandelstam), Martin Nikolajewitsch, 1872–1947, Bolschewik. Aktiver Teilnehmer an der Revolution von 1905. Gehörte der Gruppe der Otsowisten an (vgl. Anmerkung 10). 1917 stand er auf seiten der Menschewiki, wurde jedoch 1920 in die bolschewistische Partei reintegriert.

LIEBKNECHT, Karl, 1871–1919, Sohn von Wilhelm Liebknecht. Seit 1912 SPD-Reichstagsmitglied; stimmte gegen die Kriegskredite und trat 1916 aus der SPD-Fraktion aus. Nach Kriegsende zusammen mit Rosa Luxemburg an der Spitze des kommunistischen Spartakusbundes. Wurde während des von ihm geführten Januaraufstands 1919 gegen den Rat der Volksbeauftragten von Regierungstruppen festgenommen und ohne Prozeß erschossen.

LITWINOW (eig. Wallach), Maxim Maximowitsch, 1876–1951. Entstammte einer wohlhabenden polnischen Familie, fand während seiner Militärdienstzeit, die er freiwillig ableistete, zum Marxismus. 1901 Festnahme zusammen mit dem SDAPR-Komitee von Kiew. 1902 Flucht aus dem Gefängnis ins Ausland. 1903 Bolschewik, Emigration nach England, von wo aus er erfolglos versuchte, Waffen nach Rußland zu schmuggeln. Vertrat die Bolschewiki beim Internationalen Sozialistischen Büro (II. Internationale). Nach der Oktoberrevolution erster Botschafter Sowjetrußlands in England. Dort als Vergeltungsmaßnahme zur Verhaftung des britischen Journalisten Robert B. Lockhart in Moskau festgenommen und gegen diesen ausgetauscht. 1921–30 stellvertretender Außenminister, anschließend bis 1939, also auf dem Höhepunkt der Schreckensherrschaft Stalins, Volkskommissar des Äußeren und «Friedensbote» im Westen. Seine Reden, die in den Zeitungen viele Spalten füllten, erfreuten sich großer Beachtung. In den Jahren der Freundschaft mit Hitler-Deutschland trat Litwinow in den Hintergrund, Ablösung durch Molotow. 1941–43 Botschafter in den USA. Danach bis 1946 wieder stellvertretender Außenminister. (A.S.)

LONGUET, Jean, 1876–1938, französischer Sozialist und Publizist; Sohn des Sozialistenführers Charles Longuet und von Jenny Marx, der Tochter von Karl Marx.

LOSOWSKI (eig. Drisdo), Solomon Abramowitsch, 1878–1952. Als SDAPR-Agitator nach der Revolution von 1905 verbannt. Gehörte 1909–17 zu den gemäßigten Bolschewiki. 1939–46 stellvertretender Außenminister, danach Außenminister. Wurde liquidiert.

LUNATSCHARSKI, Anatolij Wassiljewitsch, 1875–1933, ein fruchtbarer Journalist und begeisterter Vortragsredner, hingegen nur ein mittelmäßiger Schriftsteller und Dramatiker. Sein Pseudonym Wojnow, abgeleitet von *wojn*, der Krieger, sagt bereits alles über das Niveau seines Werks. Sein Vater war ein Beamter mit radikalen Ansichten. Der Sohn beschäftigte sich schon als Fünfzehnjähriger mit dem Marxismus. Beabsichtigte, in Zürich zu studieren, kehrte aber sehr bald nach Rußland zurück, um sich in die Propagandaarbeit für die SDAPR zu stürzen. Es folgten drei kurze Haftstrafen und mehrere Monate Verbannung in Kaluga und Wologda. Dies diente ihm jedoch nur zur Vertiefung seiner Erkenntnisse. 1903 emigrierte er und schloß sich den Bolschewiki an. Er reiste von einer Emigrantenorganisation zur anderen, um ihnen das Programm der bolschewistischen Partei vorzutragen. Für den III. Parteitag (1905 in London) entwarf er ein Exposé über die Theorie des bewaffneten Aufstands. Die Revolution von 1905 zog ihn in die Heimat zurück, die er nach einmonatiger Gefängnishaft für seine subversive publizistische Tätigkeit wieder verlassen mußte. In den folgenden Jahren wirkte er bei zahlreichen bolschewistischen Publikationen mit. Als Anhänger von Avenarius löste er sich 1908/09 mehr und mehr von der Philosophie Lenins. Seine Bemühungen, mit den Wperjodisten (vgl. Anmerkung 10) eine neue Partei zu gründen, blieben ohne Erfolg. Während des Ersten Weltkriegs nahm er Verbindung mit der Gruppe um Trotzki und Martow auf. Mit dem zweiten Emigrantenschub kehrte er 1917 über Deutschland nach Rußland zurück und machte bei den Meschrayonzys mit. Als diese sich im Juli 1917 mit den Bolschewiki verbanden, schwenkte auch er wieder auf die Linie Lenins ein. Unter der provisorischen Regierung wurde er zusammen mit anderen Bolschewikiführern des Hochverrats und des geheimen Einverständnisses mit den Deutschen angeklagt, jedoch nach einem Monat wieder aus der Haft entlassen. Nach dem Sieg der Oktoberrevolution bis 1929 Volkskommissar für das Bildungswesen. Während des Bürgerkriegs wirkte er unermüdlich als Propagandist und trat sowohl entlang der Front als auch in Moskau als überschäumender Volksredner auf. 1923 gab er ein Buch über die Führer der Revolution heraus, ohne darin Stalin zu erwähnen. Dieser Fauxpas brachte ihm viele Jahre höchster Ungnade ein. Er starb auf dem Weg nach Spanien, wo er die Sowjetunion als Botschafter vertreten sollte. (A.S.)

LUXEMBURG, Rosa, 1871–1919. Schloß sich schon als Schülerin in der polnischen Heimat der sozialistischen Arbeiterbewegung an, emigrierte 1889 nach Zürich und studierte dort Volkswirtschaft. War Mitgründerin der Sozialdemokratischen Partei Polens und Litauens. Profilierte sich als Theoretikerin des linken Flügels, bekämpfte den Revisionismus. Lehrerin an der SPD-Parteischule in Berlin, während des Ersten Weltkriegs meist in Haft, gründete zusammen mit Karl Liebknecht den kommunistischen Spartakusbund und entwarf das Programm der am 31. 12. 1918 ins Leben gerufenen KPD. Nach ihrer Teilnahme am Januaraufstand 1919 wurde sie zusammen mit Liebknecht verhaftet und von Soldaten der Regierungstruppen ermordet.

LWOW, Georgij Jewgenijewitsch, Fürst, 1861–1925. Gehörte zur Kadettenpartei (vgl. Anmerkung 32), war März bis Juli 1917 Ministerpräsident der ersten beiden Kabinette der provisorischen Regierung. Emigrierte nach der Oktoberrevolution nach Frankreich.

MACH, Ernst, 1838–1916, aus Mähren stammender Physiker und Philosoph. 1895–1901 Professor in Wien. Mit seiner philosophischen Lehre – rein funktionale Betrachtung und Wertung der Dinge, Ablehnung jeder Metaphysik und Spekulation –, die unter den russischen Sozialisten einigen Anklang fand (Machisten, vgl. Anmerkung 10), setzte sich Lenin in seiner philosophisch-polemischen Schrift *Materialismus und Empiriokritizismus* (1909) auseinander.

MALINOWSKI, Roman Waclawowitsch, 1876–1918, aus der Gegend von Plock stammender Pole. Erst Schneider, dann Dreher, dreimal wegen Diebstahls verurteilt. Während seiner Militärdienstzeit wird er Spitzel der zaristischen Geheimpolizei *Ochrana*. 1910 wechselt er von den Menschewiki zu den Bolschewiki über. Auf Lenins Vorschlag Mitglied des ZK und Vorsitzender des russischen Parteibüros. Lenin erteilt ihm den Auftrag, die sozialdemokratische Fraktion in der Duma zu sprengen. Daraufhin wird Malinowski Führer der neuen bolschewistischen Fraktion. Künftig befolgt er bei seinen politischen Handlungen und Reden in gleichem Maße die Direktiven Lenins wie die des Polizeidepartements. Doch 1914 findet der Polizeichef, einen ehemaligen Spitzel als Abgeordneten fungieren zu lassen, stehe im Widerspruch zu der Idee, die man sich vom Staate machen solle, und er untersagt Malinowski, seine Aufgabe in der Duma wahrzunehmen. Als dieser ohne eine Rechtfertigung seine Arbeit niederlegt und verschwindet, kommen Gerüchte auf, er sei ein *agent provocateur*. Lenin, Sinowjew und Hanecki indessen bürgen für ihn; zum erstenmal 1914 und nochmals 1917: «Die Führungsgremien der Partei sind von der politischen Ehrbarkeit Malinowskis absolut überzeugt ... Die gegen ihn vorgebrachten schweren Beschuldigungen sind absurd.» Den Krieg erlebte Malinowski als Soldat; er gerät in deutsche Gefangenschaft. 1918 entschließt er sich nur zögernd, nach Rußland zurückzukehren. Es ist behauptet worden, er hätte eine von Lenin unterschriebene Sicherheitsgarantie besessen, die ihm jedoch an der Grenze abgenommen worden sei. Am 5. 11. 1918 wird in Anwesenheit Lenins das Urteil über ihn gesprochen. Um sich zu rechtfertigen, hält er eine sechsstündige Verteidigungsrede. Danach wird er auf der Stelle erschossen. (A.S.)

MAMONTOW, S. I., 1841–1918, Generaldirektor einer großen Eisenbahngesellschaft. Sympathisierte mit den Revolutionären und ließ ihnen größere Summen zukommen. Wurde angeklagt, Gelder des Unternehmens beiseite geschafft zu haben; er hatte jedoch Glück: Der Prozeß wurde eingestellt.

MANUILSKI, Dmitrij Sacharowitsch, 1883–1959. Gehörte der *Wperjod*-Gruppe an, war 1917 bei den Meschrayonzys. Nach der Oktoberrevolution Bolschewik. 1920 Mitglied des ZK der Ukrainischen KP. Ab 1924 Funktionen in der Komintern.

MARTOW, Leo (eig. Julij Ossipowitsch Zederbaum), 1873–1923, Sproß einer jüdischen Gelehrtenfamilie. Als Student wegen revolutionärer Agitation mehrfach festgenommen und von der Universität verwiesen. 1896 wird er zusammen mit Lenin verhaftet und zu drei Jahren Verbannung verurteilt. Da er nicht die gleiche Protektion genießt wie sein Freund, muß er die Frist ganz abbüßen. 1901 geht Martow in die Emigration. Teilnahme an der Zimmerwalder Konferenz. Als Wortführer der Menschewiki wendet er sich gegen das Fehlen jeder Skrupel bei den Bolschewiki, was die Wahl der Mittel zur Durchführung der Revolution betrifft. Er tritt für eine legale Entwicklung der Sozialdemokratie und bei Kriegsausbruch für die Vaterlandsverteidigung ein; die Umwandlung des imperialistischen Krieges in einen Bürgerkrieg lehnt er ab. Im Mai 1917 kehrt er über Deutschland nach Rußland zurück. In den Oktobertagen spricht er sich bei den Sitzungen des Sowjetkongresses gegen die gewaltsame Einnahme des Winterpalais aus, er protestiert gegen die Auflösung der Verfassunggebenden Versammlung und – auf dem Höhepunkt der roten Schreckensherrschaft – auch gegen die Todesurteile. 1920 fährt er mit Lenins Erlaubnis nach Deutschland, wo er den *Sozialistischen Kurier* herausgibt und an der Neugründung der II. Internationale beteiligt ist. Seine Devise: «Für die Diktatur des Proletariats, aber ohne Terror.» Er stirbt an Rachentuberkulose. (A.S.)

MENSCHINSKI, Wjatscheslaw Rudolfowitsch, 1874–1934. Nach der Oktoberrevolution Finanzminister, dann Polizeikarriere. 1926–34 als Nachfolger Dserschinskis Leiter der OGPU (Staatliche Politische Verwaltung). Wurde wahrscheinlich vom NKWD-Chef Jagoda liquidiert.

MICHAEL ALEXANDROWITSCH, Großfürst, 1878–1918, Bruder des Zaren Nikolaus II., der am 15. 3. 1917 zu seinen Gunsten abdankte. Am folgenden Tag gab Michael seinen Thronverzicht bekannt. Wurde in Perm ermordet.

MILJUKOW, Pawel Nikolajewitsch, 1859–1943. Mitbegründer und Führer der Kadettenpartei (vgl. Anmerkung 32). Im ersten Kabinett der provisorischen Regierung Außenminister (März–Mai 1917). Wortführer der Bolschewikigegner und Anhänger der Entente. Emigrierte 1920. War in Westeuropa der führende Kopf der emigrierten Liberalen. Trat auch als Historiker hervor.

MIMIOLA, Giuglio, 1888–1961, Schweizer Sozialdemokrat italienischer Abkunft. In seinen letzten Lebensjahren Mitglied der Schweizer KP, dann der Arbeiterpartei.

MOOR, Carl, 1852–1932, Schweizer Sozialdemokrat. 1895–1907 Redakteur der *Berner Tagwacht*. Während des Ersten Weltkriegs Agent der deutschen und österreichischen Geheimdienste (Deckname Baier). Berater und Helfer Lenins während seines Schweizer Exils; setzte sich ferner für Münzenberg, Platten und Radek ein, während diese 1919 in verschiedenen Ländern im Gefängnis saßen. Die sowjetische Regierung betraute Moor mit geheimen Missionen und belohnte ihn dadurch, daß sie ihn zum Ehrenbürger ernannte. Bis 1927 hielt er sich meist in der Sowjetunion auf, danach in Berlin. (A.S.)

MOROSOW, Sawwa Timofejewitsch, 1862–1905, reicher Industrieller und Gönner der Revolutionäre. Beging angeblich Selbstmord, um dadurch den Bolschewiki seine Lebensversicherung (60000 Rubel) zukommen zu lassen.

MÜNZENBERG, Willi, 1889–1940, Gastwirtssohn aus Erfurt, gelernter Schuhmacher, seit 1910 in Zürich. Dort Sekretär der Sozialistischen Jugend-Internationale. Organisierte während des Ersten Weltkriegs in Zürich Arbeiterdemonstrationen, nahm an der Konferenz von Kienthal teil und wurde 1916 in den Vorstand der Schweizer Sozialdemokratischen Partei berufen. Wegen Anstiftung zu blutigen Unruhen verhaftet und bei Ende des Krieges nach Deutschland abgeschoben. 1919–21 Sekretär der von ihm geschaffenen Kommunistischen Jugend-Internationale. 1920 traf er Lenin in Moskau wieder. 1924 schuf er als Leiter der Propagandaarbeit der KPD den Block der linken Presse. 1924–33 kommunistischer Abgeordneter im Reichstag. Nach Hitlers Machtübernahme Emigration nach Frankreich; widersetzte sich dem Wunsch Stalins, in die Sowjetunion zu kommen. 1937 wurde er deswegen aus der KP ausgeschlossen. Nach dem Einmarsch der deutschen Truppen in Frankreich (1940) zunächst verschollen, fand man ihn im Oktober des Jahres erhängt in einem Wald bei St.-Marcellin (Isère). Die Umstände, die zu seinem Tod führten, sind bis heute ungeklärt (vgl. Babette Groß, *Willi Münzenberg*, Stuttgart 1967).

Nadja → KRUPSKAJA, Nadeschda Konstantinowna

NAINE, Charles, 1874–1926, ursprünglich Uhrmacher, dann Advokat, einer der Führer der Schweizer Sozialdemokratie. 1903 wegen Verweigerung des

Militärdienstes zu 3 Monaten Gefängnis verurteilt. Redakteur der *Sentinelle* in La Chaux-de-Fonds und des *Volksrechts*. 1911 Nationalrat. Teilnahme am Kongreß in Kienthal. 1917 schwenkte er zum rechten Flügel der Partei über.

NATANSON, Mark Andrejewitsch, 1850–1919, führender linker Sozialrevolutionär. Teilnahme an den Konferenzen von Zimmerwald und Kienthal. Im Juli 1918 Annäherung an die Bolschewiki.

NOBS, Ernst, 1886–1957, Sohn eines Schneiders, ursprünglich Lehrer. 1918 Chefredakteur des Zürcher *Volksrechts*. 1916 Präsident der Sozialdemokratischen Partei im Kanton Zürich, seit 1917 im Vorsitz der Landespartei. 1919–43 Nationalrat, danach bis 1951 Bundesrat; 1948 Präsident der Schweizerischen Eidgenossenschaft. (A.S.)

NOSSAR (eig. Chrustalew-Nossar), G.S., Rechtsanwalt. Vorsitzender des Petersburger Sowjets; am 5. 12. 1905 mit einem Teil des Exekutivkomitees verhaftet. Später ohne politische Funktionen.

PANNEKOEK, Anton, 1873–1960, holländischer Sozialdemokrat. Nach 1917 Mitglied der holländischen Kommunistischen Partei, Mitarbeiter bei der Komintern. Von Lenin in seiner Schrift *Der Radikalismus, die Kinderkrankheit des Kommunismus* (1920) angegriffen. Zog sich 1921 aus der Politik zurück.

PARVUS (eig. Helphand), Israel Lasarewitsch, 1867–1924, Sohn eines jüdischen Handwerkers. Verbrachte seine Jugend in Odessa. 1891 beendete er ein Volkswirtschaftsstudium an der Universität Basel und begann in der deutschen Presse respektlose Artikel zu veröffentlichen, die gewisses Aufsehen erregten. In den folgenden Jahren, während er die Verbindung zwischen deutschen und russischen Sozialdemokraten herstellte und die Herausgabe der Zeitschrift *Iskra* organisierte, mehrmals verhaftet und aus einer Reihe von deutschen Städten und Kleinstaaten ausgewiesen. Spielte eine entscheidende Rolle während der Revolution von 1905, wurde verhaftet und verbannt, es gelang ihm jedoch zu fliehen. Nahm seine rege publizistische Tätigkeit wieder auf, Zusammenarbeit mit Trotzki, bis zum Bruch der Freundschaft wegen Meinungsverschiedenheiten über die Theorie der «permanenten Revolution» (vgl. Anmerkung 40). 1910–15 in vielfältigen Geschäften auf dem Balkan tätig, erwarb er ein großes Vermögen, u. a. als Finanzberater der türkischen und bulgarischen Regierung. Im Februar 1915 Beginn von Verhandlungen mit dem Auswärtigen Amt in Berlin: Parvus verpflichtet sich, in Rußland die Revolution zu schüren, um so die Russen zu einem Separatfrieden mit Deutschland zu zwingen. Unter dem Deckmantel von Exportgeschäften läßt er über Skandinavien große Summen nach Rußland fließen, mit denen die Untergrundarbeit der Bolschewiki unterstützt wird. Seine Bemühungen, Lenin davon zu überzeugen, daß der Weg zur Russischen Revolution nur über ihn führt, sind vergeblich. Lenin stellt sich nach der

Oktoberrevolution entschieden gegen die Rückkehr des undurchsichtigen Parvus. Der wiederum befürchtet, daß die Bolschewiki Rußland zu einer militärischen Großmacht aufbauen wollen und attackiert ihn von nun an bei jeder Gelegenheit. Nach der deutschen Revolution von 1918 zieht er sich in die Schweiz zurück. Sein obskures Treiben, seine Orgien und der Sklarz-Skandal veranlassen die Schweizer Behörden, Parvus auszuweisen. Er läßt sich auf der Schwanenwerder-Insel bei Berlin nieder, wo er einige Zeit später stirbt. (A.S.)

PJATAKOW, Georgij Leonidowitsch, 1890–1937. Bereits mit 16 Jahren anarchistischer Propagandist, deshalb vom Gymnasium verwiesen, seitdem Terroristenexistenz, Beteiligung an einer «Expro» (vgl. Anmerkung 6). 1913 wurde er nach Sibirien verbannt, doch gelang es ihm, über Japan nach Westeuropa zu fliehen. Hielt sich in Schweden auf. Nach der Februarrevolution Vorsitzender des Bolschewiki-Komitees in Kiew und des örtlichen Arbeitersowjets. Ende 1918 erster Chef der sowjetischen Regierung der Ukraine. Im Bürgerkrieg führte er als Kommissar ein Schreckensregiment, bildete zusammen mit Trotzki im Ural eine «Arbeitsarmee», den Prototyp für die späteren Arbeitslager. 1922 Vorsitzender des Tribunals für die Prozesse gegen die Sozialrevolutionäre. Seit 1923 Mitglied des ZK und hoher Funktionär in der Wirtschaft, 1930 für die gesamte Schwerindustrie verantwortlich. 1937 wurde er verhaftet, gefoltert und im 2. Moskauer Schauprozeß zum Tode verurteilt. (A.S.)

PLATTEN, Fritz, 1883–1942, ursprünglich Schlosser, dann Zeichner. 1906 treibt ihn die Revolutionsromantik nach Rußland, wo er bald verhaftet wird. 1908 wieder in der Schweiz, Sekretär der Sozialdemokratischen Partei, Teilnahme an den Konferenzen von Zimmerwald und Kienthal; er ergreift stets die Partei Lenins. 1917 führt er die letzten Verhandlungen mit dem deutschen Gesandten vom Romberg über die Reise Lenins und der anderen russischen Emigranten durch Deutschland nach Rußland und begleitet den Transport bis an die russische Grenze, wo ihm die Weiterfahrt nach Petersburg von den englischen Kontrolloffizieren verwehrt wird. Ab 1917 ist er Nationalrat, im Februar 1919 fährt er zum Gründungskongreß der III. Internationale nach Rußland; seine Rückreise wird auf Grund der Bürgerkriegswirren zu einer Odyssee mit Flugzeugnotlandungen und Haftstrafen. Wieder in der Schweiz, gehört er zu den Gründern der KPS und wird der erste kommunistische Nationalrat im Parlament. Im Herbst 1923 übersiedelt er mit einer Gruppe von 50 Gesinnungsgenossen in die Sowjetunion, um dort eine landwirtschaftliche Musterkommune ins Leben zu rufen. Später lehrt er am Moskauer Agrarinstitut. 1939 wird er, nach mehreren Verhaftungen, wegen illegalen Waffenbesitzes zu 4 Jahren Zwangsarbeit im hohen Norden verurteilt und stirbt im Lager.

PLECHANOW, Georgij Valentinowitsch, 1856–1918, der erste bedeutende Marxist Rußlands. Lebte seit 1882 meist in Genf. Dort bis zur Spaltung der Partei durch Lenin (1903) Führer der SDAPR, die aus dem von ihm mitbegründeten «Bund zur Befreiung der Arbeit» (1883) hervorgegangen war. Auf dem «Spaltungs-Parteitag» sprach er sich noch für die revolutionäre Diktatur aus, später distanzierte er sich von Lenin und schloß sich den Menschewiki an, wobei er sich vergeblich bemühte, wieder die Führungsrolle in der Partei zu übernehmen. Nach Ausbruch des Ersten Weltkriegs nahm er eine patriotische Haltung ein. 1917 kehrte er noch vor Lenin nach Rußland zurück, vermochte den Zusammenbruch der Sozialdemokratischen Partei jedoch nicht aufzuhalten, suchte mit seiner Gruppe *Jedinstwo* («Einheit») Anschluß an die Kadetten. Emigrierte während der Oktoberrevolution nach Finnland. (A.S.)

POTRESSOW, Alexander Nikolajewitsch, 1869–1934, Sohn eines adligen Artillerieoffiziers. Erbte von der Mutter seine leidenschaftliche Hingabe an die Sache des Volkes. Er absolvierte ein naturwissenschaftliches Studium, begann dann Jura zu studieren, ließ sich aber durch die Beschäftigung mit der Politik davon abbringen. 1892 Reise in die Schweiz, wo er mit Plechanows «Bund zur Befreiung der Arbeit» in Berührung kam, für den er in Rußland publizistisch tätig wurde. 1898/99 ins Gouvernement Wjatka verbannt, wohin es auch Lenin und Martow verschlagen hatte. Korrespondierte mit ihnen. Wieder in Freiheit, begab er sich abermals in die Schweiz, um den *Iskra*-Plan (vgl. Anmerkung 1) zur Ausführung zu bringen. 1905 war er einer der ersten, die in die Heimat zurückkehrten. Er arbeitete an den Publikationen Trotzkis und Parvus' mit und blieb aus Prinzip auch nach dem Scheitern der Revolution im Lande. Das verübelte ihm Plechanow, der ihn von der Schweiz aus heftig attackierte und damit wiederum Lenin zur Stellungnahme herausforderte. (In diesem Zusammenhang entstand die Bezeichnung «Liquidator»; vgl. auch Anmerkung 22.) Potressow war der Meinung, daß der Untergrund den Interessen der Arbeiterschaft nicht gerecht zu werden vermochte und die Anstrengungen der Partei auf legale Organisationen zu konzentrieren seien. Im Ersten Weltkrieg war er der Wortführer der menschewistischen Vaterlandsverteidiger, er arbeitete im Militär-Industrie-Komitee von Gutschow mit und war entschiedener Gegner des Separatfriedens mit Deutschland. Nach der Oktoberrevolution lebte er in der Illegalität. Als er von der Tscheka verhaftet wurde, gelang es seinen Anhängern, ihn zu befreien. 1925 erkrankte er an Rückenmarktuberkulose und erhielt ein Visum nach Berlin, um sich dort kurieren zu lassen, doch sollte er nicht mehr genesen. (A.S.)

PRESSEMANE, Adrien, 1879–1929, französischer Sozialist. 1912 ständiger Vertreter der Sozialistischen Partei seines Landes beim Internationalen Sozialistischen Büro.

PUGATSCHOW, Jemeljan Iwanowitsch, 1730/40–1775. Führer eines Kosaken- und Bauernaufstands im Ural- und Wolgagebiet; gab sich als Kaiser Peter III. aus, wurde überwältigt und hingerichtet.

RADEK (eig. Sobelsohn), Karl Bernhardowitsch, 1885?–1939?. brillanter Journalist, ideenreicher und wagemutiger Politiker, Sproß einer jüdischen Familie aus Lemberg (Galizien). Trat 1904 der Sozialdemokratischen Partei Polens bei und ging als Zeitungsredakteur nach Deutschland. Während der Revolution von 1905 in Warschau, danach wieder in Berlin. Innerhalb der polnischen Sozialdemokratie erklärter Feind der Rosa Luxemburg. Wegen rücksichtslosen Verhaltens aus der Partei ausgeschlossen. Bei Beginn des Ersten Weltkrieges begibt er sich in die Schweiz, um der Einberufung zu entgehen. Teilnahme an den Konferenzen von Zimmerwald und Kienthal, bald in Opposition zu Lenin, bald auf seiner Seite – und dann sein liebster Verbündeter. Im April 1917 durchquert er mit ihm im geschlossenen Waggon Deutschland und bleibt dann zunächst in Stockholm beim bolschewistischen Auslandsbüro. Später nimmt er an den Friedensverhandlungen von Brest-Litowsk teil und hält sich Ende 1918 in Deutschland auf, um dort die proletarische Revolution zu schüren. Er wird verhaftet und ausgewiesen. Seit 1920 in Moskau Mitglied des Exekutivkomitees der Komintern. 1923 geht er noch einmal illegal nach Deutschland, um die Revolution in Gang zu bringen, muß jedoch unverrichteterdinge umkehren. Als Anhänger Trotzkis verliert er seine politischen Posten und wird in den Ural verbannt. In den dreißiger Jahren führt er als *Iswestija*-Redakteur noch immer die beste Feder in der sowjetischen Presse. Er belastet die Angeklagten des Schauprozesses von 1937, wird im Rahmen der großen Säuberungen selbst zu 10 Jahren Gefängnis verurteilt und stirbt im Kerker unter ungeklärten Umständen. (A.S.)

RAKOWSKI, Christo (Christian) Georgijewitsch, 1873–1941?, aus einer begüterten bulgarischen Familie, aber rumänischer Staatsbürger. Frühzeitig vom Sozialismus begeistert, geht er mit 17 Jahren in die Schweiz, gerät unter den Einfluß Plechanows, heiratet eine Russin und reist durch Rußland, wo er in der linksgerichteten Presse publiziert. Revolutionäre Aktivitäten in Rumänien und Bulgarien, Teilnahme an der Zimmerwalder Konferenz. Nach der Februarrevolution 1917 aus einem rumänischen Gefängnis entlassen, geht er nach Petersburg, schließt sich den Bolschewiki an, wird Kommissar im südlichen Rußland. Erhält von der Sowjetregierung den Auftrag, mit den Deutschen Verhandlungen zu führen zum Zweck einer Abspaltung der Ukraine und eines Friedensschlusses zwischen ihr und Deutschland. Nachdem die Bolschewiki ihrerseits die Ukraine mit Beschlag belegt haben, wird er dort Vorsitzender des ZK. 1923 schickt man ihn als Botschafter nach England, später nach Frankreich, schließlich als Trotzkisten in die Verbannung. Im 3. Moskauer Schauprozeß von 1937 wird er zu zwanzig Jahren Gefängnis verurteilt und stirbt unter ungeklärten Umständen in der Haft. (A.S.)

RAWITSCH, Sarah Naumowna, 1897–1957. Seit 1903 SDAPR-Mitglied, 1907 in Genf. In München wird sie beim Umtausch von Banknoten verhaftet, die in Tiflis gestohlen worden sind. Kehrt im April 1917 mit Lenin nach Rußland zurück. Arbeitet im Parteibüro von Petrograd. 1938 wird sie verhaftet, überlebt jedoch. Autorin eines Romans über die Dekabristen. (A.S.)

RASIN, Stepan (Stenka) Timofejewitsch, 1630?–1671. Führer eines Kosaken- und Bauernaufstands im mittleren und unteren Wolgagebiet; besiegt und hingerichtet. Legendäre Gestalt der russischen Volksdichtung.

RJASANOW (eig. Goldenbach), David Borissowitsch, 1870–1938. Schon mit 17 Jahren aktiver Revolutionär, «beinahe der erste Marxist von Odessa», jedoch eher ein Mann der Theorie und der Feder als ein Praktiker der Revolution. Wird einer der Geschichtsschreiber des Marxismus. Mehrere Haftstrafen, mehrmalige Emigration. 1907 beginnt er im Ausland die Geschichte der I. Internationale zu schreiben, gibt die bisher unveröffentlichten Schriften von Marx und Engels heraus, wird der beste Kenner ihrer Nachlässe. Teilnahme an der Zimmerwald-Konferenz. Kehrt nach der Februarrevolution 1917 nach Rußland zurück, schließt sich den Bolschewiki an, Gründer und Direktor des Marx-Engels-Instituts. 1931 wird er aus der Partei ausgeschlossen. Er stirbt in der Verbannung. (A.S.)

ROJKOW, Nikolai Alexandrowitsch, 1868–1952, sozialistischer Historiker und Publizist (Menschewik). Hohe Funktionen während der provisorischen Regierung. Im Bürgerkrieg kämpft er gegen die Bolschewiki. Danach geht er in die Emigration.

ROLAND HOLST-VAN DER SCHALK, Henrietta, 1869–1927, holländische Sozialistin und Schriftstellerin. Während des Ersten Weltkriegs erst Zentristin, dann Internationalistin. Mitarbeiterin des *Vorboten*. 1918–27 Kommunistin, bei der Komintern tätig. 1927 Bruch mit der KP und Übertritt zum christlichen Sozialismus.

ROLLAND, Romain, 1866–1944, französischer Schriftsteller (Nobelpreis 1915). Bekannte sich immer wieder mutig zum Sozialismus, auch zum Kommunismus (1927) und bekämpfte Nationalismus wie auch kapitalistisches Denken. Wurde erst in den letzten Lebensjahren in seinem Glauben an das bolschewistische Rußland wankend.

ROMBERG, Gisbert Freiherr von, 1866–1939, aus westfälischem Adel. War von 1912 an mehrere Jahre deutscher Gesandter in Bern.

SAFAROW, Georgij Iwanowitsch, 1891–1942. Seit 1908 SDAPR-Mitglied, emigrierte 1912 in die Schweiz, wo er sich dem Kreis um Lenin anschloß. Kehrte im April 1917 mit ihm nach Rußland zurück. Wurde Chefredakteur der Leningrader *Prawda*. Unterstützte 1925 die Opposition von Sinowjew und Kamenew, wurde 1927 als Trotzkist aus der Partei ausgeschlossen, 1935 verhaftet. Starb im Gefängnis. (A. S.)

SCHINGAREW, Andrej Iwanowitsch, 1869–1918, Arzt und Publizist. In der Duma Führer der Kadettenpartei. Im ersten Kabinett der provisorischen Regierung 1917 Landwirtschaftsminister, im zweiten Finanzminister. Januar 1918 wurde er von Bolschewiki im Gefängnis ermordet.

SCHKLOWSKI, Grigorij Lwowitsch, 1885–1937, von Beruf Chemiker. Seit 1898 Sozialdemokrat, emigrierte 1909 in die Schweiz. Lenin betraute ihn mit verschiedenen technischen Aufgaben, außerdem war er Kassenwart der bolschewistischen Partei. Im Sommer 1917 kehrte er mit dem dritten Emigrantentransport nach Rußland zurück. 1918 als Chef der sowjetischen Delegation nach Bern entsandt. Es folgten weitere diplomatische Missionen. 1927 als Trotzkist seines Postens enthoben. Während der Stalinschen Säuberungen beging er Selbstmord. (A.S.)

SCHLJAPNIKOW, Alexander Gavrilowitsch, 1885–1937. Stammte aus einer Altgläubigen-Familie und wurde, wie sein Vater, Handwerker: ein hochqualifizierter Schlosser. Der Sturm der Zeit verwehte seine Frömmigkeit und trieb ihn zur Sozialdemokratie. Er wurde mehrmals verhaftet und zu Haftstrafen verurteilt, kam aber jedesmal durch eine Amnestie oder eine Kaution bald wieder frei. 1908 trat er der bolschewistischen Bewegung bei, 1908 emigrierte er und war in den folgenden Jahren in vielen europäischen Unternehmen tätig. Während des Ersten Weltkriegs war er das einzige Parteimitglied, das die Verbindung zwischen den Emigrantengruppen und den Bolschewiki in Rußland aufrechterhielt und sie auf mehreren heimlichen Reisen von Skandinavien nach Petersburg mit Propagandaliteratur und Geld versorgte. Seit 1915 war er Vorsitzender des «Russischen Büros» der Partei in Stockholm. Lebensgefährte der Kollontai. Während der Februarrevolution 1917 ging er nach Petersburg und trat dem Exekutivkomitee des Arbeitersowjets bei, half die Roten Garden organisieren und den Empfang Lenins vorbereiten – durch dessen Ankunft sich Schljapnikows Stern dann jedoch bald verdunkelte. Einige Jahre war er zwar noch Vorsitzender der Metallarbeiter-Union und in der ersten sowjetischen Regierung sogar Arbeitsminister. Doch 1921 steht er dann an der Spitze der Arbeiteropposition, die den Parteiführern vorwirft, die Interessen der Arbeiter vergessen zu haben. Er muß die wütenden Angriffe Lenins, Trotzkis und der Mehrheit der ZK-Mitglieder über sich ergehen lassen und erhält in der Folge nur noch unbedeutende Posten, wird von Spitzeln und Denunzianten umkreist. 1929 läßt ihn Stalin in der Nacht herbeiholen und fordert ihn auf, sich selbst anzuklagen. 1933 wird Schljapnikow aus der Partei ausgeschlossen und in die Verbannung geschickt, ein Jahr später ins Gefängnis gesteckt. Die Untersuchung seines Falles nimmt fast drei Jahre in Anspruch – doch er bleibt standhaft. Da das Material nicht ausreicht, um ihm den Prozeß zu machen, erschießt man ihn im September 1937 ohne Verhandlung. 1956 wurde er durch die Staatsanwaltschaft rehabilitiert, nicht jedoch von seiten der Partei. Die «Arbeiteropposition» bleibt unentschuldbar. (A.S.)

SCHMID, Jacques, 1882–?, Schweizer Sozialdemokrat, bei Kriegsausbruch 1914 Internationalist, ab 1917 Pazifist, Gegner der Komintern, Mitglied der Wiener Internationale.

SCHMIDT, Nikolai Pawlowitsch, der Neffe des Industriellen Morosow, als Student revolutionär gesinnt. Beging 1906 im Gefängnis Selbstmord, nachdem er sein Vermögen der SDAPR vermacht hatte. Seine minderjährige Schwester ging mit einem Bolschewik eine Scheinehe ein, wodurch es ihr nach dem Gesetz möglich wurde, ihr Erbe zugunsten der Partei zu verwenden.

SEMASCHKO, Nikolai Alexandrowitsch, 1874–1949, Sohn eines Gutsbesitzers und Neffe von Plechanow. Sein Medizinstudium wird durch kurze Haftstrafen und Verbannung in seinen Heimatbezirk unterbrochen. Während der Revolution von 1905 in Nischnij-Nowgorod verhaftet, doch gegen Kaution freigelassen. Geht ins Exil. Gehört in Genf und Paris zum Kreis um Lenin. Nach der Oktoberrevolution Volkskommissar für das Gesundheitswesen. Zahlreiche Krankenhäuser und zu Krankenhäusern führende Straßen tragen noch heute seinen Namen. (A.S.)

SEMLJATSCHTKA (eig. Samoilowa), Rosalie Samoilowna, 1876–1947. Nach 1900 Agentin der *Iskra* (vgl. Anmerkung 1). Im Bürgerkrieg 1918–21 Chefin der Politabteilung für die Nord- und Südfront. 1939 Nachfolgerin des liquidierten Kossior, Vorsitzende der Kontrollkommission der Sowjeträte. 1939–43 Vizepräsidentin des Rates der Volkskommissare (Sownarkom).

SIEFELDT, Arthur Rudolf, 1889–1938, Este aus Reval (Tallinn). Zunächst Sozialdemokrat, dann Bolschewik, 1913–17 in Zürich als Student bzw. Schriftsetzer. War Lenin bei seinen Kontakten zu Kesküla behilflich. Fuhr im Mai 1917 mit dem zweiten Emigrantenzug nach Rußland. (A.S.)

SINOWJEW (eig. Hirsch Apfelbaum bzw. Radomylski), Grigorij Jewsejewitsch, 1883–1936. Wuchs in der Ukraine ohne Schulbildung auf, schloß sich mit 18 Jahren der SDAPR an, ging 1902 in die Emigration, lernte Lenin kennen und band sich für immer an ihn. Versuchte in Bern Chemie zu studieren, arbeitete im Labor von Schklowski. Während der Revolution von 1905 wieder in Rußland, läßt er sich von einem Arzt bescheinigen, für jede revolutionäre Tätigkeit untauglich zu sein, und geht abermals ins Ausland. Ab 1907 Mitglied des bolschewistischen ZK, bald der engste Mitarbeiter Lenins; er folgt ihm auch nach Galizien und in die Schweiz. Teilnahme an den

Konferenzen von Zimmerwald und Kienthal. Mit Lenin kehrt er im April 1917 nach Rußland zurück. Als im Juli die Presse erfährt, daß er mit Hilfe des deutschen Feindes ins Land gereist sei, hält er sich versteckt, um einem Hochverratsprozeß zu entgehen. Nach der Oktoberrevolution wird Sinowjew Präsident des Arbeitersowjets von Petrograd und des Rates der Volkskommissare (Sownarkom) der Region Nord. Dadurch ist er, nach der Flucht der Sowjetregierung vor den Bürgerkriegswirren, sozusagen der Diktator von Petrograd und des nordwestlichen Rußlands und dort für den Terror der Jahre 1918/19 verantwortlich. 1919 wird er Vorsitzender der Komintern, 1921 Mitglied des Politbüros. 1923/24 unterstützt er Stalin gegen Trotzki, 1925 bildet er zusammen mit Kamenew die Leningrader «Opposition» und versucht, die Macht innerhalb der Partei an sich zu reißen. Als ihm das mißlingt, verbündet er sich mit Trotzki, um die verlorenen Positionen wiederzugewinnen. 1927 wird er aus der Partei ausgeschlossen, neun Jahre später im 1. Moskauer Schauprozeß zum Tode verurteilt. Es existieren Zeugenaussagen, denen zufolge Sinowjew dem Führer des Exekutionskommandos um Gnade flehend die Stiefel geküßt haben soll. (A.S.)

SKLARZ, Georg, 1878–?, Kaufmann, ohne eigene politische Überzeugung. Seit Beginn des Ersten Weltkriegs Agent des deutschen Geheimdienstes und des Generalstabs der kaiserlichen Marine, Teilhaber an den geschäftlichen Unternehmungen von Parvus. Bereicherte sich zuerst durch Waffenlieferungen, dann durch Schiebungen im besiegten Deutschland. Der Publizist Maximilian Harden entfachte 1919 den «Sklarz-Skandal», indem er in seiner Zeitschrift *Die Zukunft* behauptete, der Betrüger Sklarz habe einflußreiche SPD-Politiker (Ebert, Noske, Scheidemann u. a.) sowie mehrere hohe Offiziere bestochen oder zu gesetzwidrigen Handlungen veranlaßt. Die Nachforschungen zogen sich lange hin und verliefen im Sande. Sie bedeuteten immerhin den Anfang vom Ende der obskuren Karriere von Parvus und den Brüdern Sklarz.

SMIDOWITSCH, I. G. (genannt Dimka), Sozialdemokratin der menschewikistischen Richtung. Mitarbeiterin der *Iskra*. Floh 1903 aus dem Gefängnis und emigrierte.

STOLYPIN, Pjotr Arkadjewitsch, 1862–1911. Ab 1906 Innenminister und Vorsitzender des Ministerrats; Urheber einer nach ihm benannten Agrarreform. Am 16. 6. 1907 ordnete er die Auflösung der II. Duma an und ließ die Mehrzahl der sozialdemokratischen Abgeordneten unter dem Verdacht subversiver Tätigkeit verhaften. Gleichzeitig setzte er in der Provinz Feldgerichte gegen revolutionäre Agitatoren ein. Wurde von dem Sozialrevolutionär Bogrow während einer Theatervorstellung in Kiew in Anwesenheit des Zaren tödlich verletzt.

SUMENSON, Jewgenija, Repräsentantin der Schweizer Firma Nestlé in Petersburg.

TROTZKI (eig. Bronstein), Leo Davidowitsch, 1879–1940. Den «schlimmsten Feind des Leninismus» nennt ihn der Kommentator von Lenins Werken. Wurde als revolutionärer Student 1899 nach Sibirien verbannt, ging 1902 nach London, wo er Lenin kennenlernte. Bei der Spaltung der SDAPR schloß er sich den Menschewiki an, deren Wortführer er wurde und damit der energische Widersacher Lenins in der antiimperialistischen Gesellschaftstheorie. Zusammen mit ihm war er der Hauptorganisator der Oktoberrevolution. Er war der erste sowjetische Volkskommissar des Äußeren und als Kriegskommissar Schöpfer der Roten Armee. Nach Lenins Tod kam es zu Auseinandersetzungen mit Stalin, in denen Trotzki den kürzeren zog. (Stalin propagierte den «Sozialismus in *einem* Land», während Trotzki eine Politik der Fortführung der Weltrevolution vertrat; vgl. Anmerkung 40.) 1927 wurde er aus der Partei ausgeschlossen, nach Kasachstan verbannt, dann ausgwiesen. 1940 wurde er von einem Agenten der GPU in Mexiko ermordet.

TSCHCHEIDSE, Nikolai Semjonowitsch, 1864–1926, aus Georgien stammender Wortführer der Menschewiki. 1907–17 Duma-Abgeordneter. Nach der Februarrevolution 1917 Vorsitzender des Petrograder Arbeiter- und Soldatensowjets. Gegner der Bolschewiki. Nach deren Sieg Präsident der Verfassunggebenden Versammlung von Georgien. 1921 Emigration. Beging in Paris Selbstmord.

TSCHERNOMASOW, Miron, 1882–?, Sozialdemokrat. Ab Mai 1913 Redaktionssekretär der *Prawda*, im folgenden Februar unter dem Verdacht, ein Provokateur zu sein, entlassen. Wurde 1917 endgültig entlarvt.

TSCHUDNOWSKI, Grigorij Issakowitsch, 1894–1918, Menschewik. Verbrachte viele Jahre im Ausland, kehrte 1917 mit Trotzki nach Rußland zurück und war zunächst bei den Meschrayonzys, dann Bolschewik. Leitete zusammen mit Antonow-Owsejenko den Sturm auf das Winterpalais. Danach Militärkommissar in Kiew. Wurde in der Ukraine getötet. (A.S.)

TYSZKA (auch Tischko), Jan (eig. Leon Jogiches), 1867–1919, organisierte 1893 den Aufbau der Sozialdemokratischen Partei Polens und während des Ersten Weltkriegs den des Spartakusbundes. War der Lebensgefährte Rosa Luxemburgs. Mehrmals zu Haftstrafen verurteilt. Wurde im März 1919 in einem deutschen Gefängnis ermordet.

ULJANOWA, Anna Iljinitschna, verehel. Jelisarowa, 1864–1935, ältere Schwester Lenins. Seit 1886 revolutionäre Agitatorin, 1893 Mitglied der SDAPR, später Mitarbeiterin an den Zeitschriften *Iskra* und *Wperjod*. Wurde mehrmals in die Verbannung geschickt. 1918–21 Funktionärin im Erziehungsministerium.

URIZKI, Moissej Solomonowitsch, 1873–1918. Entstammte einer jüdisch-tscherkessischen Kaufmannsfamilie, studierte in Kiew Jura. Als aktiver Sozialdemokrat mehrmals verbannt und aus der Verbannung entflohen. Ging in die Emigration, schloß sich den Menschewiki und Trotzki an; Mitarbeit an der Zeitung *Nasche Slowo* in Paris. Stellte die Verbindung zwischen Parvus und den Meschrayonzys in Petersburg her. Wurde mit ihnen von den Bolschewiki übernommen und sogleich Mitglied des ZK. Im Oktober 1917 im Militärischen Revolutionskomitee. Als Kommissar der Verfassunggebenden Versammlung löste er diese auf. 1918 Chef der Petrograder Tscheka und mitverantwortlich für die Schreckensherrschaft in der von den Bolschewiki besiegten Hauptstadt. Wurde von dem jungen Sozialrevolutionär Kanegisser ermordet. (A.S.)

USSIJEWITSCH, Grigorij Alexandrowitsch, 1880–1918. Seit 1907 Bolschewik. 1909–14 nach Sibirien verbannt, danach in der Schweiz. Kehrte im April 1917 mit Lenin nach Rußland zurück. Fiel im Bürgerkrieg.

VALENTINOW, Nikolai (eig. Nikolai Wladislawowitsch Wolski), 1879–1954, Publizist. War zuerst Bolschewik, dann Machist und Liquidator (vgl. Anmerkung 10 u. 11). Emigrierte in die Schweiz. Nach der Oktoberrevolution Redakteur einer Wirtschaftszeitung. Seit 1928 wieder in der Emigration. Schrieb ein Buch über Lenin mit persönlichen Erinnerungen an ihn.

VANDERVELDE, Emile, 1866–1938, ursprünglich Rechtsanwalt, dann Professor in Brüssel. Viele Jahre Führer der belgischen Sozialdemokraten. Zur Zeit der Brüsseler Vereinigungskonferenz (Juli 1914) Präsident des Internationalen Sozialistischen Büros. Entschiedener Revisionist. 1916–37 mehrmals Minister. 1925 unterzeichnete er als belgischer Außenminister die Locarno-Verträge.

WEISS (eig. Zivin), Eugen, russischer Revolutionär, der während des Ersten Weltkriegs in der Schweiz als Verbindungsmann zum österreichischen und deutschen Nachrichtendienst auftrat. (A.S.)

ZETKIN, Clara, 1857–1933, ursprünglich Lehrerin. Leitete 1891–1916 die sozialdemokratische Frauenzeitschrift *Die Gleichheit*. Gehörte zu den Gründern des Spartakusbundes, war Mitglied des Exekutivkomitees der Komintern und 1920–33 KPD-Abgeordnete des Reichstags. Starb in Rußland.

ZIMMERMANN, Arthur, 1864–1940, deutscher Diplomat; war 1911–16 Unterstaatssekretär im Auswärtigen Amt, von November 1916 bis August 1917 Außenminister.